Ulrich Magin
Runen

ULRICH MAGIN

RUNEN

GESCHICHTE UND MYTHOS
EINER
RÄTSELHAFTEN SCHRIFT

NIKOL
VERLAG

2. Auflage 2021

Satz & Layout: Röser MEDIA GmbH & Co. KG, Karlsruhe
Umschlaggestaltung: Nele Schütz Design unter Verwendung von shutterstock/Kirasolly (Runen),
Magnus Binnerstam (Hügelgrab mit Runenstein)
Druck: UAB BALTO print
Printed in Lithuania

ISBN: 978-3-86820-615-9

Besuchen Sie uns im Internet:
www.nikol-verlag.de

Inhalt

Einleitung

Wer sich mit Runen beschäftigt, begibt sich auf gefährliches Terrain, wenn nicht sogar auf Glatteis – zu viel haben die völkischen, nationalsozialistischen und heute esoterischen Deuter und Rauner hineingeheimnisst, so sehr sind Runen viel mehr als das geworden, was sie eigentlich waren. Der Nationalsozialismus verwandelte Schriftzeichen, die erst ab der Zeitenwende eingesetzt wurden, in Symbole der urgermanischen Vorzeit und Überlegenheit. Simple Buchstaben, von den Germanen von anderen Völkern relativ spät übernommen, wurden zum Beweis der rassischen Überlegenheit der Deutschen erklärt, werden heute als tiefgründige Orakelinstrumente mit Zugang zur Matrix des Universums erlebt. Esoteriker von heute überfrachten sie mit allerlei Behauptungen über Zauberkraft und Orakelwissen, die nicht aus historischen Kenntnissen, sondern aus dem persönlichen Glauben erwachsen.

Dieses Buch kann und will keine wissenschaftliche Abhandlung über Runen sein – gerade weil es bereits zwei hervorragende Einführungen in die Runen und die Runologie von ausgewiesenen Fachmännern gibt: die leicht verständlichen akademischen Werke von Klaus Düwel und Arnulf Krause.

Solche Fachbücher soll dieser Band nicht ersetzen. Hier geht es weniger über Lesarten, Lautverschiebungen oder Probleme der wissenschaftlichen Runologie, sondern um eine Einführung in eine uns oft fremde Welt. Ich möchte einen anderen Zugang aufzeigen – was haben Menschen über Runen geglaubt, was hineingedeutet, wie ist das immer auch Spiegel der Zeiten gewesen? Ich versuche die Fragen zu stellen und zu beantworten, die sich gemeinhin interessierte Leser stellen: Wie alt sind Runensteine? Was steht auf Runensteinen? Wo in Deutschland kann ich noch Runensteine finden? Und selbst die Antworten auf diese einfachen Fragen sind oft nicht leicht.

Ich bin selbst kein Experte, sondern ein interessierter Laie, und deshalb soll dieses Buch eher volkstümliche und kuriose Aspekte der Runenschrift, Runenforschung und Runengläubigkeit erkunden. Es gibt überall in Deutschland »Runensteine« zu bestaunen, von denen nur vier echte, in Wikingerzeiten geritzte Monumente sind, es gibt das große Feld nord- und südamerikanischer Runensteine, dem die Experten ausweichen, weil diese Steine als Fälschungen und Zeugen irregeleiteten oder naiven Nationalstolzes gar nicht in ihren Bereich fallen. Dieses Buch ist also keine wissenschaftliche Darstellung der Runologie – auch wenn es sich an die allgemein anerkannten Fakten hält und auch die bislang noch nicht geklärten Aspekte der Runenschrift aufgreift –, sondern eine kleine, bisweilen wohl auch subjektive Kulturgeschichte der Entdeckungen, aber auch Irrungen und Irrwege und Erfindungen rund um die auch ohne jeden Hokuspokus interessanten germanischen Buchstaben.

Runen lassen ja niemanden kalt – dem einen sind sie wahre Mittler zu seinen Vorfahren, nach denen er sich in einer immer anonymer und digitaler werdenden den Welt sehnt, dem anderen riecht alles Runische nach Nationalsozialismus. Wurzel und Würgen also. Dabei sind unter Runen, wie Arnulf Krause schreibt, vor allem »erst einmal germanische Schriftzeichen zu verstehen – nicht mehr und nicht weniger [,] geeignet zur Übermittlung profaner und nüchterner Alltagsbotschaften«. Das schließt natürlich den Runenzauber, der viele kitzelt, nicht aus – und besonders zu Beginn, als die germanischen Völker das Schreiben erlernten, kam den Buchstaben als Bewahrer des gesprochenen Wortes wohl auch eine besondere magische Bedeutung zu. Und: Runen sind nach wie vor unter uns – als Hinterlassenschaft des Nationalsozialismus, als moderne Firmenlogos, in unserem Wortschatz. Noch raunen wir, wenn wir etwas hinter vorgehaltener Hand weitergeben, und verwenden da das Wort »Rune«, und im Englischen heißt Schreiben, »to write«, also nach wie vor »ritzen«, während im Deutschen die Lettern Buchstaben heißen, nach der Buchenrinde, in die Runen geritzt wurde.

Den ersten Menschen, die Runen Ende des ersten Jahrhunderts verwendeten, erschienen Schriftzeichen, der erste analoge Download gesprochener Sprache, wie ein Wunder, wie ein Zauber. Da konnten noch Jahre, nachdem etwas gesagt wurde, die Worte wiederhallen, als habe sie jeder präzise im Gedächtnis behalten. Das war dem Schriftunkundigen ein großes Geheimnis, und tatsächlich bedeutete das Wort Rune ursprünglich Geheimnis, nicht Buchstabe oder Schrift.

Die Runenschrift selbst ist durch ihre Ursprünge als etwas Magisches anhaltend geprägt gewesen. Durch Buchstabenverdrehung, magischen Gebrauch, Schreibfehler, vertauschte Buchstaben, vielfältig deutbare Binderunen sind vor allem die ältesten Inschriften schwer und häufig kontrovers deutbar. »Im Grundsatz gilt: Alles ist denkbar, Vieles ist möglich, Wenig ist wahrscheinlich, Nichts ist sicher«, wie es Klaus Düwel pointiert ausdrückt.

Vieles in der Erforschung der Runen ist also vorläufig, neue Funde erfordern neue Deutungen. Im Gegensatz zu Laienforschern drücken sich Runologen stets sehr vorsichtig aus, daran werde auch ich mich halten. Wo keine Sicherheit besteht, wird keine vorgetäuscht. Deshalb steht manches als Möglichkeit und nicht als Tatsache im Buch.

Ich bin mir als Hobbyforscher meiner Grenzen nur zu sehr bewusst. Dennoch präsentiere ich in diesem Buch zwei Thesen, die nur eine neugierige Nachfrage sein sollen und die ich in der Runenliteratur so nirgendwo gefunden habe – erstens die keltische Vermittlung griechischer Buchstaben an die Germanen und zweitens die Feststellung, dass sich auf dem Runenstein von Skarpåker Verse aus dem Koran finden. Beides mag nicht neu sein oder längst widerlegt – man darf aber, wenn man beim Lesen darauf stößt, diese Vorschläge nicht für akzeptiertes Wissen der Disziplin halten.

Und ein letzter Hinweis noch: Begriffe wie christlich oder heidnisch sind in diesem Buch nicht wertend, sondern kennzeichnend für die Epoche sowie den geistigen Hintergrund des Runenritzers gedacht. »Heidnisch« ist ein christlicher Kampfbegriff, der etwas anderes als falsch ausschließt, er ist hier aber keineswegs abwertend zu verstehen, sondern einfach nur als Kurzformel für den Gebrauch der Runen vor der Missionierung und Bekehrung der jeweiligen Verwender. Heidnisch sind demnach all jene Inschriften, deren Verfasser dem Glauben an die Asen anhingen, christlich all jene Runeninschriften, deren Verfasser an den christlichen Gott glaubten.

Ein ganz herzlicher Dank für die Erlaubnis, Fotos zu benutzen, oder für Informationen geht schließlich an Heike Baumstark, Hermann Brenner, Dietmar Herrmann, Susanne Huchzermeier-Bock, Verena und Joachim Hüther, Peter Kauert, André Kramer, Erich Rück, Robin Sedha von der Bispingen Touristik e.V., Andreas Trottmann und Karl-Friedrich Ullrich. Ein besonderer Dank geht an meine Korrektorin Manuela Tiller und an meinen Verleger Marc Nikol.

Gewidmet ist dieses Buch, wie stets, meinen Eltern, meinen Wurzeln, und Susanne, meiner Blüte.

I. Grundlagen

1. Vom Ursprung der Runen

Runentexte gibt es von Grönland bis Piräus und Istanbul, von Irland bis zur Mündung des Dnjepr ins Schwarze Meer – kurz: überall, wo Germanen siedelten oder die späteren Fahrten der Wikinger hinführten.

Ein bisschen Statistik vorab: Insgesamt 6500 Inschriften kennen die Forscher, und rund 90 Prozent sind keine altgermanischen Relikte, sondern Aufzeichnungen der Wikingerzeit und stammen aus Skandinavien (und, das sollte auch gleich klar sein, sie wurden hauptsächlich von Christen verfasst, nicht von Heiden, und sie munkeln nicht düster von nordischen Göttern, sondern vom Glauben an Christus).

In Schweden kennt man rund 3600 Runensteine (alle inventarisiert und mit einer Kennnummer versehen), in Norwegen 1600, in Dänemark 850, dazu kommen jeweils rund 100 Exemplare aus Island und Grönland und mehrere Dutzend von den Orkney-Inseln, von Färöer und von Irland.

Von den 6500 bekannten Texten sind nur 370 in den ältesten Buchstaben, dem älteren Furthark, verfasst. Sie stammen aus der Frühzeit der Runennutzung (aus dem ersten bis zum siebten nachchristlichen Jahrhundert) und 80 davon kommen aus Deutschland bzw. aus Ländern südlich Skandinaviens. Von den Goten im Osten Europas sind nur 10 Inschriften bis heute erhalten geblieben. Im Futhorc, einer speziell angelsächsisch-friesischen Runenreihe, wurden bislang nur 110 Inschriften gefunden, 90 davon in Großbritannien.

Die Namen Futhark und Futhorc sind – wie das bekannte Alphabet oder ABC – Abkürzungen. Futhark bezeichnet die ersten sechs Buchstaben der Runenreihe. Das ist eine Besonderheit, weil sonst alle vom phönizischen Alphabet abgeleiteten Schriften dessen Reihenfolge beibehalten haben. Diese Futhark-Reihung ist eine der Charakteristiken, die bei der nach wie vor unbeantworteten

Frage nach der Entstehung der Runen immer wieder diskutiert wurde. Denn im Gegensatz zu anderen alten Schriften war es zwar nie ein Problem, Runentexte zu lesen, wo aber und wie die Schrift entstanden ist, wie alt sie also ist und woher sie eigentlich kommt, das kann bis heute niemand sagen. Und da die Runen im Dritten Reich und schon zuvor Kristallisationspunkte für deutsch-völkischen Dünkel waren, wurde diese Debatte stets auch von ideologischen Programmen und – man kann das durchaus sagen – Manipulationen überschattet.

Unsere noch heute gebräuchliche Buchstabenschrift wurde im 11. vorchristlichen Jahrhundert von den Phöniziern entwickelt, einer semitischen Kultur an der Ostküste des Mittelmeers, die im heutigen Libanon siedelte. Sie verwendeten 22 Vokal- und Konsonantenzeichen (obwohl sie hauptsächlich nur Konsonanten schrieben), die Schriftrichtung lief – wie heute noch beim Hebräischen und Arabischen – von rechts nach links (sie war linksläufig). Die einzelnen Buchstaben wurden aus Abbildungen der dargestellten Gegenstände abstrahiert – A, Alef, etwa ist der Ochse (man muss den Buchstaben nur auf den Kopf stellen), B, Bet, das Haus, G, Gimmel, das Kamel.

Um 750 v. Chr. übernahmen Griechen aus Euböa das phönizische Alphabet. Es war die Zeit der griechischen Expansion, die Eubäer stießen vor allem nach Westen vor, nach Cuma und Ischia in Italien. Dort verwendete man bereits zwei Jahrzehnte später reformierte phönizische Buchstaben. Denn die Griechen fügten dem Alphabet mehrere Vokale hinzu (vor allem I, O und U) und schrieben nun alle Laute, die gesprochen werden.

Die Etrusker, sich kulturell und sprachlich nahestehende Völker in Mittelitalien, übernahmen die frühgriechische Schrift um 700 v. Chr. Von den Etruskern lernten die Römer schreiben, deren Variante der phönizischen Schrift wir noch heute verwenden.

Die Buchstaben der Runen sind zum größten Teil abgeleitet von denen der semitischen Schrift – allerdings sind manche Lettern eher etruskisch, andere eher griechisch, dann wieder welche lateinisch, und manche Runenzeichen finden wir in keinem der älteren Alphabete. Es ist aber maßlos übertrieben, wenn Frederick Bodmer in »Die Sprachen der Welt« meint: »Die Runenschrift weist keine klare Ähnlichkeit mit irgendeiner anderen Schrift auf.« Schließlich lässt sich fast jedes Runenzeichen durch eine leichte Drehung von einem frühen griechischen, lateinischen oder etruskischen Buchstaben ableiten. Wie und wo also sind die Runen entstanden?

Bereits 1799 stellten sich zwei »Freunde der Vaterländischen Alterthumskunde« diese Frage, die noch heute die Gelehrten umtreibt:

Laut	Phönizisch	Griechisch	Etruskisch	älteres Futhark
a	𐤀	Α	𐌀	ᚨ
a	𐤏			
b	𐤁	Β	𐌁	ᛒ
c			𐌂	
ch	𐤇	Χ	𐌙	
d	𐤃	Δ	𐌃	
e		Ε	𐌄	ᛖ
e				ᛇ
ē		Η		
f			𐌅 𐌚	ᚠ
g	𐤂	Γ		ᚷ
h	𐤄		𐌇	ᚺ
i		Ι	𐌉	ᛁ
j	𐤉			ᛃ
k	𐤊	Κ		ᚲ
l	𐤋	Λ	𐌋	ᛚ
m	𐤌	Μ	𐌌	ᛗ
n	𐤍	Ν	𐌍	ᚾ
ng				ᛜ
o		Ο		
ō		Ω		ᛟ
p	𐤐	Π	𐌐	ᛈ
ph		Φ	𐌘	
ps		Ψ		
q	𐤒			
r	𐤓	Ρ	𐌓	ᚱ
R				ᛉ
s	𐤎	Σ	𐌑	
s			𐌔	
sch	𐤔			
t	𐤕	Τ	𐌕	ᛏ
th	𐤈	Θ	𐌈	ᚦ
u			𐌖	ᚢ
v			𐌅	
w	𐤅			
x		Ξ		
y		Υ		
z	𐤆 𐤑	Ζ	𐌆	

»Aus dem bisher Gesagten kann man ohne Uebereilung folgern, daß die Runenschrift schon im 5ten und 6ten Jahrhunderte nach Christi Geburt ziemlich allgemein über Europa verbreitet gewesen ist.

Ob sie aber dem germanischen Völkerstamme früher und auf welchem Wege sie demselben bekannt geworden? und von welchem andern Alphabete sie abstamme? dies ist eine ungleich schwierigere Aufgabe.«

Vorab sollte schnell noch mit dem Mythos der »Germanen« aufgeräumt werden. Es gab nie ein Volk, dass sich als Germanen bezeichnete und als Teil einer größten Völkerschaft verstand oder sich gar national als Germane empfand. Unter Germanen versteht man eine Gruppe ähnlich sprechender Menschen, die sicherlich ganz unterschiedliche ethnische Hintergründe hatten. Man kann das mit dem Sprechen von Deutsch vergleichen – hier sprechen Südslawen (in Kärnten), slawische Preußen, keltische Süddeutsche, französische, belgische und türkische Einwanderer Deutsch – eine Kultur, aber eine Vielfalt von Ethnien. Eine »germanische« Schrift gibt es also nur insofern, als dass manche Menschen, die eine der vielen germanischen Sprachen sprachen, zu einer bestimmten Zeit ihrer Geschichte (etwa ab dem Jahr 100 n. Chr.) Runen ritzten.

In manchen Regionen zumindest wies man den Runen eine göttliche Herkunft zu. In der Edda, heidnischen Gesängen, die allerdings erst im 11. Jahrhundert von dem christlichen Theologen Snorri Sturluson in Island niedergeschrieben wurden, opfert sich der Ase Odin, um die Runen zu erfinden. Die Edda nennt Odin den Hängegott, weil er, von einem Speer verwundet, neun Nächte lang an einem Baum hing. Er hing dort »hilflos verschmachtend, bis er (durch den Trunk aus Odhrörir dazu gestärkt) auf Runen sann und durch das Absingen von zweimal neun Runenliedern wieder frei, gesund und stark wurde«, wie Wolfgang Menzel den Text 1855 in seinem Buch »Odin« zusammenfasst. »In Odins Runenlied Havamal [...] erhebt er sich plötzlich zur Allmacht des Zauberers. Alle Lieder, die er singt, sind raffinirte Zauberlieder ohne ein sittliches Motiv nur darauf berechnet, dem Zaubersänger selbst jeden Gewinn und Genuß zu schaffen und jeden Feind zu verderben. Dieses zweimalneunfache Runenlied Odins drückt sein Wesen als Macht schlechthin, entkleidet von jeder sittlichen Bedingung, am schärfsten aus. Das Lied, überhaupt eins der schönsten und tiefsinnigsten der alten Edda, beginnt (nach Simrocks Uebersetzung):

Ich weiß, daß ich hing
Am windigen Baum
Neun lange Nächte,

Vom Speer verwundet.
Dem Odin geweiht.
Mir selber ich selbst.

Am Ast des Baumes,
Dem Niemand ansieht,
Aus welcher Wurzel er sproßt.

Sie boten mir
Nicht Brod noch Meth:
Da neigt ich mich nieder
Auf Runen sinnend,
Lernte sie seufzend:
Endlich fiel ich zur Erde.

Hauptlieder neun
Lernt ich vom weisen Sohn
Bölthorns, des Vaters Bestlas
Und trank einen Trunk
Des theuern Meths
Aus Odhrörir geschöpft.

Zu gedeihen begann ich
Und begann zu denken,
Wuchs und fühlte mich wohl.
Wort aus dem Wort
Verlieh mir das Wort,
Werk aus dem Werk
Verlieh mir das Werk.«

Wie sieht es nach der archäologischen Forschung aus? Die ersten lesbaren Worte in Runenschrift stammen aus dem deutschen Raum und aus der Zeit nach 100 n. Chr. Es gibt manche frühere Scherbe, manches Schmuckstück, das vielleicht ein Runenzeichen aufweist, das andererseits auch einfach ein Dekorelement sein könnte oder die unbeholfene Imitation von Schrift. Runenähnliche Zeichen, die wohl noch keine echten Runen sind, lassen sich auf einer Scherbe von Österrönfeld im Kreis Rendsburg-Eckernförde erkennen. Die Schrift würde »RA« lauten – und das sind ausgerechnet Buchstaben, die fast identisch sind mit den lateinischen.

Eine bei Meldorf gefundene Fibel könnte einige Schriftzeichen enthalten, die jedoch vielfach deutbar sind, je nachdem, ob der Schreiber oder die Schreiberin lateinische Buchstaben oder Runen verwendete, rechts- oder linksläufig schrieb. Aus dem ganzen »könnte«, »vielleicht« und »je nachdem« kommen Archäologen definitiv erst mit den Moorfunden im dänischen Vimose heraus. Dort hat man sieben Gegenstände entdeckt, die wohl Runen tragen, darunter einen Kamm. Hier ist Schrift und Lesung sicher. Das Objekt stammt aus der Zeit um 160 n. Chr. und trägt die Inschrift harja – Heer.

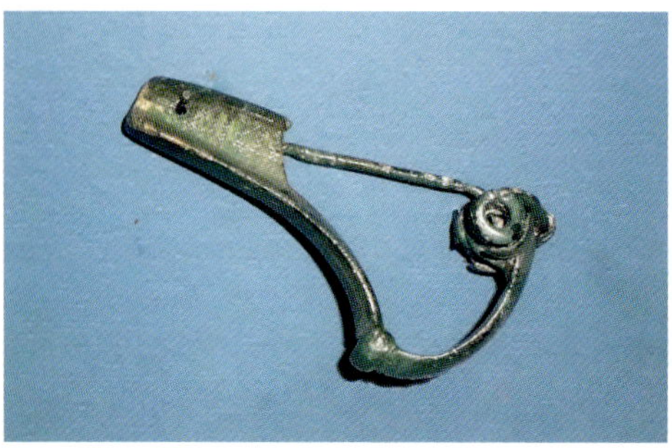

Die Fibel von Meldorf.
(Foto: André Kramer)

Danach findet man Runen rasch im gesamten südlichen Skandinavien, in Nord- und Süddeutschland. Um das Jahr 200 n. Chr. datiert eine Lanzenspitze mit Inschrift von Øvre Stabu, Norwegen, um 300 ein »Kamm« aus Erfurt-Frienstedt, auf den jemand kaba (zu lesen »kamba«) geritzt hat: Kamm. Offenbar reichte es in der Frühzeit der Schriftbenutzung, seinen Namen oder den des Gegenstandes irgendwo einzuritzen – das war bereits magische Tat, das bewies schon die Herrschaft über die Schrift. (Runeninschriften werden immer in Kleinbuchstaben transkribiert, bei den Runen gibt es nur einen Großbuchstaben, das auslautende R, das entsprechend auch als Kapitale notiert wird.)

»Halten wir fest«, schreibt der Runologe Arnulf Krause, »dass anhand der ältesten aufgefundenen Inschriften Runen im 1., spätestens 2. Jahrhundert n. Chr. in Südskandinavien greifbar sind. Frühere Funde ließen sich bislang nirgendwo in den ehemaligen Germanengebieten machen.« Kurz danach verwendet man Runen auch im heutigen Deutschland. Die Botschaft der Schrift ist kurz, bezieht sich auf kaum mehr als das, was der Leser in Händen hält.

Das Wann und Wo ist damit zumindest eingekreist. Aber das »wo?« bleibt noch zu bestimmen. Die Herkunft der Runen war von Anfang an umstritten. So schreibt Gustav Thormod Legis bereits 1829 in seinem Buch »Die Runen und ihre Denkmäler«: »So, um nur Einiges anzuführen, schreiben OLAUS MAGNUS, RUDBECK, BUREUS, VERELIUS und Andere den alten Skandinaviern die Erfindung der Runenschrift zu; LAZIUS und WORM leiten die Runen von den Hebräischen Buchstaben ab; BENZELIUS, WISE u. A. von den Griechischen; CELSIUS, LEIBNITZ und GIBBON von den Römischen; ASTLE und LILJEGREN von den Gothischen; LA CROZE und MURRAY von den Angelsächsischen Buchstaben. BARTHOLIN, SUHM, BURMANN u. A. lassen die Runen durch Odin in den Norden bringen; IHRE durch die Alemanen etc. Jene versetzen also den Ursprung der Runen vor die Sündfluth hinaus, diese suchen ihn erst in den späteren Jahrhunderten der christlichen Zeitrechnung.«

Heute werden nur noch drei Hauptthesen ernsthaft diskutiert – der Ursprung der Runenschrift aus der griechischen, lateinischen oder etruskischen Buchstabenschrift. Das sind allerdings nicht die einzigen Thesen, die verfochten wurden. Heute noch setzt sich eine Minderheit lautstark für einen ganz unabhängigen Ursprung der Runen ein – sie seien (entweder in Skandinavien oder am Nordpol oder in Atlantis) aus nordischen Sinnbildern in der Stein- oder Bronzezeit oder früher entstanden. Solche Thesen waren vor ein paar Hundert Jahren als Zeichen der naiven Forscherfreude und Unwissenheit sicher entschuldbar, heute ist jeder Vertreter entweder selbst völkisch und rassistisch orientiert oder aber er spricht unreflektiert nach. Die Frage des Primats der Runen – dass sie entweder ohne Vorbilder entstanden oder aber dass umgekehrt alle anderen Schriften von der »germanischen« Erfindung abstammen – kommt in vielen Schattierungen daher.

Schon früh begann die Suche nach einer rein »germanischen« Herkunft der Schriftzeichen. Udo-Waldemar Dieterich mutmaßte z. B. 1864: »Das Alter der Runen ist unabhängig vom Alter der Runensteine. [...] Ja, es musste, wie schon erwähnt wurde, eine geraume Zeit seit ihrem Gebrauche zu mantischen [der Wahrsagung dienender] Zeichen verflossen sein, ehe sie zu Inschriften auf Runensteinen angewandt werden konnten. [...] Dass diese Geheimschrift im grauen Alterthum erfunden sei, dürfte mithin mehr als eine blosse Vermuthung sein. [...] Die uralten Runen Odin's auf den wunderbaren goldenen Tafeln, welche in der Urzeit der Herrscher der Götter und Fiölnir's Geschlecht, d. h. Odin und die Asen, besassen, wurden also hier auf dem Ida-Gefilde wieder gefunden. Solche und ähnliche Ergiessungen können nicht blosse Phantasiegebilde sein, sie müssen eine wirkliche historische Grundlage haben, und das Alter der Runen ganz unabhängig machen von dem Alter der Runensteine.«

In die nordische Bronzezeit, noch älter als altägyptische Hieroglyphen, datierte der völkische Archäologietheoretiker Gustav Kosinna die Runen 1933. Darin folgte ihm die Lehre im Dritten Reich, die ja stets auf Erhöhung der vorgeblichen germanischen Vorfahren abzielte. Aber natürlich weiß niemand, ob in der Bronzezeit bereits germanisch gesprochen, germanische Götter verehrt wurden. Wohl eher nicht – wenn auch die alten Skandinavier später, aber in geschichtlich längst greifbarer Zeit eine germanische Sprache sprachen. Das hinderte die nationalsozialistischen Forscher nicht, und auch heute sind diese nachweislich falschen Thesen in rechtsextremen Kreisen gang und gäbe, u. a. beim Atlantistheoretiker Jürgen Spanuth. Der behauptete, dass das versunkene Atlantis einst eine Insel nahe Helgoland war, die um 1200 v. Chr. bei einer Sturmflut von den Wellen fortgerissen wurde. Diese Insel war die Hauptstadt der »germanischen Megalithkultur« (Megalithen gibt es weltweit, es handelt sich nicht um eine zusammengehörende Kultur, und ihr Bau erfolgte in Europa lange von irgendwelchen Germanen). Die Atlanter, also Germanen, zogen ins Mittelmeergebiet, wo sie u. a. den klassischen griechischen Staat begründeten wie auch als Philister im Heiligen Land siedelten. Ihre Runen eigneten sich die Phönizier an. Nicht tumbe Germanen übernahmen semitische Schrift, sondern Semiten übernahmen arische Buchstaben – so wird der Jude wieder zum Kulturschmarotzer. Belege für diese Geschichtsfälschung gibt es keine – kein einziges Runenzeichen ist aus bronzezeitlichen Felsbildern bekannt, kein Knochen mit

Runenritzung ist älter als 100 n. Chr. Im Jahre 1200 v. Chr. schrieb niemand im Nordseeraum, kein Atlanter, kein Germane (oder aber alles wurde säuberlich zu Sand zermahlen).

Jürgen Spanuth brauchte ohnehin keine archäologischen Beweise, ihm reichte seine Überzeugung. Dass es »im 13. Jahrhundert v. Chr. im nordischen Kulturkreis eine Schrift gegeben hat«, beweisen ihm die Edden (die, wie gesagt, im christlichen Island entstanden und keineswegs uralt sind), die angeblich vom Untergang der Insel Atlantis berichten und erzählen, die Asen, also Götter, hätten eine Schrift gehabt.

Dann werden nationalsozialistische Rassetheorien zum Beweis: »Aber es gibt einige Hinweise, die gegen das Analphabetentum der Germanen jener Zeit sprechen. F. Altheim und E. Trautmann haben in ihrer Arbeit ‚Vom Ursprung der Runen' bronzezeitliche Felszeichnungen von Fossum, Bohuslän, veröffentlicht, die sie für runenähnliche Zeichen halten.«

Und selbst die nordetruskische Schrift wird zur germanischen Rune, wenn man, wie Spanuth, die Atlanter von Helgoland nach Griechenland ziehen lässt, damit sie überall in Europa Spuren ihrer Hochkultur hinterlassen können: »Auf ihrem Zug nach dem Süden, der auch über den Brenner und den Tonalepaß ging, kamen die Nordmeervölker in die Val Camonica, wo sie viele tausend Felszeichnungen hinterließen. Dort befindet sich u. a. auch ‚jene vorrunische Sinnbildschrift nordischen Ursprungs', die die beiden Forscher mit den ähnlichen Zeichen aus Skandinavien vergleichen. Das Ergebnis dieser Forschungen fassen sie so zusammen: ‚Die Übereinstimmungen, die wir zusammengestellt haben, können nicht zufällig sein. Die Sinnbildschrift der Nordgermanen – daran besteht kein Zweifel mehr – kehrt auf den Felsen der Val Camonica wieder. Das Ergebnis kommt nicht überraschend. Wir haben von Anfang an zu zeigen versucht, daß die Felsbildkunst des Alpentales sich nur verstehen läßt, wenn man sie von der skandinavischen ableitet. Die Wiederkehr der Formen und Motive ist überraschend; sie konnte aus dem Bereich des Jahres- und Sonnenkultes in lückenloser Abfolge aufgezeigt werden. […] Hier fügen sich die Übereinstimmungen in der Sinnbildschrift aufs Schönste an. Wie die Felsbildkunst der Val Camonica als Ganzes, so ist auch ihre Sinnbildschrift nordischen Ursprungs' (1941, 57).« Diese Inschriften aus der Val Camonica stammen von keltischen und rätischen Alpenbewohnern aus den Jahrhunderten unmittelbar vor und nach Christi Geburt. Nichts davon ist germanisch, außer – man betrachtet es mit der Germanenfixierung des Dritten Reichs.

Was aber sollen die Sinnbilder sein (denen wir später noch begegnen werden)? Selbst der überzeugteste Germanenverehrer findet kein einziges nordisches

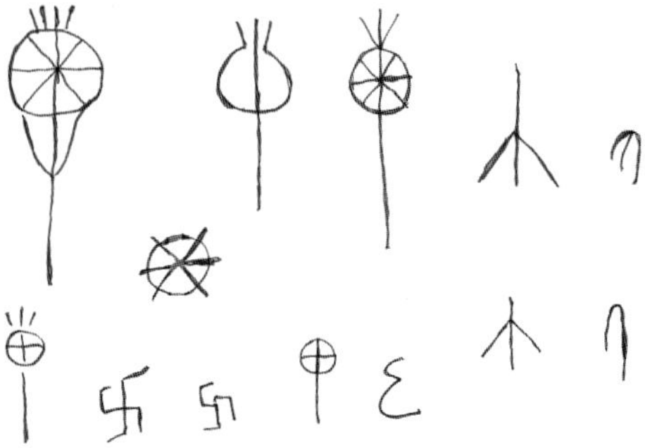

Angeblich germanische Sinnzeichen und Urrunen – tatsächlich Standarten und Sonnenzeichen, die Legionäre in die Wände des römischen Steinbruchs Kriemhildenstuhl bei Bad Dürkheim meißelten. (Illustration: Ulrich Magin)

Schriftzeichen, das älter ist als ein semitisches, ja sogar römisches. Das ist ein Problem, das sich beheben lässt, wenn man einfach Symbole, Tierdarstellungen und Strichmännchen zu Urrunen erklärt. Ein Kreis mit einem Kreuz darin symbolisiert auf Felsbildern weltweit das Jahr mit den Jahreszeiten, als bronzezeitliches Felsbild aber ist es eine Protorune, ein Sinnzeichen, ein Vorläufer der Schrift und beweist, dass Runen älter sind als alle anderen Buchstaben. Das ist simpel gedacht, aber es ist ja auch reine Ideologie.

Vater der Sinnbildkunde, die heute noch von so manchem Heimatverein und alternativen Archäologen zitiert wird, war der nationalsozialistische Vordenker Hermann Wirth.

Auch über ihn wird im Abschnitt über die Forschungsgeschichte noch so manches zu sagen sein, er war jedenfalls der Begründer der SS-Stiftung »Ahnenerbe«, die die Größe des germanischen Menschen und seine Überlegenheit u. a. archäologisch beweisen sollte (die aber auch die Menschenversuche im KZ durchführte). Auch er nahm an, dass die Germanen aus Atlantis stammten, nur lag nach ihm Atlantis am Nordpol. Die Atlanter lebten glücklich und betätigten sich als Astronomen, aus ihren Himmelsbeobachtungen leiteten sie Symbole ab, die sich danach weltweit verbreiteten. Und aus diesen Sinnbildern atlantischer Nordpolastronomie wurden dann die Runen. Diese Zusammenfassung klingt sarkastisch, sie ist es, und wer sie für übertrieben hält, mag sich gern durch die tausende Seiten der Sinnbildschwarten von Wirth quälen! Jeder gute Germane weiß, dass der Jude keine Kulturleistung erbringen kann, deshalb kann er auch das Alphabet nicht erfunden haben. Wirth schreibt 1928 in seinem Buch »Aufgang der Menschheit« über die »Lücken und Widersprüche«, wenn man die Runen von semitischen Schriften ableiten will, »wie die Versuche zur Ableitung der nordischen Runenreihe aus den griechischen oder römischen Schriftsysteme. Für die Entlehnung der mittelmeerländisch-europäischen Schriftsysteme (griechische, italische, iberische usw. Alphabete) galt nach altphilologischer

Geschichtsauffassung das ‚Nordsemitische', die Schrift der sogenannten ‚Phöniker', eines jungen, rassisch völlig gemischten Kaufmannsvölkchens, als die Quelle. Bisher ist es aber nie gelungen, einen restlos befriedigenden Nachweis der behaupteten Entlehnung zu führen. Und alle jene Zeichen, welche nicht in das System passen wollten, wurden darum auch der ‚eigenen Erfindung' dieser Volker oder irgendeines Mannes zugeschrieben.

Wie unsere Untersuchung nun zeigen wird, gibt es überhaupt keine ‚semitischen' Schriftsysteme und ist am allerwenigsten das Phönikische als solches zu betrachten, da es ein sehr spätes, völlig zurückgebildetes atlantisches Alphabet darstellt. Auch kann von einer Erfindung dieser Schriftsysteme nirgends die Rede sein, sondern es handelt sich um uraltes, kultisches, im Laufe der Jahrtausende gewordenes Geistesgut. Was in dem jüngsten Abschnitt, in dem sogenannten ‚geschichtlichen' Zeitalter, als das Wissen um den Ursprung und die Bedeutung dieser Zeichen sich in der Überlieferung langst verdunkelt hatte, noch aus schrifttechnischen Nutzzwecken ergänzt wurde, ‚erfunden' wurde, ist so unerheblich und geringfügig, daß es für das Problem der Geschichte und Urgeschichte der Schrift völlig außerhalb der Betrachtung gelassen werden kann und muß.«

Auch heute noch geistern Meldungen über nordische Urrunen durch die Presse, und oft offenbaren sie sich als völkisches Gerede. Im November 1996 gab Per Karsten, ein schwedischer Archäologe, bekannt, er habe bei Ausgrabungen nahe Tagerup in Südschweden 8000 Jahre alte Runen auf einem Axtgriff entdeckt. Es waren aber keine Runen, sondern einfach ein Fischgrätenmuster.

Eine kuriose Variante all der germanenträumerischen Vorstellungen vertrat Gustav Thormod Legis 1829 – die Runen stammten von der Phöniziern, wurden aber direkt von den Urgermanen angenommen und später von einem Mann namens Odin auf den germanischen Bedarf zugeschnitten: »Dass das Alphabet der Phönicier ein Stammalphabet, und dass es eben dasjenige sei, aus dem alle übrigen Alphabete Europa's hervorgingen, darüber sind die Meinungen aller Forscher längst schon einig: sowohl Zeugnisse als auch gegründete Vermuthungen führen einmüthig darauf hin. Aus diesem Grunde sollten denn alle europäischen Alphabete, zumal die älteren, eine gewisse, durch den Abstand ihrer jedesmaligen Entwickelungsperiode bedingte, Aehnlichkeit mit der Phönicischen Urform erkennen lassen. Bei keinem von den Alphabeten des Alterthumes aber ist die Aehnlichkeit mit dem phönicischen Alphabete in einem solchen Grade vorhanden, wie bei den Runen. Dieser Umstand schon spricht für das hohe Alter der Runen und ihrer Denkmäler. [...] Die Phönicier segelten bekanntlich schon in früher Vorzeit nach Brittanien und an die Bernsteinküste, und waren überhaupt lange Zeit gänzlich im Besitze des Handels im Baltischen Meere.«

Dann betrat Odin, der etwas Germanisches beimischte, die Bühne: »Endlich kam, um das fünfzigste Jahr vor der Geburt Christi, der grosse und glückliche Reformator des alten Nordens, Odin an der Spitze seiner Asen; um wie alles übrige, so auch die vorgefundene Schrift ausbildend umzustalten, und zur Erreichung fruchtbringender und allgemeiner Zwecke geschickt zu machen. Er hat diese Schrift dem Geiste der Sprache mehr angepasst; ihre allgemeinere Verbreitung gefördert und ohne Zweifel auch das Schreibmaterial vervollkommnet, wo nicht gänzlich erst festgesetzt und bestimmt. Odin führt in den ältesten nordischen Schriftdenkmälern noch den Namen Runenhaupt, Urheber der Runen.«

Verlassen wir damit den Boden völkischer Spekulation und betrachten die Thesen der Wissenschaft. Viele Runen gleichen griechischen Buchstaben, doch lehnen Runologen generell eine direkte Übernahme aus dem Griechischen ab, etwa durch die Goten am Schwarzen Meer. Im älteren Futhark, der frühesten Version der Runenschrift, sind aber S- und O-Rune (als Variante von Omega) eindeutig griechisch, dazu M, A und andere Buchstaben. Es gibt aber keine Übernahmen von Phi, Psi – die Lage ist nicht eindeutig. Da die ersten Runen in Norddeutschland und Südskandinavien auftauchen, in einer Region, in der nicht Griechisch geschrieben wurde (die angrenzenden Römer verwendeten lateinische Buchstaben), ist die Entstehung der Schrift weder in Zeit noch Raum mit einer direkten Inspiration durch das griechische Alphabet vereinbar.

In diesem Zusammenhang ist vielleicht zu wenig diskutiert worden über eine Vermittlung durch die Kelten, mit denen seitens der norddeutschen Völker länger Kontakt bestand als mit den Römern und die mit griechischen Buchstaben schrieben, bis sie romanisiert wurden. Die Kelten, die vor der römischen Eroberung in Süddeutschland bereits in Großstädten lebten und Handel mit dem gesamten Mittelmeerraum trieben, nutzten römische, italische oder griechische Buchstaben, eigene Schriftzeichen hatten sie nicht. Wir kennen immerhin rund 500 Inschriften auf Keltisch, hauptsächlich Gallisch, die in der Zeit zwischen dem 6. und 1. vorchristlichen Jahrhundert in griechischen, lateinischen oder etruskischen Lettern verfasst wurden. Im Lager der Helvetier fand Caesar »in griechischer Schrift verfasste Verzeichnisse«, die eine »Aufstellung der Namen aller waffenfähigen Männer« enthielten, er erwähnt auch, dass Vercingetorix Briefe erhielt, die er offenbar auch lesen konnte. In südenglischen Cadbury Castle, Sommerset, gruben Archäologen eine Münze des Volkes der Dubrunner mit der griechischen Aufschrift Anteth(os) aus. So hieß ihr König, und die Münze

Die Stele von Davesco-Soragno, Tessin, trägt eine linksläufige lepontische Inschrift im Alphabet von Lugano. Sie stammt aus den letzten Jahrhunderten v. Chr. (Foto: Andreas Trottmann)

Rechtsläufig ist die etruskische Inschrift auf der Grabstele von Mesocco-Benabbia, Graubünden, Schweiz. Auch sie stammt aus der Latènezeit. (Foto: Andreas Trottmann)

wurde definitiv in der ersten Hälfte des ersten nachchristlichen Jahrhunderts, aber vor der römischen Eroberung Britanniens 43 n. Chr. geprägt. Ist eine Vermittlung griechischer Buchstaben zu den Germanen nicht auf diesem Wege möglich? Selten ist eine Idee neu, diese jedoch habe ich in der Literatur bislang noch nicht angetroffen.

Dass der oder die Runenerfinder durch die Schrift der Römer angeregt wurden, wurde erstmals 1874 geäußert. Es ist auch die passendste Lösung, wenn man bedenkt, dass die Runen just zu der Zeit entstanden, als die Römer immer weiter nach Germanien vordrangen, Kastelle in Niedersachsen erbauten und mit der Flotte bis nach Dänemark segelten. Wie fasziniert muss jemand von dieser

Schrift sein, die das gesprochene Wort festzuhalten vermag! Es muss einem nicht Schriftkundigen wie Zauberei vorgekommen sein. Vielleicht hat ein Germane in römischen Söldnerdiensten Schreiben gelernt und dann seine Variante von lateinischen Buchstaben mitgebracht in sein Dorf im Norden? Die meisten Runen des ältesten Futharks passen recht gut zu römischen Kapitalen, es gibt aber auch Buchstaben wie das runische O oder E, die so gar nicht römisch sind.

Es gibt daher die These, dass das Runische irgendwie inspiriert wurde von nordetruskischen Alphabeten. Von den Etruskern hatten die Römer die griechische Schrift übernommen, aber auch die Kelten und indigenen Rhäter, die in den Alpen wohnten. Dort findet man an Felswänden Graffiti aus der Eisenzeit, die Texte in einer Alpenvariante des Nordetruskischen aufweisen, und diese italischen Schriften waren bis zur Zeitenwende in Gebrauch. Hier passt erneut die Zeit, nicht aber der Ort. Im Val Camonica nördlich des Iseosees gibt es mehr als 100 nordetruskische Inschriften. Die alphabetischen Inschriften beginnen dort um 500 bis 250 v. Chr. »Diese noch sehr kurzen Texte sind sehr schwer zu datieren«, schreibt ihr Erforscher Emmanuel Anati, »trotz der Bemühungen mehrerer Gelehrter. Die Buchstaben gehören jedenfalls zum Rhäto-Etruskischen Alphabet. Einige wirken noch sehr archaisch. [...] In ihrer letzten Phase gibt es neben den Rhäto-Etruskischen Buchstaben zwei kurze lateinische Inschriften, die eindeutig aus der frühen Kaiserzeit stammen. Sie wurden also zu Beginn unserer Zeitrechnung eingeritzt.«

Aber diese alpinen Alphabete weisen manche Eigenheit der Runen auf: Die eigentümliche O-Rune ᛟ, eine Stilisierung des Ω, findet sich beispielsweise im Alphabet von Lugano und auf Inschriften in der östlichen Lombardei. Die Schriften der Alpen, insbesondere des Val Camonica, gelten den Runenkennern Klaus Düwel und Arnulf Krause als unmittelbare Verwandte der Runen. (Deshalb hat man in der Archäologie des Dritten Reiches, etwa durch Franz Altheims und Erika Trautmanns Buch »Vom Ursprung der Runen« 1939 belegen wollen, dass diese alpenländischen Felsbilder eigentlich skandinavisch beeinflusst seien.) Helmut Rix weißt darauf hin, dass es für mehrere bisher schwer herzuleitende Runenzeichen direkte Vorläufer in den Inschriften der Alpen gibt.

In manchen mittelalterlichen Texten ist von Runenzauberern die Rede, die Eruler genannt werden. Es gab auch einen germanischen Kultverband, der sich Eruler nannte, und mit diesem ließe sich eventuell die Runenreihe von den nordetruskischen Alphabeten herleiten. Arnulf Krause folgt einer Idee des Runologen Otto Höfler, nach der dieser germanische Verband Schöpfer der Runen gewesen sein könnte. In Negau, Slowenien, fand man keltische Helme aus der

Zeit des 5. bis 2. vorchristlichen Jahrhunderts, auf denen sich Inschriften in nordetruskischen Lettern fanden, die unter anderem den wohl germanischen Namen Harigast schrieben. Kamen germanische Söldner bei ihrem Dienst für die Römer in Kontakt mit der etruskischen und lateinischen Schrift, brachten sie die Lettern (oder auch nur die Erinnerung an die Lettern) mit nach Hause, entwickelte sich so aus den unterschiedlichsten Vorbildern die Runenreihe?

Doch wie man es dreht und wendet – es gab wohl nicht ein einziges Alphabet, aus dem dann die Runen hervorgingen. »Das ominöse Vorlagenalphabet der Runen«, schreibt Arnulf Krause, »kann nicht nachgewiesen werden. Man konnte sich lediglich auf einige Punkte einigen. Dazu gehört, dass die Runen nach einem oder mehreren mediterranen Vorbildern geschaffen wurden. Und das lateinische Alphabet wirkt dafür am glaubwürdigsten. [...] Selbstverständlich kann man sich auch Gedanken um den Entstehungsort der Runen machen – was aber ziemlich müßig scheint. [...] Die Herkunft der Runen bleibt rätselhaft, ebenso wie die Runenreihe des Futharks.«

Einigkeit, das stellt auch Klaus Düwel in seiner Übersicht über den aktuellen Forschungsstand klar, besteht unter Forschern nur bei drei Punkten:

»1. Die Runenschrift entsteht keineswegs aus dem Nichts oder aus rein germ. Voraussetzungen.

2. Als Anregung oder Vorlage hat ein mediterranes Alphabet gedient.

3. Ausgangspunkt aller Überlegungen haben Raum und Zeit der ältesten Runenüberlieferung zu sein.«

Und er fasst den Erkenntnisstand zusammen: »Die Runenschrift wurde auf der Grundlage eines mediterranen Alphabets, am ehesten des lat., in der Zeit um Christi Geburt bis ins 1. Jh. n. Chr. hinein im westlichen Ostseeraum (vielleicht mit Anregungen aus dem Rheingebiet) von einem oder mehreren ‚Intellektuellen' als Kommunikationsmittel zu profaner, aber auch sakraler und magischer Verwendung geschaffen.«

Jedenfalls hätten die Germanen mit ihrer ländlichen Siedlungsstruktur ohne Städte, ohne Staatsbildung, ohne zentrale Verwaltung eigentlich keiner Schrift bedurft. Vielleicht faszinierte sie das Wissen um die Schrift, von der sie im Kontakt mit den Kelten und später den Römern erfuhren, weil sie das gesprochene Wort magisch auf Gegenstände zu bannen vermochte? Dann würde es wenig erstaunen, dass die ersten Runeninschriften Dinge bezeichnen (»Kamm« auf einem Kamm), weil man durch die Benennung von Gegenständen Macht über sie erhält, und dass die ersten Inschriften kaum mehr aussagen, als wer die Runen ritzte. Runen waren eine ureigene germanische Schrift, die dazu diente,

Objekte mit magischer Kraft aufzuladen, einfach, indem man sie beschriftete. Erstals sich die Schrift weiter verbreitet hatte, konnte sie dafür verwendet werden, wofür Schrift eigentlich geschaffen ist – zur Kommunikation, zur Mitteilung komplexerer Sachverhalte.

2. Runenforscher und Runenforschung

Im Grunde könnte eine Forschungsgeschichte der Runen mit jenen Büchern auf dem europäischen Kontinent beginnen, in denen Mönche die Futhark-Reihe und die Runennamen niederschrieben. Aber in dieser Zeit wurden Runen in Skandinavien und auf den britischen Inseln noch aktiv geschrieben, sie waren Alltagsschrift, nicht Forschungsgegenstand.

Vielleicht sollte deshalb ein Kapitel zur Erforschung der Runen mit Berichterstattern beginnen, für die Runen bereits etwas Historisches waren, etwas, das man nur noch vom Hörensagen kannte, über das man Wissen erst zu erlernen hatte.

Beginnen wir mit Olaus Magnus, dem katholischen Bischof im schwedischen Uppsala. Er musste 1524 vor der Reformation nach Rom flüchten, wo er zwei Werke von Weltbedeutung verfasste, die »Carta marina« 1539, die erste einigermaßen präzise Landkarte Skandinaviens, die die Kartografie noch zwei Jahrhunderte lang beeinflussen sollte, und 1555 die »Geschichte der Mitternächtigen Völker«, eine Geschichts-, Volks- und Länderkunde Skandinaviens.

Zu Runensteinen konnte Magnus, obwohl selbst Schwede, nur vage Informationen liefern – sie hatten ihn als Kleriker offenbar nur als heidnische Relikte interessieren können, obwohl er durchaus weiß, dass sie christliche Inschriften trugen.

Wir lesen »von den großen Säulen und Steinen, die die Goten während des Krieges aufstellten. Es ist ein althergebrachter Brauch bei den Goten, dass sie an den Gerichtsplätzen, ob auf dem Feld oder in den Bergen, [...] große Steine in Gestalt der ägyptischen hohen Säulen aufrichten. In diese haben sie ihre herrlichen Taten in kurzen Worten gehauen, damit ihr Name und die von ihnen vollbrachten Taten im Gedächtnis bleiben. [...] Diese an vielen Orten aufgerichteten Steine sind zwischen zehn und fünfzehn oder zwanzig Schuh lang und vier bis sechs Schuh breit, wunderbar gesetzt in wunderbarer Ordnung und mit wunderbarer Schrift.«

Runensteine nennt Olaus Magnus »Grabsteine«: »Am Feldkirchlein Källby sieht man drei große, mächtige Steine, die in der gotischen Sprache sehr hübsch

Runensteine, Runenstäbe und Runenalphabet nach Olaus Magnus.

behauen sind. Und wer sonst auch im Ödland und auf den Feldern Ausschau hält, wird viele und auf seltsame Art erstellte dort finden.« Olaus erklärt, dass die Inschriften christliche Inhalte transportieren: »An einem Ort sind diese Worte in einen Stein gehauen: ‚Nachdem ich, Holmsteyn, den Götzen abschwor, starb ich, wurde durch den Glauben an Christus lebendig und ruhe unter diesem Stein.‘«

In einem Kapitel mit dem Titel »Von Stecken, auf denen sie den Lauf des Himmels und die Jahreszeit erkennen« erklärt Olaus, dass die alten Goten auf Runenstäben astronomische Informationen sammelten. Dann beschäftigt er sich mit dem »Alphabet der Goten«. »Die Länder des Nordens haben schon von alters her, ehe man die lateinischen Buchstaben erfunden hatte, [...] bereits ihre Buchstaben gehabt. Das bezeugen die großen Steine, die auf die Begräbnisse der Alten und auf die Höhlen gelegt worden sind. Wenn jemand bezweifelt, dass das nicht vor uralten Zeit durch die Riesen geschah, der komme nur her und beschaue sie, dann wird er mehr von ihnen finden, als ich und andere beschrieben haben. Denn diese Steine [...] erhalten die Taten der Alten, damit sie ewig erinnert werden. Etliche davon verwenden (wie es die alten Ägypter taten) Tiere als Buchstaben.«

Schon früh mischte sich in die Darstellungen nationalistisches und völkisches Denken. Olaus ist im fernen Rom offensichtlich ganz stolz auf die Werke der Vorfahren, und sein Bruder Johan, wie er Kleriker und wie er im römischen Exil, erklärt zur selben Zeit und eben nicht ohne Dünkel, dass die Runen in seiner Heimat »seit der Sintflut« in Gebrauch seien. Man musste die alten Schweden also keine Buchstaben mehr lehren. Das ist in seiner Zeit verzeihlich, weil es niemand besser wissen konnte, zieht sich aber im Norden wie ein roter Faden durch die frühe Geschichte der Erforschung der Runen.

Als eigentlicher Begründer der Runologie gilt Johan Bureus (1568–1652). Sein Auftrag war ein politisch-ideologischer: Der schwedischer König Gustav II. meldete seinen Anspruch auf ganz Skandinavien an und erklärte, Schweden sei das Vaterland aller Gothen, die Schweden seien das größte Volk der Welt. Er wies Gelehrte an, Belege dafür zu finden. Johannes Bureus unternahm 1599 eine Reise durch Schweden, erfasste Runendenkmäler und -inschriften und publizierte 48 Holzstiche in seinem Werk »Monumenta sveogothica hactenus exsculpta«.

König Christian IV. von Dänemark seinerseits beanspruchte die Führungsrolle in ganz Skandinavien und ließ seinen Altertumsgelehrten Olaus Wormius (Ole Worm, 1588–1654) die Steinmonumente im ganzen Norden als Hinterlassenschaft der Dänen der Vorzeit deuten. Wormius beschrieb sie umfänglich in sechs Büchern, den »Monumenta danica«, die ab 1643 erschienen. Das Buch war so einflussreich, dass man selbst in Großbritannien begann, Stonehenge als »dänischen Tempel« zu bezeichnen.

Olof Rudbeck (1630–1702), ein weiterer schwedischer Gelehrter, machte in dieser Tradition sein Heimatland gleich zum geheimnisvollen Inselkontinent Atlantis. Sein mehrbändiges Werk »Atlantica« wurde von 1657 bis 1698 veröffentlicht. Rudbeck, Professor für Medizin in Uppsala, entdeckte unter anderem die Lymphdrüsen und plante als Botaniker die Universitätsgärten (wir kennen heute noch die nach ihm benannte Rudbeckia). Als Patriot förderte er die Verwendung von Schwedisch statt Latein als Wissenschaftssprache – und erforschte selbstverständlich die Frühgeschichte seines Landes. Und da musste Schweden für jedes mythische Land der antiken Überlieferung herhalten: Schweden war das Hyperborea der Alten, auch Atlantis, hier hatten das Paradies und der Garten Eden gelegen. Später stellte der deutsche Professor Friedrich Fischbach dasselbe für das »Land zwischen Wupper und Sieg« fest!

Diese Entdeckungen hatte Rudbeck aufgrund seiner Ausgrabungen in der Umgebung Uppsalas, der alten heidnischen Hauptstadt seines Landes, gemacht. Rudbeck fand heraus, dass das alte Schweden der Ursprung aller Kultur gewesen war, im Einzelnen führte er die Skythen an, die Barbaren, Asiaten, Riesen, Goten, Phrygier, Trojaner, Amazonen, Thraker, Lybier, Mauren, Tapher, Gallier, Kimbrer, Kimmerer, Sachsen, Sueben, Langobarden, Vandalen, Heruler, Gepiden, Teutonen, Angeln, Pikten, Dänen und Sigambrier – kurz, aus Schweden stammte die Welt, Schweden war die Mutter der Völker und Kulturen. Da war es nicht weit bis zu der Behauptung, die schwedischen Runen seien die älteste Schrift der Menschheit.

1750 veröffentlichte Johan Göransson über 1200 Inschriften von schwedischen Runensteinen. Er nannte einen Gomer als Erfinder der Runen, den Bruder des biblischen Magog, der die Buchstaben im Jahr der Welt 2000 erfunden habe (nach heutiger Zeitrechnung um 3200 v. Chr.), von diesen uralten Runen wären alle anderen Alphabete entlehnt. Der drollige Nationalismus, der aus all diesen frühen Werken spricht, blieb noch lange erhalten.

Nur Erik Pontoppidan, ein norwegischer Bischof, der seine »Naturgeschichte« 1755 drucken ließ, blies nicht in dieses Horn. Nur wenig lesen wir bei ihm über die Schrift, sie gilt ihm als Relikt einer vergangenen Geschichte. Er schreibt: »Doch will ich bey dieser Gelegenheit noch etwas von Leibesübungen, Arbeiten und Künsten erinnern, in welchen man vor Alters die norwegische Jugend, und zwar nicht blos unter dem gemeinen Volke, sondern auch im höhern Stande sich üben ließ, nämlich im Fechten, Reiten, Schwimmen, Rudern, im Werfen des Wurfspiesses, im Schienlaufen, im Besteigen der steilen Berge, im Eisenschmieden, im Schreiben der Runenschrift, im Blasen ihres Liur oder Horns, und im Liederdichten.«

Rudbeck betrachtete Schweden als Urheimat aller Völker.

Johann Justinus Gebauer fand noch 1770 Runensteine in seiner »Geschichte der Königreiche Dänemark und Norwegen« als Quelle nicht brauchbar, weil sie nur unbekannte und unbedeutende Menschen erwähnten und weil die Gelehrten zwar »die norwegischen und dänischen Runensteine [haben] abzeichnen lassen und erkläret, allein diese Erklärungen widersprechen sich sehr oft, und jene Zeichnungen sind zum Theil fehlerhaft und unrichtig«.

In Deutschland beginnt die Runenforschung 1821 mit dem Band »Über deutsche Runen« von Wilhelm Grimm (1796–1859). Das »deutsch« bei Grimm bedeutet einerseits schon Deutschland, ist aber auch auf alle germanischen Völker anwendbar. Grimm nahm an, dass es neben skandinavischen Runen auch solche auf dem Kontinent gegeben haben müsste, dazu kommentierte er manche Runenfunde, von denen er einige anerkannte und andere ablehnte, hauptsächlich aber die Runen, die er in den Manuskripten der Klöster vorfand. Aus diesen »archivalischen« Funden leitete er die Schriftentwicklung und sprachlichen Urformen von Runeninschriften ab. Das alles war ein Pionierwerk, verhaftet dem demokratischen Patriotismus der Brüder Grimm.

Dichter aus dem Umkreis der Romantik nutzten die Ideen für ihre Art der Rückbesinnung. Annette von Droste-Hülshoff (1797–1848) etwa beschwörte das Geheimnis der Runen in ihrem Gedicht »Das alte Schloß« über Meersburg am Bodensee, wo sie seit 1841 lebte.

»Schreit' ich über die Terrasse
Wie ein Geist am Runenstein,
Sehe unter mir die blasse
Alte Stadt im Mondenschein.«

Friedrich de la Motte Fouqué (1777–1843) ließ Brynhildis 1810 in seinem Schauspiel »Der Held des Nordens« runig raunen: »Die Runen knüpf ich nun hinfürder nicht, / Denn unsre Eide sind der Lipp' entrauscht«, 1826 wurden in »Die Saga von dem Gunlaugur genannt Drachenzunge und Rafn dem Skalden« »ueber Schön-Helga's Grab [..] mit Runen-Schrift Worte eingegraben«. Fouqué platzierte die Runen also eindeutig in Skandinavien und Island.

»Man war zu diesem Zeitpunkt in Deutschland auf der Suche nach einer Vergangenheit«, erklärte Arnulf Krause dem Bonner »General-Anzeiger« am 19. Dezember 2017 in einem Interview, »mit der man sich als noch junge Nation identifizieren konnte und die sich gleichzeitig von Frankreich abgrenzte. So entstand die Faszination für das Germanentum, das man auch in Skandinavien verortete. Die nordische Welt wurde idealisiert, ihre Mythologie übernommen. Kein anderes Land hat sich zum Beispiel so eine innige Beziehung zu Island zugesprochen wie Deutschland.«

1824 erschien auch in Deutschland Rasmus Nyerups »Verzeichniß der in Dänemark 1824 noch vorhandenen Runensteine«. Der dänische Runologen Ludvig Wimmer unterschied in »Die Runenschrift« 1887 als Erster jüngeres und älteres Futhark und erkannte das ältere eben auch als das ältere. Im 19. Jahrhundert begann auch die systematische Erfassung und Publikation der Runensteine der skandinavischen Länder.

Der schwedische Runenforscher Otto von Friesen (1870–1942) vertrat in mehreren Büchern die These von der Abstammung der Runen über ostgotische Kontakte von der griechischen Schrift.

In Deutschland aber drehte sich der Wind. Mit der Machtübernahme durch den Nationalsozialismus wurde aus der Erforschung der Runen eine ideologische Tat. Dabei konnten Universitätsgelehrte nach wie vor rationale Bücher über die Buchstaben verfassen, aber innerhalb der SS-Stiftung »Ahnenerbe« und in zahlreichen populären Publikationen waren die Runen bald mehr als eine irgendwie von den semitischen Alphabeten hergeleitete Buchstabenschrift, sondern vielmehr ein aus urgermanischen Sinnbildern hergeleitetes, tiefes Geheimnis.

1935 noch konnte das weitverbreitete Lexikon »Das Kluge Alphabet« die Runen recht nüchtern beschreiben: »Runen (gelehrte Bildung aus alt-nord. Run = Geheimnis), die ältesten Schriftzeichen der Germanen, finden sich auf nord., engl. und festl. Gebiet (von der Südküste der Ostsee bis zur Nordküste des Schwarzen Meeres), meist in kurzen Inschriften auf Waffen, Spangen, Stein, Knochen, wahrsch. auch Holz. Früheste Inschriften auf dän. Moorfunden aus dem 3. Jh. n. Chr., doch gab es sicher auch vorchristl. R. Das altgerm. Normal-Alphabet, nach den Anfangslauten der ersten 6 R.-Zeichen auch Futhark genannt, hat 24, ein jüngeres nordisches 16 Zeichen. [...]

Über die Herkunft der Runen stehen sich verschiedene Ansichten gegenüber. Die Runenschrift soll entweder die Fortsetzung einer uralten, bereits in der Steinzeit auftretenden Schrift sein oder (wahrscheinlicher) aus der griech., durch einige lat. Zeichen erweiterten Schrift der Gegend des Schwarzen Meeres stammen, wo die germ. Goten seit 250 n. Chr. siedelten.«

Auch vermochten sich akademisch tätige Wissenschaftler dem ideologischen Druck zu entziehen. Helmut Arntz (1912–2007) vermochte 1935 ein wissenschaftliches »Handbuch der Runenkunde« auf den Markt zu bringen, in dem er für den etruskischen Ursprung der Schrift eintrat. Seiner Ansicht nach entstanden die Runen aus germanischen Sinnbildern, ergänzt durch nordetruskische Zeichen. Selbst kein Nationalsozialist, kommentierte er die Rassenlehre (obwohl Parteimitglied) nicht, stemmte sich aber vehement gegen die um sich greifende mythische Runenlehre. Das brachte ihm Behinderungen durch das SS-Ahnenerbe ein.

Der Rassenmythos forderte nämlich einen unabhängigen Ursprung der Runen, am besten noch waren alle Schriften der Erde, insbesondere die ärgerlichen semitischen Schriftschöpfungen, die als Ursprung aller Alphabete gelten, aus dem Wege zu schaffen. Das ging nur, indem die Runen das Primat aller Schriften einnahmen.

»Ein weiterer Beweis dafür«, schreibt Karl Theodor Weigel 1935 in »Runen und Sinnbilder«, »daß die Runenreihe einen vollkommen eigenen Entwicklungsweg durchgemacht haben muß, ist zweifellos die Tatsache, daß man überall jetzt Runeninschriften feststellt, die in die Vorzeit zurückgehen. Der steinzeitliche Ursprung der Runen, der schon verschiedentlich behauptet worden ist, kommt jedenfalls in greifbarere Nähe.«

Diesen völkischen Zweig der deutschen Runenforschung bereiteten Esoteriker und Okkultisten wie Guido von List (1848–1919), Friedrich Fischbach (1839–1908) und Karl Maria Wiligut (1866–1946).

Begründer des »Ahnenerbes« und damit federführend bei der Herleitung der Runen aus »urgermanischen« Sinnbildern war jedoch Hermann Wirth, ein niederländischer »Philosoph« und Historiker, der bis heute alternative Archäologen und esoterisch gesinnte Sinnsucher inspiriert. Wirth war von der einstigen Größe der Germanen überzeugt. Sie hatten eine moderne Astronomie, die u. a. in der Edda ihren Niederschlag gefunden hatte, aber auch in zahllosen Felsbildern. Aus diesen Felsbildern, die den Lauf von Sonne und Mond markierten, entstanden, so dachte er, die Runen, die »heilige Urschrift der Menschheit«. Die Runen wanderten allmählich südwärts zum Mittelmeer, wo sie von den Phöniziern übernommen wurden. So kam es, dass urgermanische Buchstaben als semitische Erfindung ausgegeben wurden.

Über seine Thesen schrieb Wirth dicke, unzusammenhängende, fast unlesbare, jedenfalls aber sehr dicke Schinken mit grandiosen Titeln wie »Der Aufgang der Menschheit« (1927), »Zur Geschichte der Religion, Symbolik und Schrift der Atlantisch-Nordischen Rasse«, »Was heißt deutsch? Ein urgeistesgeschichtlicher Rückblick zur Selbstbesinnung«. Wirth betrieb also Runenkunde nicht zweckfrei, sondern zur Erhöhung der Germanen. Es folgte die »Ura-Linda-Chronik«, eine merkwürdige neuzeitliche, sich mittelalterlich gebende Fälschung, die er für echt hielt, und natürlich sein *magnus opus*, »Die heilige Urschrift der Menschheit« (1933).

Das Pamphlet »Was heißt deutsch?« war an Wirths niederländische Landsleute gerichtet, die irgendwie nicht ans Reich angeschlossen werden wollten. Es gehe darum, so Wirth, endlich zu begreifen, dass man auch als Holländer Teil der germanischen Übermenschenrasse sei. Wirth fühlte sich als Deutscher, nicht als Niederländer, zuvörderst aber als Germane. Er sollte noch eine große Rolle für den Nationalsozialismus spielen.

»Der Aufgang der Menschheit«, im renommierten Diederichs-Verlag erschienen, rekonstruierte die Geschichte der Menschheit anhand von Sagen und Felsbildern, die Wirth jedoch sehr eigenständig ausdeutete. Die weiße Rasse war am Nordpol entstanden und lebte während der ersten drei Eiszeiten auch am Pol – daher die weiße Haut und die blonden Haare. Da sie über viel freie Zeit verfügten, beobachteten sie den Lauf der Sterne und Planeten, deren Bahnen sie in einfachen Symbolen und märchenhaften Legenden festhielten. Eines der Symbole war ein Kreis mit Strichen, die ihn in bestimmten Abständen unterbrachen. Die Bahn der Sonne hielt das Hakenkreuz fest.

Die vierte Eiszeit aber beendete das paradiesische Leben am Pol und zwang die Nordisch-Atlantische Rasse zur Wanderung nach Süden. Die Kolonisten ließen sich zunächst in Atlantis nieder, als dieses jedoch in den Fluten versank, verbreiteten sie sich über den ganzen Globus. In manchen Winkeln war die weiße Rasse bereits so weit verderbt, dass man sie nicht mehr als weiß erkannte. Und doch stammt aus dieser atlantischen Zeit die Sonnenverehrung, die Ägypter und Inka kannten, die Symbole wie Hakenkreuz und die Schälchen und Kreise, die man weltweit auf Felsbildern findet.

Natürlich hatten die Archäologen bereits damals das gesamte Spektrum an jungsteinzeitlichen Felsritzungen erfasst: Näpfchen, konzentrische Kreise, Fußabdrücke, Mühlespiele, Gitter, Zickzacklinien und Hakenkreuze. Warum hatte noch nie jemand den Code der Zeichen geknackt? Ihnen fehle, das war Wirths Antwort, der geheimnisvolle Schlüssel, das Ura-Linda-Buch. Dieses friesische Werk umfasst die gesamte Geschichte der Menschheit von der Zeit des großen Eises bis zur Gründung der Niederlande durch die Atlanter.

Das Manuskript war angeblich 1860 von dem friesischen Adligen Cornelis over de Linden entdeckt worden. Es ist in einer kuriosen Schrift verfasst (und natürlich in Friesisch, vermischt mit modernem Niederländisch), deren Buchstaben den Runen gleichen, die sich aber aus Segmenten eines Kreise mit einem X darin ableiten lassen. Die Urahnen des Finders, die Mitglieder der Familie

Die Runen der »Ura-Linda-Chronik«. (Foto: Archiv Magin)

over de Linden, haben seit der Eiszeit Buch geführt. Und was sie aufschrieben, scheint die Grundlage aller Mythen aller Welt gewesen zu sein.

In Atlantis, das in der heutigen Nordsee lag, herrschten die Frauen. Als die Insel in großen Überschwemmungen unterging, vernichtete das auch das Matriarchat. Atlantis sank um 2193 v. Chr., danach hatten die Männer das Sagen. Von ihrem Atlantischen Reich war nur noch Friesland übrig. Dessen König hieß damals Wodin, seine Söhne nannten sich Tunis und Inka (jetzt weiß man, wo Wotan, Odin und die Inka herstammten!). Es braucht kaum eine Erklärung, dass Tunis Nordafrika eroberte und Inka Südamerika. Die wenigen Frauen, die es noch gab, wurden edle Holde – eine dieser Damen hieß Kalip – sie war die Calypso, der Odysseus begegnete.

Wir befinden uns mittlerweile im 5. vorchristlichen Jahrhundert und die breite Erzählung engt sich ganz auf das schmale Friesland ein – und auf die Familie over de Linden. Deren Stammvater hieß Apol, die Sippschaft Apollonias, Minerva, Fasta und Medea. Kurz und knapp: Alle griechischen Mythen waren nur Nacherzählungen der Familiengeschichte, die die Ura-Linda-Chronik schildert. Dem Leser begegnet ein Gelehrter namens Buda, der Friesland mit 12 Jüngern aufsuchte und sich dort Jesus nennt. Auch das Neue Testament spielt demnach in den Niederlanden.

Es muss nicht eigens betont werden, dass eigentlich allen Historikern und Vorgeschichtsforschern von Anfang an klar war, dass es sich bei der Chronik um eine einfältige Fälschung handelte. Bereits Ende des 19. Jahrhunderts hatte der Gelehrte J. Beckering-Vickers nachgewiesen, dass sowohl Schrift wie Sprache erfunden waren. Analysen des Papieres ergaben, dass es sich um in Holland industriell erzeugte Ware aus der Zeit um 1850 handelte. Heute weiß man, dass das Buch die Satire eines Herrn Halbertsma auf friesische Unabhängigkeitsbestrebungen war.

Davon wollte Wirth nichts wissen. Das Buch bestätigte seine Felsbilddeutungen, also musste es echt sein. Der populäre Wirth wurde ab dem Augenblick, da der Nationalsozialismus in Deutschland die Macht ergriff, für die neuen Machthaber recht nützlich. Er trat im August 1925 der NSDAP bei und empfahl seinen Landsleuten den Anschluss an Deutschland und das Hakenkreuz als staatliches Symbol.

1932 gründete er sein »Forschungsinstitut für Geistesurgeschichte« in Bad Doberan, nachdem ihn die nationalsozialistische Regierung Mecklenburgs eingeladen hatte.

An Wirths wirren Wahnsinn war besonders Heinrich Himmler interessiert, der Hobbyarchäologe unter den Nazis. Er fand hier, was seine rassistischen Überzeugungen erwarteten – germanische Überlegenheit über die Mittelmeervölker, harte, eisgeprüfte Urgermanen mit überlegenem Wissen. Selbst Jesus, das bezeugte die Ura-Linda-Chronik, war Arier und nicht Jude gewesen.

Deutsche Anhänger Wirths hatten eine »Hermann-Wirth-Gesellschaft« gegründet, die sich am 1. Juli 1935 in Berlin als »Deutsches Ahnenerbe« neu erfand. Gründungsmitglieder waren neben Wirth Heinrich Himmler und Walter Darré. Als erste Abteilung etablierte das Ahnenerbe eine »Pflegstätte für Schrift- und Sinnbildkunde«, danach eine Abteilung für Germanenkunde, die Wilhelm Teudt leitete, ein weiterer Wirrkopf, der überall heilige Linien und astronomische Universitäten bronzezeitlicher Germanen entdeckte. Beide Abteilungen untersuchten Sinnbilder und die von ihnen abgeleiteten Runen. Kaum ein Artikel über Runen aus der Zeit des Dritten Reichs, der nicht ganz und gar mit den fantastischen Ausgeburten Wirths und Teudts durchschwitzt ist, wenn er nicht ohnehin ganz und gar rassistisch und antisemitisch daherkommt.

So dienten Wirth rekonstruierte Urzeitrunen dazu, Felskrakeleien an den Externsteinen als astronomische Weisheiten zu deuten. Ab März 1936 erschien »Germanien«, das Publikationsorgan der Stiftung, das sich hauptsächlich auf »heilige Linien« und »Runenkunde« konzentrierte. Andererseits waren den Universitätsprofessoren Wirths Werke peinlich. Die SS gliederte deshalb das Ahnenerbe ein, ernannte Wirth aber im März 1937 zum Ehrenpräsidenten auf Lebenszeit. Im Dezember 1938 drängte man ihn dann ganz aus der Gemeinschaft, weil sonst die Gleichschaltung der akademischen Ur- und Vorgeschichtsforschung in Deutschland gefährdet gewesen wäre. Himmler und Wirth blieben aber befreundet. Der SS-

Führer versuchte sogar, allerdings erfolglos, ihm eine feste Stelle als Professor an einer deutschen Universität zu besorgen.

Der Nationalsozialismus wurde bezwungen, aber Wirth predigte eifrig weiter. 1960 schwärmte er in »Der Ursinn der Menschheit« von Hitler und der sympathischen Sache des Nationalsozialismus. Heute noch berufen sich ein Großteil der Hobbyforscher, die Felsbildkunde, Runenorakel und germanische Astronomie untersuchen, wie auch jene, die Kontakte zwischen Amerika und Europa vor Columbus beweisen wollen, in vielfältiger Weise auf Wirth. Ein Blick in das Literaturverzeichnis vieler Bücher über »alternative Archäologie« ergibt Verweise auf seine Werke.

Die Mär vom ureigenen, von nichts als reiner Rasse geprägten Ursprung der Runenschrift lebt weiter: Das ganze Werk des Atlantologen Jürgen Spanuth über den germanischen Ursprung der europäischen Kultur ist durchdrungen davon, ihm folgen scheinbar neutrale Darstellungen wie Otto Zellers »Der Ursprung der Buchstabenschrift und das Runenalphabet«. Und noch 2006 wurde ein Buch von Jakob Wilhelm Hauer aufgelegt, das ursprünglich 1943 erscheinen sollte und sich gegen die These wendet, die Germanen könnten die Schrift von Semiten übernommen haben: »Der weltberühmte Indologe und Religionswissenschaftler Prof. Wilhelm Hauer teilt diese These nicht und beweist mit einer grossen Anzahl sprachwissenschaftlicher und semiotischer Belege, dass sich die Runen aus den Heilszeichen und Symbolen der Westindogermanen entwickelten, von denen wir abstammen.«

Die deutsche Nachkriegszeit ist entsprechend von Zurückhaltung geprägt. Nach wie vor herrscht die Vorstellung, Runen hätten etwas mit der Nazi-Zeit und den heidnischen Germanen zu tun. Auch die Wissenschaft tat sich schwer. Ideologisch befreite Forschung war möglich geworden, der Schatten des Missbrauchs der Runen zur Rechtfertigung des Rassismus aber lastete schwer.

Wolfgang Krause (1895–1970) war die Forschungsgestalt, die aus der einen noch in die andere Epoche hineinragte. Der Sprachwissenschaftler spezialisierte sich zunächst auf die damals beliebte Indogermanenforschung, dann wurde die Runologie zu seinem Forschungsschwerpunkt. Anders als Arntz suchte er den Ursprung der Runen in germanischen Sinnzeichen, was ihn für das SS-Ahnenerbe interessant machte. 1943 bis 1944 leitete er dort die Lehr- und Forschungsstätte für Runen- und Sinnbildkunde. Krause habe sich, urteilt Klaus Düwel nach Fritz Paul, »trotz dieser Tätigkeit […] ‚im Dritten Reich wissenschaftlich und politisch kaum kompromittiert'«. 1950 wurde er Direktor des Skandinavischen Seminars an der Universität Göttingen.

Der Mediävist Klaus Düwel (*1935) ist der Verfasser des Handbuchs »Runenkunde«. Seine Forschungsschwerpunkte sind die mittelalterlichen Literaturen in deutscher und nordischer Sprache, sein Buch ist eine wahre Fundgrube an – bis ins Detail gehende – Beschreibung gerade auch der deutschen Runenfunde, das die Komplexität der Deutung schwer verständlicher Inschriften sehr anschaulich erklärt.

Der deutsche Prähistoriker, Runologe und forensische Archäologe Peter Pieper (*1953) fühlt zweifelhaften Runen in Bones-Manier auf den Zahn – und hat so manche Ritzung als Fälschung nachgewiesen. Er gilt als Entdecker der Spiegelrunen.

Einen gut lesbaren und leicht verständlichen Überblick über den Stand der wissenschaftlichen Runenforschung hat auch Professor Arnulf Krause (*1955) von der Abteilung für Skandinavistik der Universität Bonn verfasst. Er ist Fachmann für germanische Heldensagen und die Dichtungen der Edda.

II. Die Runenreihen

1. Das ältere Futhark

Fünf einfache Tatsachen sind wichtig, wenn man die Runenschrift verstehen will:

1) Runen sind Buchstaben, keine Bilder- oder Silbenschrift. Um sie zu lesen, muss man nur wissen, wie jeder dieser Buchstaben ausgesprochen wird, also seinen Lautwert kennen. Die Buchstaben selbst sind schnell zu erlernen: Sie zeigen deutliche Anklänge an die Lettern, die wir täglich schreiben – das a, das f, das b unterscheidet sich höchstens in seiner kantigen Form von den modernen Großbuchstaben. Allerdings bieten die Runen vielerlei Möglichkeiten der Variation und Ligatur und können so auf den ersten Blick auch unvertraut wirken.

2) Liest man eine Zeile von links nach rechts, wie wir heute, spricht man von einer rechtsläufigen Schrift, liest man von rechts nach links, wie im Hebräischen oder Arabischen, von einer linksläufigen Schrift. Runen können sowohl rechts- wie linksläufig geschrieben werden, manchmal wechselt die Leserichtung von Zeile zu Zeile (man spricht dann von einem bustrophedon oder bustrophedisch geschriebenen Text, nach dem griechischen Wort *boustrophēdón*, ochsenwendig wie ein Ochse beim Pflügen). Die einzelne Rune blickt immer in die Leserichtung und zeigt diese an (wie unsere Großbuchstaben B, P, L etc.). Manchmal folgen die Inschriften auf Steinen auch den Schlingen eines Bandes oder einer Schlange.

3) Die Runen hängen zwar eng mit der griechischen Schrift in ihrer etruskischen Schreibweise zusammen, doch sie wurden völlig anders angeordnet oder angereiht. Sprechen wir bei unseren lateinischen Buchstaben vom Alphabet (von den ersten beiden Buchstaben auf Griechisch; alpha und beta) oder vom ABC, so beginnt die Runenreihe nicht mit A, B und C, sondern mit f, u und th. Die Runenreihe wird demnach als Futhark bezeichnet, nach den ersten sechs

Runen, und das taten schon die Menschen so, die sie schrieben. Warum und wieso, das weiß man nicht, und nur ein weiteres europäisches »Alphabet«, die irisch-kornische Ogham-Schrift, folgt nicht der klassischen ABC-Anordnung der Buchstaben.

Dieses Futhark wird, ganz gleich in welcher der drei großen Runenreihen, stets in sogenannte *ætt* (Gruppen von bis zu sechs Runen) unterteilt. Anders als beim ABC ist es wichtig zu wissen, welche Rune an welchem Platz in welchem *ætt* steht, sonst kann man bestimmte Runenarten, etwa Zweigrunen, nicht lesen.

4) Jede Rune besteht aus einem oder mehreren folgender Bestandteile: Stab, Zweig und Haken. Der Stab (bei manchen Buchstaben doppelt) steht senkrecht, ein Zweig läuft diagonal nach rechts oder links unten oder oben, ein Haken ist ein zu einer Seite offenes Dreieck. Es gibt Runen, die nur aus Stäben (i), und solche, die nur aus Haken bestehen (k und ng), keine Rune aber besteht bloß aus Zweigen.

Stab	Stab und Zweig	Stab und Haken	Haken
ᛁ ᚢ ᚷ	ᚠ ᚨ ᚻ	ᚹ ᛈ ᛒ ᚱ ᛞ ᛖ	ᚲ ᛜ ᛟ

5) Der Laut der Rune bestimmt den Anfangsbuchstaben ihres Namens. Er bezeichnet ganz konkrete Dinge, sie werden also nicht nur mit dem Lautwert genannt. Das war bei den griechischen Buchstaben genauso, sie überliefern noch die alten phönizischen Benennungen, die sich jeweils an dem vom Buchstaben dargestellten Ding orientierten (Aleph/Alpha – der Ochse, Beit/Beta – das Haus, Gimmel/Gamma – das Kamel).

f	u	th	a	r	k	g	w
ᚠ	ᚢ ᚢ	ᚦ ᚦ	ᚨ	ᚱ	ᚲ ᚲ ᛦ	ᚷ	ᚹ ᚹ

h	n	i	j	i	p	R, z	s
ᚺ	ᚾ	ᛁ	ᛃ ᛃ ᛃ	ᛇ	ᛈ	ᛉ ᛣ ᛯ	ᛊ ᛋ ᛊ ᛊ

t	b	e	m	l	ng	d	o
ᛏ	ᛒ	ᛖ ᛖ	ᛗ	ᛚ	ᛜ ᛜ ᛜ ᛜ	ᛞ	ᛟ ᛟ

Das ältere Futhark mit Varianten der Schreibung. (Abbildung: Ulrich Magin)

Die älteste bekannte Runenreihe, das ältere Futhark, besteht aus 24 Runen. Der Erfinder hat also für jeden Laut der alten germanischen Sprache ein Zeichen gefunden. Das Lateinische kannte keine Buchstaben für Laute, die im Germanischen häufig vorkommen, zum Beispiel u, w und j. Wer Latein schrieb, musste sich mit doppeldeutigen Buchstaben oder Buchstabendopplungen behelfen (V stand für u und v, I für i und j, VV für w). Das Futhark schuf für diese Laute, wie auch für das germanische Lispel-th (Þ), eigene Zeichen.

Diese älteste Reihe wird nicht nur im gesamten germanischen Gebiet benutzt – man spricht von einer gemeingermanischen Reihe –, es gibt auch generell kaum Varianten in der Schreibweise der Buchstaben. Spätere Entwicklungen des Futharks – das jüngere Futhark und das angelsächsische Futhorc – sind viel stärker regional ausgeprägt. Älteres Futhark lässt sich mit nur wenigen Kenntnissen leicht lesen (man müsste dann nur noch die alten germanischen Sprachen beherrschen!), bis auf wenige orthografische Besonderheiten: So gibt es kaum eine Interpunktion, es lässt sich nicht sagen, wo ein Wort anfängt oder ein Satz endet (später, spätestens auf den Runensteinen im jüngeren Futhark, werden solche Hilfszeichen eingeführt), zudem werden manche Laute nicht geschrieben, beispielsweise die Nasale m und n – Kamba, das alte Wort für Kamm, wird mit Runen kaba geschrieben. Übrigens sind Runen – in der gebräuchlichen Transkription – immer Kleinbuchstaben, nur eine Rune, das R, wird großgeschrieben, steht aber niemals am Wortanfang, sondern wenn, dann stets als Ablaut, als letztes Zeichen im Wort

Die 24 Buchstaben teilen sich in drei Gruppen (*ætt*) zu je acht Runen. Jede Runen trägt einen Eigennamen (die beim älteren Futhark sprachwissenschaftlich erschlossen wurden):

Rune	**Name (Übersetzung)**	**Aussprache**
ᚠ	fehu (Vieh)	f
ᚢ	ūruz (Ur, Auerochse)	u
ᚦ	þurisaz (Riese)	þ
ᚨ	ansuz (Ase)	a
ᚱ	raidō (Ritt, Wagen)	r
ᚲ	kaunan (Geschwür)	k
ᚷ	gibō (Gabe)	g
ᚹ	wunjō (Wonne)	w

Rune	**Name (Übersetzung)**	**Aussprache**
ᚻ/ᚺ	haglaz (Hagel)	h
ᚾ	naudiz (Not)	n
ᛁ	īsan (Eis)	i
ᛃ	jēran (Jahr)	j
ᛇ	īwaz (Eibe)	e/i/ei
ᛈ	perþō/perþrō/pezdō	p
ᛉ	algiz/elhaz (Elch)	-z, -R (Endkonsonant)
ᛊ/ᛋ	sōwulō (Sonne)	s
ᛏ	teiwaz/tīwaz (Tyr)	t
ᛒ	berkō (Birke)	b
ᛖ	ehwaz (Pferd)	e
ᛗ	mann- (Mensch)	m
ᛚ	laguz (Wasser, See)	l (auch laukaz, Lauch)
ᛜ	ingwaz (Feuer)	ng
ᛞ	dagaz (Tag)	d
ᛟ	ōþalan/odal (Stammgut)	o

Bei den Runennamen im älteren Futhark handelt es sich um sprachwissenschaftlich rekonstruierte Formen – man kennt durch Handschriften christlicher Mönche nur die späteren Namen der jüngeren und angelsächsischen Runenreihe. Es gibt nur einen einzigen Runennamen, der nicht den Laut bezeichnet, den man spricht, und das ist der Elch, das auslautende R – je nach Region wurde das Zeichen entweder z oder R ausgesprochen. Dieses R wird als Großbuchstabe transkribiert.

Die ältesten Futhark-Inschriften stammen aus der Zeit um 100 n. Chr. und sie sind selten sehr lang. Oft bestehen die Texte nur aus wenigen Buchstaben, die Eigennamen der Besitzer sind oder das Ding bezeichnen, auf dem sie stehen, es können auch magische Begriffe sein (häufig wird das Wort *alu* geschrieben, so etwas wie unser Abrakadabra), Sätze werden zu Stummeln verkürzt.

Wann zum ersten Mal Runen geschrieben wurden oder welches der älteste Fund ist, darüber besteht Unsicherheit. Da gerade die ersten Inschriften sehr kurz sind, viele Runen lateinischen Buchstaben ähneln und manche Ornamente, wenn sie alleine stehen, auch als Buchstabe aufgefasst werden können, gibt es einige Zweifelsfälle, bis tatsächlich eindeutige Runentexte vorliegen.

Der Kamm von Vimose im Dänischen Nationalmuseum. (Foto: Nationalmuseet, wikimedia.org)

Der älteste Beleg könnte die Meldorffibel aus der Zeit um 50 n. Chr. sein, auf der man vier (?) buchstabenähnliche Ornamente sieht – ein V mit \, ein senkrechter Strich, ein auf seiner Spitze stehendes Dreieck und ein weiterer senkrechter Strich. Liest man das als lateinische Buchstaben linksläufig, erhält man Idin, liest man die »Buchstaben« als Futhark-Runen linksläufig, kann man Iþid oder iwih hineindeuten, rechtsläufig ist auch hiþi oder hiwi möglich – all das wären wohl Personennamen. Wieder andere Runenexperten konnten darin irili finden, »für den Runenmeister«. Die Buchstaben sind nicht eindeutig, zudem in zwei Richtungen lesbar, kurz: zu kurz, um definitive Aussagen zu leisten. Vielleicht hat auch nur jemand, der eine Schrift gesehen hatte, aber nicht wusste, wie sie funktioniert, schriftartige Zeichen angebracht?

Sicher lesbar sind die Runen auf dem Kamm von Vimose (um 160 n. Chr.) von der dänischen Insel Fünen. Darauf steht rechtsläufig »harja«. Man nimmt an, dass dieses Wort Herr bedeutet und als Teil eines Männernamens aufzufassen ist.

Nur wenig jünger ist eine Lanzenspitze aus Øvre Stabu in Norwegen, die wohl aus der Zeit um 180 n. Chr. stammt. Die Runen sind nicht als kräftige Linien gezogen, sondern jeder Buchstaben setzt sich aus kleinen, diagonalen Schraffierungen zusammen. Das Wort liest sich »raunijaR«, wohl altnorwegisch reynir, der Eroberer. Das ist eine der Inschriften, die das Ding bezeichnen, auf dem sie stehen.

»Je nach Bestimmung des Zeichencharakters (Meldorf) und nach der Verbindlichkeit der Datierung (Vimose, Øvre Stabu) stellt einer dieser drei Gegenstände das älteste erhaltene Runendenkmal dar«, schreibt Klaus Düwel. Und er merkt an, wie schwer nicht die

Die Lanzenspitze aus Øvre Stabu – die Runen wurden farbig verdeutlicht. (Foto: wikimedia.org)

Lesung, sondern das Verständnis der Worte der frühen Zeit ist: »Mehrfach sind Inschriften (oder auch nur Teile davon) lesbar, ohne daß sich ihr sprachlicher Sinn aufschließen läßt.« Noch dominiert die Ehrfurcht, die von der Magie des Schreibens ausgeht, noch reicht es in den ersten Jahrhunderten den Schreibern, wenn sie den Eigentümer oder den Gegenstand benennen.

Fest steht, dass die Reihenfolge der Zeichen von Anfang an gegeben ist. Das erste komplette Futhark befindet sich auf dem Kylverstein in Gotland, der links das gesamte ältere Futhark zeigt (mit mehreren sogenannten Wenderunen): »fuþarkgwhnijpïzstbemlŋdo«, rechts steht ein nicht verständliches Wort, »sueus«, das aber als Palindrom (man kann es von links wie von rechts lesen) als magischer Begriff aufgefasst werden kann. Der Kylverstein wurde etwa 450 n. Chr. geritzt.

Wo und auf was schrieb man das ältere Futhark und wie lauteten die Texte?

»Eine allgemeine Charakterisierung der Inschriften im älteren Futhark«, schreibt Klaus Düwel, »indem man entweder ihren magischen, in manchen Fällen auch kultischen Aspekt hervorhebt oder den profanen Inhalt ihrer Mitteilungen betont, läßt sich nur schwer durchführen.« Viele Texte beginnen mit »ek«, ich, dann folgt ein Name. Andere Objekte enthalten nur die drei Buchstaben alu, offenbar ein magisch aufgeladenes Wort. Die Sprachen, die mit dem älteren Futhark geschrieben wurden, nennt man Gotisch in Osteuropa, »Deutsch« südlich von Dänemark (womit viele unterschiedliche Vorgänger des mittelalterlichen Deutschs gemeint sind) und Altrunisch in Skandinavien.

370 Funde sind es insgesamt aus der Zeit vom Beginn des 2. Jahrhunderts bis rund 700 n. Chr. »Südskandinavien muss als das Herzgebiet der germanischen Schriftzeichen gelten«, meint Arnulf Krause, wobei Südskandinavien Schleswig-Holstein, Jütland, Fünen, Seeland und Schonen umfasst. Auf dem Kontinent, also südlich von Dänemark, hat man 80 Inschriften im älteren Futhark katalogisiert.

Zu den ältesten Texten gehören Runen auf einem Schildbuckel von Thorsberg bei Schleswig, die um das Jahr 200 gefertigt wurden, das Wort lua (Umstellung von alu?) auf einem Axtstiel beim Nydamschiff (350 n. Chr.) und das Schermesser von Floksand, Norwegen, aus derselben Zeit, das ebenfalls eine Zauberformel enthält. Im Übrigen wurden die Runen im 3. bis 8. Jahrhundert oft auf Amuletten und Steinen angebracht und dienten als Zauberzeichen.

Aus Südskandinavien übernahmen die Alamannen, die im Süden Deutschlands lebten, die Schrift. Sie wurde gar zu einer richtigen Modeerscheinung bei den Alamannen. Die Franken, die entlang und links des Rheins lebten, waren

Brakteat von Djupbrunns.
(Foto: Sigune, wikimedia.org)

Brakteat von Fünen, Dänemark.
(Foto: Bloodofox, wikimedia.org)

bereits Christen und verwendeten die lateinische Schrift, nicht die heidnischen Runen. Insgesamt 80 Objekte kennt man aus dem Süden Deutschlands vom 5. bis zum Anfang des 7. Jahrhunderts. »Bei den Südgermanen suchen wir vergebens nach Runensteinen«, schreibt Arnulf Krause. »Es gab sie nicht. Denn [es] spricht vieles dafür, dass unter Alamannen, Franken, Bajuwaren und auch Sachsen die Runen nicht sonderlich bekannt und verbreitet waren.« Ab dem 6. Jahrhundert setzen sich auf dem Kontinent vermehrt lateinische Buchstaben durch, die die Runen ganz verdrängen. Die Taufe des Frankenkönigs Chlodwigs erfolgte bereits 498, und nach und nach traten Franken, Alamannen, Sachsen und Bajuwaren, die Christen geworden waren, das Erbe des römischen Reichs an, bis sie 300 Jahre später als Nachfolger des Römerreichs die Kaiser des christlichen Abendlandes stellten.

Da, wo im Süden noch Runen geritzt wurden, war ihr Inhalt im 6. Jahrhundert schon christlich geprägt, das Prestige der lateinischen Buchstaben war größer und der Gebrauch erlosch nach und nach.

Die Geschichte der Runen endet auf dem Kontinent mit der Bekehrung der Völker zum Christentum. Das bedeutet, dass die ältesten Texte im älteren Futhark – besonders in Skandinavien – im Heidentum verortet sind. Geschrieben wurden sie von Runenmeistern, darunter auch Frauen. Ab dem 6. Jahrhundert ist für sie das Wort Eril nachweisbar.

Die deutschen Inschriften bieten, bis auf wenige Ausnahmen, kaum Informationen. Alamannische Funde wie die Fibeln von Lauchheim, Kirchheim/Teck und Weingarten überliefern nur Personennamen, die entweder den Besitzer oder den Runenritzer bezeichnen.

Zu den ältesten Funden gehört der Schildbuckel aus Thorsberg bei Schleswig aus der Zeit um 200 n. Chr., auf dem »aisgRh« steht, der Rasende. Das abschließende h wird als Begriffsrune gedeutet (der Runenname wird als Wort benutzt) – hier Hagal, Hagel. Der Kämpfer wird wie rasender Hagel über die Feinde kommen. Die Fibel von Beuchte bei Goslar (um 550) trägt die Worte futharzj und buirso – Ersteres ein Versuch, das Futhark aufzuzeichnen. Die Schnalle von Pforzen im Ostallgäu, zwischen 570 bis 600 gefertigt, weist zwei rechtslaufende Zeilen auf: »aigilandiailrun« und »el[oder: it]ahugasokun«, über deren Deutung gestritten wird. Es sind vermutlich zwei Personen erwähnt, Aigil und Ailrun, und gasokun könnte kämpfen bedeuten.

Gegenstände mit Runen haben Forscher bei Freilaubersheim, Weingarten, Neudingen, Hüfingen, Weimar, Griesheim, München-Aubing, Bopfingen und Donzdorf entdeckt. Runen kennt man von Wurmlingen bei Tuttlingen, Steindorf (Bayern), Liebenau an der Weser (4. Jh.), auf einem Halsring aus Aalen, von magischen Knochen aus der Weser, aus Wremen und von einer 1854 bei Osthofen entdeckten Scheibenfibel. Funde im älteren Futhark gibt es also aus ganz Deutschland, im Süden wie im Norden, nur eben im fränkischen Westen selten.

Eine Scheibenfibel aus Soest aus einem Frauengrab des letzten Drittels des 6. Jahrhunderts trägt einzelne Runen, ein Kreuz mit daran befestigten Zweigen sowie zwei durch drei Punkte getrennte Worte. Das Kreuz lässt sich »atano« lesen, ein Männername. Die beiden Worte lauten »rada« und »datha« – vielleicht Frauennamen, vielleicht ein bedeutungsloser Reim. Der alternative Archäologe Heinz Ritter-Schaumburg, der die Nibelungen aus der Eifel kommen und in Soest sterben lässt, sieht in dem atalo den Attila und nimmt an, die Scheibe sei im Grab der Krimhild gefunden worden. Ein einzeln stehendes d mag eine Begriffsrune gewesen sein, könnte also für ihren Runennamen, »Tag«, gestanden haben.

Ein ähnliches Runenkreuz findet sich auch auf einem Schwert aus Schretzheim an der Donau, doch hier sind die Buchstaben schwer lesbar. Das u könnte, da es leicht eingebuchtet ist, auch ein r sein – und so kommt man auf alternative Lesarten wie abau/r, au/rab, u/rabsa, bau/ra etc.

»Besonders die beiden zuletzt genannten Beispiele verdeutlichen«, so Klaus Düwel, »welche vielfältigen Deutungsperspektiven sich in der Forschung zeigen. Je nach den Voraussetzungen der einzelnen Bearbeiter und dem, was sie geistes-, kultur- und religionsgeschichtlich im 6. Jh. für möglich halten, kommen sie zu unterschiedlichen Ergebnissen, von denen keines im Grundsatz weder abgelehnt noch gesichert werden kann.«

Zwei bemerkenswerte Funde seien noch erwähnt: Eine 1865 bei Nordendorf nahe Augsburg entdeckte Bügelfibel von der Mitte des 6. Jahrhunderts nennt zwar die germanischen Götter Wotan und Donar, brandmarkt die Asen aber als Lügner – der Text, eine der wenigen antiken Bezeugungen für die Asen, ist gleichzeitig bereits der Abschwur der alten Götter. Ein Runenfund von Tuttlingen ist der älteste Hinweis auf Deutsch als Sprache. Er stammt aus dem 9. Jahrhundert.

Eine ganz besondere – und häufige – Fundklasse mit Inschriften im älteren Futhark sind die Brakteaten, Imitationen von römischen Münzen, die statt der römischen Götter den heimischen Wotan/Odin abbilden und oft schon längere, heidnische Runentexte aufweisen. Sie waren zwischen 450 und 550 verbreitet.

Brakteaten haben ihre eigene Wissenschaft und sind ein komplexes Thema. Um zu illustrieren, was die Texte besagen, hier einige Beispiele. Bilder und Runen beziehen sich gemeinhin auf Odin und nennen seinen Namen, dazu kommen magische Formelwörter wie das bereits bekannte alu, aber auch Lauch (der der Tradition gemäß Pferde heilen kann). Auf anderen steht einfach das Futhark, entweder teilweise oder als komplette Reihe, weil es offenbar als ausreichend zaubermächtig erachtet wurde. Selten wird der Runenmeister genannt.

Ebenfalls aus Gold waren die berühmten beiden Trink- oder Blashörner aus dem dänischen Gallehus in Süderjütland. Sie entstanden um das Jahr 400 und wurden 1639 und 1734 entdeckt. Beide Hörner sind mit Bildwerken verziert, das kleinere der beiden trägt eine frühe Runeninschrift in nordgermanischer Sprache. 1802 raubte der Goldschmied Niels Heidenreich die wertvollen Fundstücke und schmolz sie ein. Alles, was von den Originalen noch übrig blieb, sind alte Darstellungen in Wort und Bild. (Kurz nach dem Diebstahl gefertigte Kopien wurden ihrerseits 2007 gestohlen – die Hörner scheinen verflucht zu sein!).

Die Runeninschrift, die hier interessiert, umfasst 32 Zeichen. Die ersten 24 sind schraffiert angebracht, die restlichen einfach. Vier übereinanderstehende Punkte trennen die Wörter an drei Stellen, die Zeichen lauten: »ek hlewagastiz : holtijaz : horna : tawido«, übersetzt: »Ich, Hlewagastiz (der Hagestolz, Bewirter hochgeborener Gäste), Holtijaz (der zu Holt Gehörige), machte das Horn«. Es

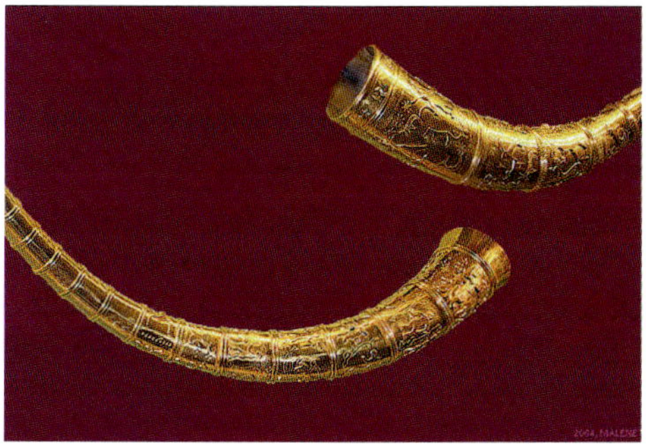

Rekonstruktion der Hörner im Nationalmuseum Dänemarks. (Foto: wikimedia.org)

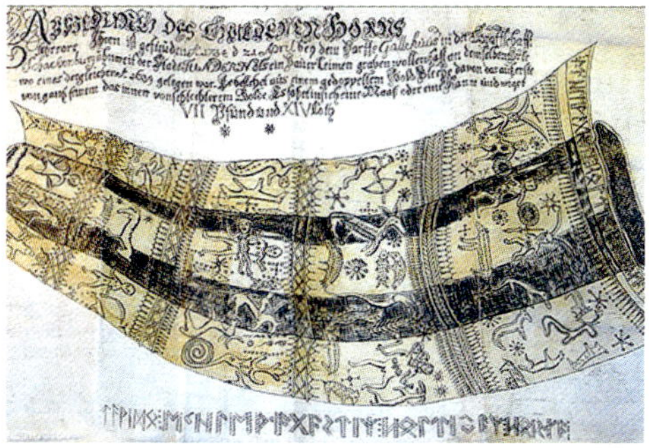

Joachim Richard Paullis Zeichnung des zweiten, kurzen Hornes und seiner Runeninschrift von 1734.

trägt also, so das »Reallexikon der Germanischen Altertumskunde«, »in nordgermanischer Sprache den ältesten erhaltenen germanischen Stabreimvers«.

Inschriften im älteren Futhark wurden in ganz Europa entdeckt: in Sarajewo, Charnay und Chéhéry (eine Fibel mit Texten in Latein und in Runen) in Frankreich, in Quincum und Bezenye (Ungarn).

Die Goten, die im Osten Europas und am Schwarzen Meer siedelten, nutzten das ältere Futhark. Inschriften fanden sich auf einem Goldring in Pietroasa, Rumänien, aber auch auf drei Lanzenblättern aus Brandenburg.

Es gibt ebenfalls erste Runensteine, jedoch nur im eigentlichen Skandinavien. Zu den ältesten gehört der Runenstein von Einang, Norwegen, aus der Zeit um 400. Die Runen sind bereits stark verwittert, lauten aber: »dagaR þaR runo faihido« – »[Ich Gud]gæst schrieb diese Runen.« Aus derselben Zeit stammt eine Inschrift auf der Felswand des Valsfjord in Norwegen in 3 bis 11 cm hohen Runen, und vielleicht noch älter ist der Runenstein von Tune, Norwegen, aus der zweiten Hälfte des 3. Jahrhunderts, spätestens 400. Der 1,92 m hohe Stein trägt Inschriften auf zwei Seiten, die eine Erbangelegenheit regeln. Auf Seite A ist zu lesen: »ekwiwaRafter·woduri / dewitadahalaiban:worathto« – »Ich Wiw nach Wodurid, / der für das Brot sorgte, wirkte Runen[n]«. Die B-Seite lautet: »[…]Rwoduride:staina: / þrijoRdohtriRdalidun / arbijasijosteRarbijano« – »bestimmte den Stein für Wodurid. / Drei Töchter bereiteten ein angenehmes Erbmahl, / die liebsten unter den Erben.« Wie auch bei vielen Kleinobjekten wird der Text durch das ek, ich, eingeleitet.

1917 entdeckte ein pflügender Landwirt beim Hof Eggja in Sogndal am Sognefjord eine 160 cm lange Steinplatte, die ein Grab bedeckte. Sie lag mit der

Die A-Seite des Tune-Steins ...
(Foto: Skadinaujo, wikimedia.org)

... und seine B-Seite.
(Foto: Skadinaujo, wikimedia.org)

Inschrift nach unten, zeigte also zum Begrabenen hin. Die Inschrift, um 700 geritzt, ist »schwer verständlich« (Arnulf Krause), es handelt sich dennoch um den längsten Text im älteren Futhark. Er soll das Grab magisch vor Schändung schützen und kann von dem Toten gelesen werden.

»Nicht ist's [das Werk] von der Sonne getroffen und nicht der Stein von einem Sax [einem Schwert] geschnitten. Nicht möge jemand [den Stein] nackt hinlegen; nicht mögen in die Enge getriebene, nicht irregeleitete Männer [den Stein] weglegen. / Diesen [Stein] bewarf der Mann mit Leichensee [ein Kenning, eine genormte Metapher, für Blut], rieb ab damit die Dollen in dem bohrmüden [rituell unbrauchbar gemachten] Bären [Schiff]. Als wer ist der Heer-Ase [Odin] gekommen hierher auf das Land der Krieger? – Fisch, aus dem Schreckensstrom schwimmend, Vogel in der Feinde Schar schreiend. / Zauber dem Missetäter.«

In Skandinavien finden sich bei den im älteren Futhark beschrifteten Steinen kaum christliche Verweise – das Land war noch heidnisch. Aus dem 5. Jahrhundert stammt der erste schwedische Runenstein in Möjbro bei Uppsala. Der

Runenstein von Noleby, um 600 entstanden, erwähnt heidnische Götter, ebenso der Stein von Sparlösa, um 800.

2. Das jüngere Futhark

In Skandinavien veränderte sich die ältere Runenreihe ab dem 6. Jahrhundert. Alte Buchstaben entfielen, neue kamen hinzu, und letztlich entstand eine neue Runenreihe, das jüngere Futhark. Auch wenn es noch einige spätere Inschriften gibt, datiert die Hauptnutzungszeit auf die Epoche zwischen 750 und 1125. Bei dieser Weiterentwicklung des Futharks wurde die Runenreihe allerdings nicht erweitert, sondern reduziert – ein Phänomen, das Runenforschern Fragen stellt und auf das es bis heute keine zufriedenstellende Antwort gibt.

Das ältere Futhark wurde von 24 auf 16 Zeichen begrenzt, dabei machten die Buchstaben, so Klaus Düwel, aufgrund der Tendenz, jede Rune nur noch mit einem Stab zu schreiben, »markante Formveränderungen« durch. Die Verschlankung der Zeichen ist sehr schön beim h und m zu beobachten. Vorbei war es mit der Einheitlichkeit der Schriftzeichen, zahlreiche Varianten und lokale Abarten kamen in Gebrauch. Die Namen der Runen, die nun durch christliche Schriften überliefert werden, veränderten sich. Es gab zwei maßgebliche Buchstabentypen, die Langzweig- und die Kurzzweigrunen.

Bei der rätselhaften Buchstabenreduktion trotz neuer Lautwerte, die eigentlich geschrieben werden mussten, verzichtete die Schrift auf mehrere, in den nordgermanischen Sprachen häufig vorkommende Konsonanten und Vokale – bei den Vokalen entfallen beispielsweise e und o, bei den Konsonanten g, w, p, d und ng.

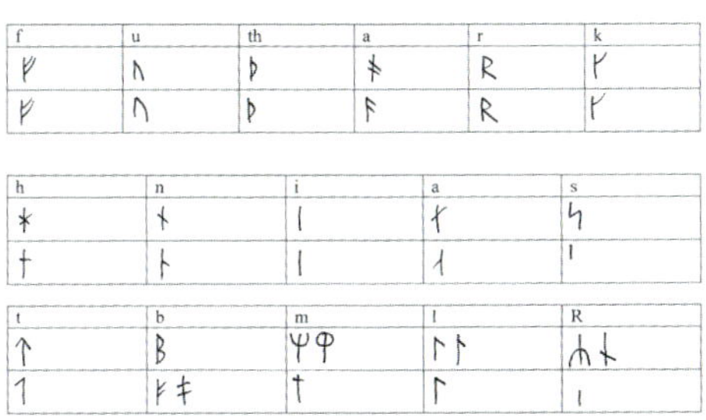

Jüngeres Futhark, Langzweig- und Kurzzweigrunen. (Illustration: Ulrich Magin)

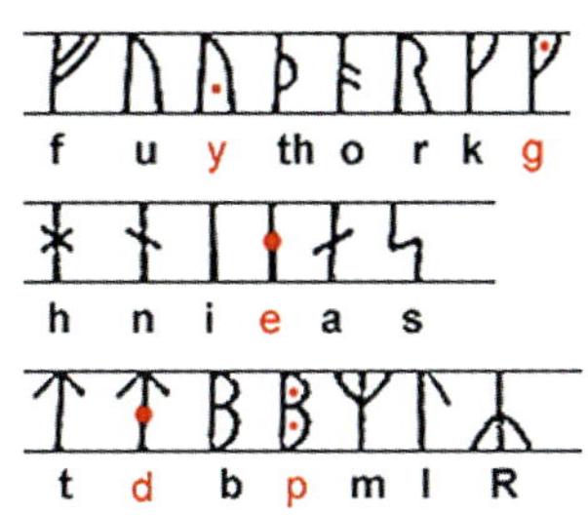

Jüngeres Futhark mit Punktierung. (Illustration: wikimedia.org)

Für manche weiche Konsonanten werden die harten Entsprechungen geschrieben (also k statt g), bei den Vokalen wird e durch i und o durch u ersetzt. Manche Zeichen blieben, bezeichneten nun aber andere Laute. Im 10. Jahrhundert bereits ersann man Punkte auf den Runen, damit man die einzelnen Buchstaben und ihren Lautwert besser auseinderhalten konnte. Der Zeichensatz veränderte sich im Übrigen wegen des langen Gebrauchs des jüngeren Futharks teilweise von Inschrift zu Inschrift.

Bei der Rechtschreibung entfielen weiterhin m und n vor g, deshalb kam es zunächst zu verwirrenden Schreibweisen wie für konungr (König) kunukR, für Harald ritzt man haraltr.

Das Problem, dass mehr Laute mit weniger Buchstaben und diese uneinheitlich geschrieben wurden, führt erwartungsgemäß zu Verwirrung. Sind im älteren Futhark die kurzen Inschriften schwer zu deuten, so macht die Beliebigkeit (und später die Verwendung aller möglichen Sonderformen von Runen) die Lesbarkeit von Inschriften im jüngeren Futhark manchmal schwer, obwohl sie erfahrene Interpreten weniger herausfordert als die älteren Texte.

Dem allgemein Kulturinteressierten ist das jüngere Futhark die vertrauteste Runenreihe: Sie wurde von den Wikingern benutzt (Normannen, Waräger) und so in ganz Europa verbreitet – und ist dort immer ein Zeugnis ihrer Fahrten, denn außerhalb von Skandinavien und den britischen Inseln schrieb man im christlichen Westen nicht mehr mit Runen, sondern mit lateinischen, im christlichen Osten mit griechischen Buchstaben.

Die Anordnung des Futharks bleibt bestehen, auch wenn die Runen jetzt andere Namen und Bedeutungen trugen. Wie das ältere Futhark ist auch die jüngere Reihe in *ættir* aufgeteilt, und zwar in drei Gruppen zu fünf, noch einmal fünf, abschließend sechs Runen. Nach der jeweils am Anfang der *ættir* stehenden Rune werden die drei Abteilungen Freys *ætt*, Hagals *ætt* und Týrs *ætt* genannt. Diese Aufteilung wurde wichtig, als immer neue Konzepte der Verschlüsselung der Buchstaben ersonnen wurden, die Zweig- und die Geheimrunen.

In einer Übergangsphase wurde das jüngere Futhark noch heidnisch gebraucht. Aus der Zeit um 700 stammt ein Text auf einem Kupferblech von Hjallbäns in Gotland. Die Runen auf dem menschlichen Schädel von Ribe in Dänemark, um 750 geritzt, erwähnen Odin. Die Buchstaben selbst sind noch eine Mischung aus Runen des älteren Futharks (h und m) mit solchen aus der frisch entstandenen jüngeren Runenreihe. Der Stein von Sparlösa wurde in einer Kombination aus Langzweig- und Kurzzweigrunen geschrieben. Wohl ab 750 setzte sich die neue Schrift durch.

Die Langzweigrunen dienten vor allem zum Erstellen der monumentalen Steininschriften, denn mit dem jüngeren Futhark (und der Christianisierung Skandinaviens) kommt das Aufstellen der Runensteine in Mode. Diesen Monumentetypus trifft man am häufigsten in Schweden an, wo er im 11. Jahrhundert in Uppland eine »grassierende Mode« wird, und in Dänemark, selten aber in Norwegen.

Die Kurzzweig- oder Stutzrunen lassen Zweige aus oder verkürzen sie zu kleinen Strichen. Sie wurden hauptsächlich auf Holz geritzt.

Da bereits die Wikinger in Leseschwierigkeiten gerieten, begann man am Ende des 10. Jahrhunderts die Buchstaben mit Punkten zu versehen, um unterschiedliche Lautwerte deutlicher zu kennzeichnen (ähnlich verfuhren auch die semitischen Schriften, vor allem die arabische, um die Aussprache des geschriebenen Wortes zu präzisieren). Solche punktierten Runen sind häufig auf Runensteinen zu finden. In Hälsingland und Södermanland, Schweden, wurde das jüngere Futhark noch weiter vereinfacht, indem nur noch Haken und Zweige notiert wurden. Die daraus resultierenden stablosen Runen wirken wie eine Steno-Schrift.

Jede der drei Arten des jüngeren Futharks ist als Kürzel »Futhark« auf Inschriften belegt. Auf dem Runenstein von Malt (9. Jahrhundert) findet sich das Futhark in Langzweigrunen, ebenso auf dem in etwa gleich alten dänischen Runenstein von Gørlev. Auf Holzstäbchen aus Haithabu aus der Zeit um 800 wurde auch eine Futharkreihe notiert. Es gibt allerdings auch erste Zusammenstellungen von Runen in der vom Lateinischen gewohnten ABC-Anordnung, z. B. auf dem Alphabetstein von Østermarie, Bornholm.

Das Gros der Runensteine hatte einen christlichen Hintergrund, den Forschern sind nur wenige »heidnische« Steine bekannt. Zu diesen gehören der Runenstein von Altuna (um 1050) in Schweden, der Thors Fischzug zeigt, und ein dänisches Exemplar, das den Gott Thor abbildet. Die zahlreichen (rund 2500) Runensteine in Schweden bezeugen übrigens, dass die »Kenntnis des jüngeren Futharks recht verbreitet war und die Runensteine somit reichlich Lesestoff boten«, wie Arnulf Krause meint.

1325 fällt erstmals das Wort Runenmeister. Diesem Runenmeister jedoch haftete nichts Magisches mehr an. Es gab eigens Schulen für die Meister, die man als »Künstler und Handwerker« auffassen müsse, schreibt Krause, die zuständig waren für die »Massenfertigung von Runensteinen«.

Neben monumentalen Inschriften auf Steinen, die das (nach unserem Geschmack räuberische) Leben und die gute christliche Tat (oft ein Wege- oder Brückenbau) des Verstorbenen ehren, finden sich zahlreiche Klein- und Alltagsfunde im jüngeren Futhark, bis hin zu gewöhnlichen Briefen. Das jüngere Futhark ist eine reine Alltagsschrift, die gebraucht wird wie auf dem Kontinent die lateinischen Buchstaben (was den Einsatz für einen Zauber nicht ausschließt).

Zu den mobilen Gegenständen mit Inschriften zählen Münzen, Bleche, Briefe, Buchhaltungsdokumente, Schmuckstücke und vieles mehr. Offenbar konnten mehr Menschen lesen und ihre Namen auf das ritzen, was ihnen gehörte.

Mit der Reisefreude der Wikinger gelangten Inschriften im jüngeren Futhark nach ganz Europa. Man kennt Wikinger-Runen von den Orkneys, von der Isle of Man, aus Grönland, vom Ladoga-See in Russland, entlang des Dnjeprs, vom Athener Hafen Piräus und aus der Hagia Sophia, der Sophienkirche in Instanbul.

Auch Skandinavien wurde im 11. Jahrhundert christlich, in den Kirchen begann man, Latein zu schreiben. Das Volk aber setzte die Runen weiterhin ein, wenn auch zum allergrößten Teil auf den Runensteinen, deren Ersteller und Auftraggeber sich als Christen bekennen.

3. Das angelsächsische Futhorc

Das angelsächsische Futhorc ist neben dem älteren und dem jüngeren Futhark die dritte weitverbreitete Runenreihe. Wie der Name bereits sagt, sind die Runen hier leicht anders angeordnet. Es war in England und Friesland in Gebrauch – manchen gelten die friesischen Inschriften als eigene Gruppe, aber die Abweichungen sind gering.

Ab dem Jahr 450 sickerten verstärkt Angeln, Jüten und Sachsen, also Menschen von der Halbinsel Jütland, nach Britannien ein, zuerst im Auftrag und als Söldner des britischen, keltischen Königs, dann durchaus auch in Eroberungszügen. Die keltische Urbevölkerung wurde nach und nach an die Ränder der Insel gedrängt, nach Wales und Cornwall, und von dort über den Ärmelkanal in die Bretagne, auf die Isle of Man und in den Süden Schottlands. Die Kelten, die sich als Erbe Roms fühlten, benutzten als Christen weiterhin die lateinische Schrift, die Einwanderer brachten ihre Runen mit. Aus dem Kern von Britannien wurde das Angeln-Land, England. Diese Nation fand ihr Ende ihrerseits mit der normannischen Invasion von 1066 durch Wilhelm den Eroberer, der zwar Erbe der Wikinger war, aber als nun gebildeter Franzose und Christ ebenfalls die lateinische Schrift benutzte. Somit waren Runen in England (und in Friesland) ab dem späten 5. Jahrhundert (Brakteat von Undley) bis in das 9. Jahrhundert in Gebrauch. In Friesland stammen die ältesten Funde aus Gelderland und dem 4. und 5. Jahrhundert.

Die Angeln entwickelten das ältere Futhark anders weiter als die Skandinavier. Zunächst noch sind Schriftfunde in Großbritannien im älteren Futhark abgefasst. Im älteren Futhark beispielsweise ist eine Ritzung auf dem Fußknochen eines Rehs aus Caistor-by-Norwich, Norfolk, die um das Jahr 400 angefertigt wurde. Die geritzten Runen besagen einfach nur: »Reh«. Kaum jünger ist der Brakteat von Undley, East Anglia, der vielleicht aus Norddeutschland importiert wurde, dessen Text bereits mit der neuen Reihe verfasst ist. Linksläufig steht da (der Anschaulichkeit halber hier rechtsläufig): ᚷᚫᚷᚩᚷᚫ ᛗᚫᚷᚫ ᛗᛖᛞᚢ –g͡ æg͡ og͡ æ mægæ medu oder: Gagoga – Met für die Gefolgsleute. Gagoga könnte ein Schlachtruf sein, und der Met für die Gefolgsleute ist vielleicht der gezahlte Brakteat. Die Schrift ist identisch mit dem älteren Futhark, verwendet aber ein neues Zeichen, ein a mit nach oben zeigenden Haken für den Laut o. Der frühere Buchstabe a bezeichnet nun ein ae.

Das Angelsächsische und Friesische hatte nämlich Laute, die das klassische Futhark nicht abbildete, und das Futhorc versuchte, diese neuen Laute mit eigenen Buchstaben zu versehen – etwa mit drei unterschiedlichen Zeichen für verschiedene ä-Laute. A wurde ae, deshalb wurde ein neues Zeichen für a entworfen, o wurde zu oe, und deshalb schuf man eine neue Rune für o. Eigens neu entwickelte Buchstaben für die Laute y und ea kamen hinzu, zum traditionellen k gab es zwei weitere Konsonantenzeichen k (man sprach also das k auf drei unterschiedliche Weisen aus und wollte für jeden Laut ein eindeutiges Zeichen).

f	u	th	o	r	c	g	w
ᚠ	ᚢ	ᚦ	ᚩ	ᚱ	ᚳ	ᚷ	ᚹ

h	n	i	j	i	p	x	s
ᚻ	ᚾ	ᛁ	ᛄ	ᛇ	ᛈ	ᛉ	ᛋ

t	b	e	m	l	ng	d	oe
ᛏ	ᛒ	ᛖ	ᛗ	ᛚ	ᛝ	ᛞ	ᛟ

a	ae	y	ea	g-	k	k-
ᚪ	ᚫ	ᚣ	ᛠ	ᚸ	ᛣ	ᛤ

Hatte das Futhorc zunächst 26 Runen, umfasste es später im 9. Jahrhundert sogar bis zu 33 Buchstaben. Im Futhorc sind 90 Denkmäler aus England bekannt. Es ist durch zahllose Änderungen je nach Zeit und Ort charakterisiert, sodass eine Art »definitive« Reihe kaum festzuhalten ist. Vor 650 finden sich nur mobile Träger, also Texte und Worte auf Metall und Knochen, danach auch Runensteine und vor allem mit Runen beschriftete Kreuze – 37 Runensteine gibt es in England. Und manche angelsächsische Rune ist in Italien gefunden worden – Futhorc-Texte kamen gegen Ende der Gebrauchszeit durch englische Pilger nach ganz Europa. In Deutschland wurde Futhorc in Gandersheim gefunden, in Italien am Gargano und in den Katakomben von Rom.

Gerade einmal 20 Funde stammen aus Friesland (auch Ostfriesland) aus der Zeit vom 5. bis 9. Jahrhundert. Hier spricht man von der erweiterten anglofriesischen Reihe mit zwei zusätzlichen Runen. Friesland kennt keine Runensteine, nur einzelne Worte auf Gegenständen (Dingbezeichnungen wie Kamm) und einen Zauberspruch.

Wie das ältere Futhark wurde auch das Futhorc öfters als Reihe niedergeschrieben, so auf einem Schwert, das man in der Themse fand. Überhaupt finden sich die ältesten Inschriften im Futhorc zunächst für etwa 200 Jahre im Süden und Osten, danach überwiegen Funde im Westen und Norden von England. Bis ins 9. Jahrhundert kursieren in Kent und Northumbria noch Münzen mit Runenschrift.

In der Regel sind diese Inschriften kurz, sie nennen Personennamen, liefern einige praktische Nachrichten und magische Formeln. (Einige Inschriften in Schottland sind im jüngeren Futhark verfasst und haben mit den Angelsachsen nichts zu tun, die Graffiti auf Orkney etwa wurden von dort lebenden Wikingern in die Wände des Megalithgrabes Maes Howe geritzt.)

Die Angelsachsen schrieben, auch das ist ein Unterschied zum Kontinent, trotz der Missionierung und dem Übertritt zum Christentum weiterhin in Sächsisch und mit Futhorc-Runen. Sie verwenden deshalb die Runenschrift viel länger als der Kontinent. Klaus Düwel nimmt an, das die spätere, 31 Buchstaben umfassende Reihe in den angelsächsischen Klöstern entstand, möglicherweise als Reform der alten, unnutzbar gewordenen Schrift.

Die Schreiber sind demnach keine völkisch denkenden, heidnisch gesinnten Menschen. Oft wechselt ein Schreiber, wie beim Schatzkästchen von Auzon, willkürlich von Runen zu lateinischen Buchstaben, weil er beides beherrscht und ihm die eine Schrift gerade besser von der Hand geht. Auf einem Goldring aus dem 9. Jahrhundert scheinen sich lateinische und runische Buchstaben in wilder Folge abzuwechseln. Vielleicht verstärkte das die Magie, vielleicht wollte der Handwer-

Vorder- und Rückseite des angelsächsischen Steinkreuzes von Ruthwell im Süden Schottlands. (Foto: Alexander Leischner, George Stephens: Handbook of the old-northern runic monuments of Scandinavia and England. Edinburgh/ Kopenhagen 1884)

Die Westseite des Kreuzes. (Foto: Dougsim, wikimedia.org)

ker auch nur damit angeben, wie viel er konnte! Ein Gedenkstein aus Falstone, Northumberland, der im 9. Jahrhundert gesetzt wurde, ist sowohl in Runen als auch mit lateinischen Buchstaben beschriftet. Eine ideologische oder religiöse Botschaft war offenbar weder mit der einen noch der anderen Tradition verbunden.

Auf jeden Fall war das Futhorc auch die Schrift des sächsischen Klerus. Auf den Pergamenten schrieb er lateinische Texte gewöhnlich mit karolingischen Minuskeln, aber heilige Texte konnten ebenso gut in Runen niedergelegt werden,

Das Ruthwell-Kreuz.
(Foto: Lairich Rig, wikimedia.org)

etwa am Schrein des Heiligen Cuthbert in der Kathedrale von Durham, der um 700 gefertigt wurde.

Das Kreuz von Ruthwell ist ebenfalls in Latein (lateinische Buchstaben) und Sächsisch (Futhorc) beschriftet, die Runenschrift gibt das älteste christliche Gedicht in Angelsächsisch wieder, den »Traum vom Kreuz«: »Christus war am Kreuz. Und eilend schritten sie von fern zum edlen Fürsten. Ich habe all das gesehen. Mit Speeren verwundet legten sie seine müden Glieder nieder und standen ihm bei.«

Der christliche Text, der auch aus Manuskripten bekannt ist, verwendet ein typisch heidnisches Vokabular, etwa Midgard für Erde, handelt aber von dem erlösenden Kreuz und ist demnach durch und durch unheidnisch.

Auf dem Kreuz von Bewcastle steht – neben kleinen Bildlegenden auf der Westseite – folgender Text:

»thissig be(a)cn thun set(t)on hwa(e)tred waethgar alwfwolthu aft alcfrithu ean kuining eac oswiuing gebid heo sinna sawhula«

»Diese schlanke Säule errichteten Hwætred, Wæthgar und Alwfwold im Gedenken an Alcfrith, ein König und Sohn des Oswiu. Bete für ihre Sünden, ihre Seelen.«

Monumente wie Kreuze und Grabsteine mit Runeninschrift, die dem christlichen Andenken an einen Verstorbenen gewidmet waren, hießen *becun* – das Wort taucht auch als zweites am Kreuz von Bewcastle auf.

Selbst in den Manuskripten der englischen Klöster gibt es bis ins 11. Jahrhundert in den in karolingischen Buchstaben verfassten Texten Einsprengsel von Runen, die fast wie Hieroglyphen als Symbole für ganze Wörter benutzt werden (d für Tag, m für Mann).

Überhaupt wird das Futhorc als kirchlich genutzte Schrift fast ausschließlich in einem christlichen Kontext eingesetzt: als Zierde auf Hochkreuzen oder auf

Das Bewcastle Cross.
(Foto: Doug Sim, wikimedia.org)

Alle vier Seiten des Kreuzes.
(Foto: Eixo, wikimedia.org)

dem wunderschönen Elfenbeinkasten von Auzon, der germanische Bildmotive (Sigfried-Sage) mit biblischen und jüdischen Darstellungen (Eroberung Jerusalems durch Titus) ganz arglos mischt.

Unter den losen Funden muss man die englischen Goldmünzen nennen, die ab 575 in Umlauf sind und die Forscher in vier unterschiedliche Arten aufgeteilt haben. Eine dieser Münzen trägt die Aufschrift Pada. Peada herrschte von 655 bis 657 in Mercia und hatte als Erster seiner Linie das Christentum angenommen. Er imitierte deshalb die römischen Kaisermünzen, auf der Vorderseite kann man die römischen Buchstaben Dn. und Aug. erkennen, die Rückseite identifiziert den König in Runen und trägt zusätzlich den lateinischen Text Novianus P. F. Aug. Die letzten Exemplare dieser englischen Prägungen sind also bereits in zwei Schriften betextet, in Runen und lateinischen Buchstaben.

Die Runeninschrift auf dem Kreuz.
(Foto: Albert S., wikimedia.org)

Das Kästchen von Auzon mischt heidnische mit christlichen Szenen, wie die Wielandsage (links) und die Anbetung durch die Heiligen Drei Könige (Magi) rechts.
(Foto: Michel wal, wikimedia.org)

4. Binderunen und Geheimrunen

Neben den Zeichen des älteren und jüngeren Futharks und dem Futhorc gab es weitere Arten, Runen zu schreiben. Es gab sogenannte Binderunen, die zwei oder mehrere Runen miteinander verbanden (wie die Ligaturen der lateinischen Schrift), Begriffsrunen, Wenderunen, Sturzrunen, stablose Runen, Zweigrunen und schließlich Geheimrunen. Gerade Letztere sind manchmal so bildhaft, dass sie gar nicht mehr an Buchstaben gemahnen.

Binderunen

Binderunen kann man auf Runensteinen und auf Inschriften auf Objekten häufiger antreffen. Es handelt sich um Zusammenschreibungen von zwei Runen, um Platz zu sparen – deshalb sind sie besonders häufig auf Brakteaten, germanischen Imitationen römischer Münzen, und anderen Gegenständen anzutreffen. Solche Binderunen finden sich in allen drei Runenreihen. »Zuweilen«, schreibt die »Zeitschrift für Volkskunde« 1903, »wurden viele Runenzeichen zu einem Zeichen oder zu einer Figur vereinigt; solche Zeichen werden Binderunen genannt. Sie brauchten mit Zauberei nichts zu tun zu haben.«

Lautwert	**Binderune**	**besteht aus**
ae		
am		
aR		
ea		
ek		
el		
em		
la		
na		
ta		
te		
uf		

Binderunen.
(Illustration: Ulrich Magin)

Binderunen stellen den Leser manchmal vor Entscheidungen, was er lesen soll: Eine Kombination zwischen e und t kann im älteren Futhark ebenso eine Kombination aus e und l sein, ein schludrig geritztes ek kann leicht mit einem m verwechselt werden – und Vergleichbares.

In den gärenden Zwanzigerjahren des 20. Jahrhunderts, als sich der Nationalsozialismus bereits abzeichnete, ließen sich völkische »Schwarmgeister« Firmenlogos aus Binderunen zeichnen: »‚Binde-Runen' statt der abgenutzten Monogramme: das konnte ein Geschäft werden!«, stellt Otto Hupp 1921 in »Runen und Hakenkreuz: eine archäologische Studie« fest. Noch heute ist ein weltweit verbreitetes Zeichen eine Binderune, nämlich das Logo von Bluetooth.

Wenderunen

Wenderunen sind ganz einfach Runen, die in einem Wort entgegen der sonstigen Laufrichtung stehen – ob aus magischen Gründen oder Ungeschick des Runenritzers. Auf dem schwedischen Kylverstein, einem frühen Runenstein aus der Zeit um 400, ist das Futhark zur Gänze zu lesen – und a, s und b sind als Wenderunen geschrieben.

Der Text auf dem Kylverstein schreibt das Futhark – und bereits das a ist eine Wenderune. (Foto: Agrell, Sigurd: Lapptrummor och runmagi, 1934, wikimedia.org)

Sturzrunen

Sturzrunen sind ganz gewöhnliche Buchstaben, die allerdings auf dem Kopf stehen. Sturzrunen sind selten zu finden, die früheste auf einem Messer aus dem norwegischen Fløksand.

Spiegelrunen

Spiegelrunen nennt man Buchstaben, deren Zweige oder Haken sich an der anderen Seite des Stabes spiegeln. Ein frühes Beispiel im älteren Futhark findet sich an Schildfesseln aus dem dänischen Illerup. Eine angelsächsische Futhorc-Inschrift – die das häufig magisch benutzte Zauberwort alu in Spiegelrunen scheibt – stand auf einer Urne, die in Spong Hill, im englischen Norfolk, ausgegraben wurde.

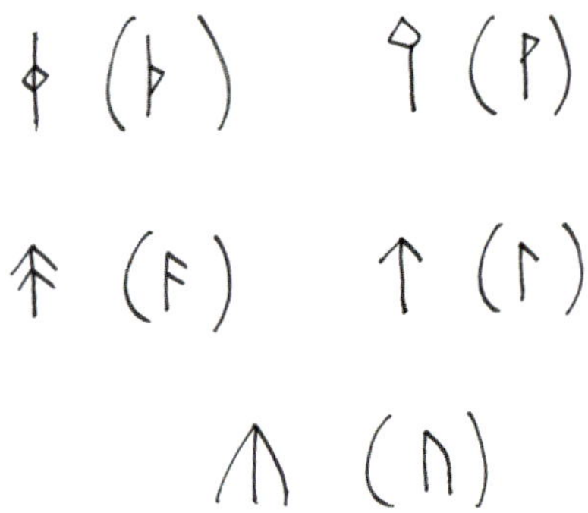

Stablose Runen

Besonders seltsam wirken die sogenannten stablosen oder Hälsinge-Runen, die man aus bestimmten Regionen Schwedens kennt. Jede Rune besteht ja aus einer Kombination von Stab, Zweig und Haken (oder auch nur aus einem der drei Teile), die stablosen Runen verzichten jeweils auf den Stab, sind dafür oft in ein Band eingeschrieben. Das Ergebnis ist eine seltsame Anmutung aus kurzen senkrechten, waagrechten oder diagonalen Strichlein.

Der Malstastein mit stablosen Runen. (Foto: Riksantikvarieämbetet/Bengt A Lundberg, wikimedia.org)

Stablose Runen auf dem Runenstein von Hög. (Foto: Håkan Svensson, wikimedia.org)

Johan Gustaf Liljegren erklärt in »Die nordischen Runen« (1848): »[D] ie Vorzeit, welche die Runen benützte, [sah] im Kennstrich den hauptsächlichsten Bestimmungsgrund für jede Rune [...], ob sie auch ihren eigenen Stab hatte oder nicht. Es wird dann hieraus leicht begreiflich, wie die für alle gemeinsamen Stäbe von allen Zeichen immer weggenommen werden konnten, und der übrig bleibende Kennstrich, dessen ungeachtet, als Rune leicht wieder erkannt und gelesen wird, da dieser Strich, nach der alten nordischen Schreibmethode, zwischen zwei Linien gestellt wurde, und dort nach dem Bedarfe ein aus dem Gedächtniss hinzugesetzter Stab diesen zum Lautzeichen bestimmte.

Als die in der Vorzeit wirklich im Gebrauch gewesenen Schriftzeichen finden wir stablose Runen zuerst bloss in Helsingland, wo sie ganze Inschriften ausmachen, daher sie auch den Namen Helsing-Runen erhielten, obschon ähnliche Zeichen auch späterhin in anderen Orten sich vorfanden. Helsing-Runen werden gewöhnlich vom Kennstrich der gewöhnlichen Runen gebildet.«

Die umfangreichste Inschrift in Hälsinger-Runen (so die neue Schreibweise), die nach Wolfgang Krause zudem im nördlich angrenzenden Medelpade vorkommen, ist auf dem Runenstein von Malsta zu finden, »jedoch fanden sich später Inschriften mit gemischt stablosen Runen auch in südlicheren Landschaften Schwedens, z.B. auf dem Stein von Skarpåker in Södermanland. Auf alle Fälle sind die Inschriften mit stablosen Runen gering an Zahl. Es sei noch hinzugefügt, daß stablose r-Runen zwischen sonstigen Stutzrunen auf dem westgotischen Stein von Sparlösa und auf dem Holzstab von Alt-Ladoga begegnen.«

Der Runenstein von Malsta aus dem 11. Jahrhundert trägt einen genealogischen Text, der – wie mehrere ähnliche schwedische Inschriften – um ein Kreuz in der Mitte Mütter und Väter und Vorväter versammelt. Handelte es sich um eine Art öffentliches, amtliches Dokument? »Frömund errichtete diesen Stein für Rike-Gylve, Bräses Sohn«, beginnt der Text. »Aber Bräse war Lines Sohn und Line war Öns Sohn; Ön war Ovags Sohn, und Ovag war Tures Sohn. Groa war Rike-Gylves Mutter; aber sie gebar Lavvi und (diese) Gudrun. Frömund, Rike-Gylves Sohn, ritzte diese Runen. Wir suchten diesen Stein, auf Balsten.« An der Seitenfront setzt sich der Text fort: »Gylve war Besitzer von drei Gehöften in diesem Ort und weiter nach Norden zu in Via, weiter nach Lönnänqer und schließlich nach Färaajö.«

Zweigrunen

Der Begriff Zweigrunen könnte synonym mit Geheimrunen und Isrunen verwendet werden, funktionieren doch alle nach einem vergleichbaren Prinzip. Jetzt nämlich werden die *ættir* benötigt, jetzt zeigt sich, wie wichtig die Reihenfolge der Runenzeichen und ihre Aufteilung in Gruppen ist.

Auf einem Amulett aus Bergen in Norwegen steht diese Fratzenrune: 2. ætt, 5. Rune (s).

Die Zweigrune (auf Englisch: tree rune) besteht nur aus einem Stab und Zweigen links und rechts davon, ähnelt also einem von Kinderhand gezeichneten Bäumchens. Links des Stabs ist das *ættir* bezeichnet, rechts die wievielte Rune des *ætts* gesucht ist – ein Zweig links und einer rechts des Stabes wäre somit das f – es sei denn, zur Verschlüsselung hätte man das Futhark von unten nach oben geschrieben, in dem Falle stünden links drei Zweige und rechts einer.

Im Mittelalter entstanden komplexe Bilder als Zweigrunen. Man zeichnete Strichmännchen, aus deren Arme Zweige wuchsen, stilisierte Gesichter mit Barthaaren, die die Stellung der Runen angaben, die sogenannten Fratzenrunen (sjónrúnar). Fische, die auf der Schwanzflosse stehen, haben entsprechend viele Flossen zur linken oder rechten Seite. Simple Baumrunen findet man bei den Texten von Maes Howe auf den Orkney-Inseln.

aett 1	t	b	m	m	R	
aett 2	h	n	i	a	s	
aett 3	f	u	th	a	r	k
Stelle	1	2	3	4	5	6

Die Codierung des jüngeren Futhark im Gitternetz. (Düwel 183)

Isrunen

Die »Isruna« wirken wie ein Morsecode: In diesem Fall wird dasselbe Zeichen in unterschiedlicher Ausführung (hier: ein längerer und ein kürzerer Strich) abwechselnd geschrieben, sodass sie – wie andere verschlüsselte Runen auch – *ætt* und Stelle der Rune angeben.

Auf dem Runenstein von Rotbrunna bei Enköping in Schweden lautet die Inschrift auf einem Schlangenband, das das Kreuz umgibt: »Hjälmdis und Torsten errichteten diese Steine nach Nocke. Erik hieb [die Runen].« Der Name des Runenritzers, Erik, ist als airikr in Isrunen geschrieben:

||''''||'''|||'''''||'''|||''''''|||''''', also 2/4, 2/3, 3/5, 2/3, 3/6 und 3/5. Der Runenmeister nutzte also ein Gitter, bei dem zunächst der dritte, dann der mittlere und in der letzten Zeile erst der erste *ætt* kam.

Der schwedische Rotbrunna-Stein. Rechts unten hat sich der Runenmeister in Isrunen verewigt. (Foto: Bengt A Lundberg/Kulturmiljöbild, Riksantikvarieämbetet, wikimedia.org)

Auch wenn Ogham wirkt wie Isrunen, müssen die Strichcodes anders gelesen werden. Das Bild zeigt den Stein von Ratass Church in Tralee, Co. Kerry, Irland, aus der Zeit zwischen 550 und 600 n. Chr. (Foto: Kierandoc, wikimedia.org)

Gerade Isrunen fordern zum Vergleich mit der Ogham-Schrift aus, die ähnlich aussieht, aber anders zu lesen ist. Allerdings ist Ogham auch in Gruppen von je fünf Zeichen aufgeteilt.

Geheimrunen

Geheimrunen ist der Überbegriff für alle verschlüsselten Runen, zum Beispiel die Zweigrunen, die Fischrunen und andere. Im älteren Futhark kennt man »keine sicheren Zeugnisse« (Düwel), im jüngeren Futhark kommen sie hingegen

Geheimrunen vom schwedischen Rökstein.
(Foto: Achird, wikimedia.org)

häufiger vor. Neben den bereits erwähnten Varianten gibt es an Kreuzen aufgereihte Zweigrunen und Z-artige Zeichen, die links und rechts die Markierungen tragen.

Waren Geheimrunen wirklich geheime Botschaften? Waren es magische Überhöhungen der Schrift? Oder kreative Spielereien, die Kalligrafie des Wikingers?

»Ein anderer Gebrauch von diesen zusammengesetzten Zeichen war«, schrieb Johan Gustaf Liljegren 1848, »sie zu einer Art verborgenen Schrift anzuwenden, um damit einige geheime Nachrichten zu geben, die von vielen Runenlesern nicht sogleich entziffert werden konnten; auch um durch die Zusammenstellung einige übernatürliche Wirkungen hervorzubringen, welche beide Gebräuche vielleicht miteinander in irgendeinem Verhältnisse standen. Durch das Schneiden der Runen für diesen letztgenannten Zweck sind Zauberrunenzeichen entstanden, welchen die Vorzeit eine sehr grosse Wirkungskraft zuschrieb; in Rücksicht der erstgenannten wird ihre Anwendung in einem Briefe erwähnt, der dem berühmten Landrichter und Geschichtschreiber Snorre Sturleson in Island geschickt wurde, um ihn vor dem Hinterhalt zu warnen, der sein Leben bedrohte und im Jahre 1241 beschloss er dasselbe. Der Brief soll nur aus sieben Stabzeichen bestanden sein; sie waren aber ganz verwickelt, und ausserdem Stafkarlaletr (geheime Buchstaben) und konnten schwerlich entziffert werden, wenn sie von dem berühmten Sturleson selbst nicht gelesen werden konnten, welchen sie angingen und der bei den gelehrtesten Männern in Island auferzogen worden.« Dass es solche Geheimrunen schon in urältester Zeit gegeben hat, kann die moderne Forschung allerdings nicht bestätigen.

Am häufigsten wird der Gebrauch von Geheim- oder Rätselrunen nicht aus magischen Beweggründen erfolgt sein, sondern aus Protzerei mit Geschick und Kenntnissen, aus Gründen der Ästhetik oder um die Inschrift außergewöhnlicher und feierlicher zu machen.

Begriffsrunen/Sinnrunen

In den Runenreihen trägt jede Rune einen Namen, der mehr ist als nur der Lautwert. Im älteren Futhark heißt das f fehu, das Vieh, das u uruz, Auerochse, und so weiter. Man kann nun diesen Namen des Buchstabens für die Sache setzen. Dann steht eine einzige Rune für ein ganzes Wort. Schreibt jemand f, meint er damit eigentlich den Viehbesitz oder das Vermögen – fast wie in einer frühen Bilderschrift. Nun kommen einzeln stehende Runen auf vielen Inschriften vor – soll man sie als Abkürzung, etwa als Initial, lesen oder als Ideogramm? Und falls man Texte nur lesen kann, wenn man einzelne davor oder dahinter stehende Runen vom eigentlichen Wort abtrennt, darf man das so einfach?

Die Begriffsrune als Konzept wird deshalb häufig kritisch gesehen – zu groß ist der interpretatorische Spielraum. Niemand bestreitet, dass es Begriffsrunen gegeben haben kann oder hat, aber niemand kennt die Regeln, wann man einen Buchstaben als Wortzeichen lesen darf und wann nicht. Die »bei vielen Runologen gern geübte Praxis«, meinen Heinrich Beck, Detlev Ellmers und Kurt Schier, »einzeln stehende oder als Lautfolge nicht verstehbare Zeichen als Begriffsrunen zu verstehen und mit ihrem jeweiligen Runennamen aufzulösen, [stellt] ein methodisches Problem dar.« Und Klaus Düwel und Sean Nowak bemerken ähnlich: »Auffallend bei den sog. Begriffsrunen ist jedenfalls, daß es sich (1) in allen Fällen um Substantive und in keinem Fall um Verben oder Adjektive handelt. [...] Bevor man also vorschnell Begriffsrunen und damit eine konstante Zuordnung eines bestimmten Graphems zu einer bestimmten konventionalisierten Bedeutung postuliert, böte es sich an, zuerst einmal nach Parallelen hierzu in der antiken Schreibpraxis zu suchen.«

Begriffsrunen haben nichts zu tun mit den altgermanischen Sinnzeichen, von denen rechte Autoren wie Hermann Wirth, Wilhelm Teudt oder Jürgen Spanuth ausgehen.

Es gibt viele Schriftzeugnisse, die keine Runen sind, auch wenn sie Runen gleichen. Manche dieser Pseudo-Runen verdanken ihr Dasein bloß dem völkischen Denken des Dritten Reichs, andere sind echte Schriften oder Symbole, haben aber mit Runen nichts zu tun.

Armanen-Runen

Keine echten alten Runen sind beispielsweise die sogenannten Armanen-Runen, eine Reihe mit 18 Zeichen, die der völkische Geschichtsforscher Friedrich Fischbach im Jahre 1900 erfand – eine Mischung aus Futhark und Futhorc, mit

Die fantasievolle Abbildung (nach Friedrich Fischbachs »Ursprung der Buchstaben Gutenbergs«) zeigt die Rune I = Is = Eisen (von links nach rechts) in altnordischer, angelsächsischer und ältester Runenschrift, daneben in altgriechischer, etruskischer und altlateinischer Schrift, ganz rechts in assyrischer Keilschrift. Darunter die Rune B = Björk = Birke in denselben Schriften, hier steht zwischen der ältesten Runenform und der altgriechischen Schrift die phönizische und altsemitische Form.

zwei Zusatzrunen, die sonst unbekannt waren. Fischbach glaubte erkannt zu haben, dass die germanischen Runen der Ursprung aller Schrift waren (und veröffentlichte hierzu im Jahr 1900 sein Werk »Ursprung der Buchstaben Gutenbergs. Beitrag zur Runenkunde«). Er fügte dem alten Runenalphabet mit 16 Buchstaben noch zwei Lettern aus dem spätgermanischen Alphabet hinzu und erklärte die von ihm neu geschaffene Reihe flugs zum originären germanischen Alphabet. Fischbachs Buch wiederum inspirierte Guido von List, einen österreichischen Esoteriker und Wegbereiter der nationalsozialistischen Ideologie. Wenn die Schrift aus dem Norden gekommen war – warum dann nicht gleich auch alle Kultur?

Fischbachs Reihe spielt heute in der Esoterik nach wie vor keine geringe Rolle, es handelt sich aber um eine moderne Neuschöpfung.

Sinnbilder

Nach Hermann Wirth, dem Ahnenerbe- und SS-Vordenker, dessen Thesen dann von Atlantologen wie Jürgen Spanuth übernommen wurden, betrieben die nordischen Arier, die Kulturbringer der ganzen Welt, Astronomie im ewigen Eis und hielten ihre Erkenntnisse in Sinnbildern fest: dem Hakenkreuz, dem Kreuz im Kreis, dem Strichmännchen, dem Drachenschiff, dem Weltenbaum, und aus all diesen Ursymbolen entwickelten sich die Ur-Runen, die – in den Mittelmeerraum gebracht – die phönizische Schrift inspirierten und daher Urform aller Schriften aller Welt sind.

Natürlich künden diese »Sinnbilder« von der hohen Gesinnung der Arier. In »Aufgang der Menschheit« fabuliert Herman Wirth: »Um den arischen Mythos, die Uridee arischer Weltanschauung wieder freizulegen, jenen Urquell unserer geistig-seelischen Erbmasse, wenden wir uns erstmalig der Erforschung des Symboles, des Sinnbildes zu. Es ist die geistige Urkunde unserer Rasse, ‚buchstäblich' – die älteste schriftliche Quelle seiner Geistigkeit, die Beurkundung seiner erreichten geistigen Bewußtwerdung. Das Symbol ist die Schöpfung der nordischen Rasse als homo sapiens, als Weltanschauung. Was davor liegt, ist die Stufe der Bewußtwerdung aus der Primitivität, – uns unbekannt.«

Die Sinnbilder entstanden, so Wirth weiter, aus astronomischen Abstraktionen: »Die schematische Darstellung des scheinbaren Jahreslaufes der Sonne [...] ist eine der wichtigsten grundsätzlichen Feststellungen, weil sich darauf die ganze Symbolik und Hieroglyphik der Religion der nordischen Rasse aufbaut.« So ergab sich zum Beispiel der Stern aus einem senkrechten Kreuz mit einem Andreaskreuz darüber.

Dieses »Sonnenwendzeichen« erfreute sich in der populären Forschung nach heiligen Linien im Ahnenerbe großer Beliebtheit. »Es mag noch hinzugefügt werden«, schreibt Herbert Röhrig bereits 1930 über Wirths Thesen, »daß sich dieses Bild in Giebelzeichen und Hausmarken auch in Ostfriesland sehr häufig wiederfindet.«

Nationalsozialistische »Forscher«, aber auch heutige Hobbyforscher und »alternative Archäologen« spürten und spüren zahllose Runen-Vorgänger auf alten Grenzpfosten, Felsinschriften und sogar steinzeitlichen Höhlenbildern auf. Da wird ein in der Nazizeit in einen Felsen gekratztes Hakenkreuz schnell zum altsteinzeitlichen Sinnbild, das wiederum die Entstehung der Schrift in Deutschland beweisen soll. Schon das Wort Sinnbild ist ein ideologisch besetzter Begriff, sein Gebrauch erfolgt entweder absichtlich oder unbedarft und zeugt dann weniger von Wissenschaftlichkeit als vielmehr von großer Deutungsfreude.

Runenhäuser

»Runenhäuser« waren eines der Sinnbilder, die die völkische Ideologie schuf. Die Idee ist einfach: Fachwerk besteht – wie Runen – aus Stäben, Zweigen und Haken, es ist »urdeutsch«, Runen, diese Zeichen deutscher Überlegenheit, lassen sich zu Urzeiten nicht nachweisen, lesen wir also Fachwerk als urgermanische Schrift- und Sinnäußerung, haben wir plötzlich – oder können sie wenigsten behaupten – eine Schriftkontinuität von steinzeitlichen Felssymbolen bis zu

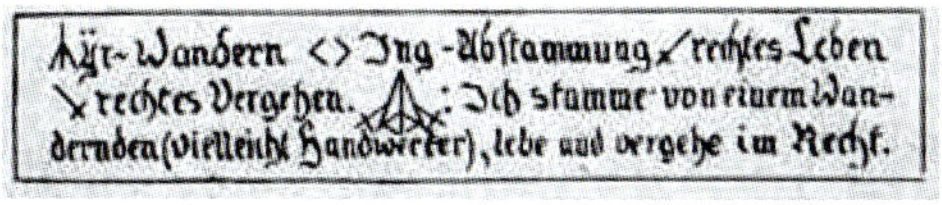

Von Philipp Stauff entzifferte Inschrift in den Balken des »Runenhauses« in Blankenberg.

Das »Runenhaus« von Blankenberg in Hennef. (Foto: Ulrich Magin)

den mittelalterlichen Fachwerkbauten. Die Entwicklung der Schrift spielt sich dann in Deutschland ab, und Runen sind hierzulande nicht selten, sondern weit verbreitet.

Als Erster brachte der Architekt Bartel Hanftmann das Konzept 1907 in seinem Buch »Hessische Holzbauten«, wo er Beispiele versammelte für »arisch-germanische Sinnbildzier, die die vorgotische Zeit ergiebig geübt hatte, die aber während der Zeit der Gotik [...] unterdrückt worden war«. Er berief sich auf Guido von List und Philipp Stauff, zwei germanophile Runentheoretiker.

Stauff schuf 1912 den Begriff »Runenhäuser«, in dem er die Streben des Fachwerks als Binderunen las. Ihm folgte Karl Theodor Weigel, der die Runenhausforschung im Ahnenerbe etablierte. Aber das bizarre Konzept überlebte den Zusammenbruch des Dritten Reiches. Manche Vertreter der Disziplin der Fachwerkforschung sind noch dem alten Denken verhaftet und verabschieden sich nur schwer von den vorgeblichen Runenhäusern. Deshalb kann man hin und wieder auch in Heimatmuseen und an Häusern die Erklärungen von Runenzeichen im Fachwerkgestrebe finden.

Eines steht in Münchzell in Bayern und wurde ursprünglich 1444 errichtet, lange, nachdem Runen in Deutschland außer Gebrauch gekommen waren. Der heute zu sehende Bau stammt gar aus dem Jahre 1697. Fachwerkkonfigurationen ähneln natürlich Runenzeichen, haben aber statische Hintergründe – man könnte aus jedem Gitternetz solche angeblichen Runen ablesen.

Das »Runenhaus« von Blankenberg, einem romantischen Stadtteil von Hennef an der Sieg, stammt aus der Mitte des 18. Jahrhunderts. Philipp Stauff las die Frontseite 1919 so: »yr – Wandern / ing – Abstammung / rechtes Leben / rechtes Vergehen«. Also: »Ich stamme von einem Wandernden (vielleicht Handwerker), lebe und vergehe im Recht.« Man kann hoffen, dass der Erbauer dieses Fachwerks Arier war, sonst fände sich sein Name vielleicht in dem Band »Deutsche Judennamen«, Philipp Stauffs zweites Buch, das er 1912 veröffentlichte.

Steinmetzzeichen:

Auch Steinmetzzeichen, die oft wie einzelne Runenbuchstaben wirken, sind keine Runen. Man findet sie häufig auf Burgen und Kirchen, und bei ihnen handelt es sich um die im Mittelalter übliche, von Steinmetzen auf ihren Werkstücken angebrachten Markierungen. Es handelt sich um Initialen, Firmenlogos und Zunftzeichen, und sie dienten ebenso der Repräsentation wie der leichteren Abrechnung der gelieferten Bausteine. In manchen Gemeinden, beispielsweise Meisenheim am Glan in der Westpfalz, kann man Prospekte finden, die die Steinmetzzeichen im Dorf erklären. Die Zeichen können auch als Flößer- oder Händlermarken in das Dachgebälk alter Kirchen eingeschnitten sein (so etwa bei der romanischen Kirche von Hohenkirchen in Ostfriesland).

Steinmetzzeichen 1) an der Klosterkirche Siegburg, 2–4) am Westportal der Klosterkirche Sankt Maria Magdalena, Wuppertal-Beyenburg (1497), 5–7) an der Pforte der Manningaburg in Pewsum, Ostfriesland, 8) am evangelischen Gemeindehaus in Meisenheim am Glan und 9) in der Burgruine Lauterecken. (Fotos 1–7: Ulrich Magin, 8,9 Verena Hüther)

Hausmarken auf einem Brunnenkasten im graubündischen Feldis in der Schweiz. (Foto: Paebi, wikimedia.org)

Hausmarke auf einem Kreuz in Niederdollendorf (Petersberger Straße). (Foto: Ulrich Magin)

Hausmarke auf einer Bodenplatte, Königswinter. (Foto: Ulrich Magin)

Hausmarke auf der ersten Station des Petersberger Bittwegs in Königswinter. (Foto: Ulrich Magin)

Eine Hausmarke auf einem Gulfhof im ostfriesischen Groothusen. (Foto: Ulrich Magin)

Hausmarken

Ähnlich wie Steinmetzzeichen findet man an Hauswänden, an Kreuzen und anderen Denkmälern komplexe, runenartige Zeichen, die nicht einen Steinmetzen, sondern einen Familiennamen bezeichnen. Auf der Insel Hiddensee ersetzen im Ort Klosters Hausmarken die Inschriften auf Grabsteinen – jedes Fischerhaus hatte eine Hausmarke. Die Grabsteine sehen wie Runensteine aus.

Zeichen auf Loogfelsen

Loogsteine nennt man sie in der Pfalz, aber massive Steinbrocken, die auf den Gemarkungsgrenzen liegen und auf die Wappen, Hausmarken, Zunftzeichen, Initialen oder Kreuze gemeißelt sind, findet man in vielen Gegenden Deutschlands. Diese Zeichen sind die Hofsymbole jener hochgestellten Persönlichkeiten,

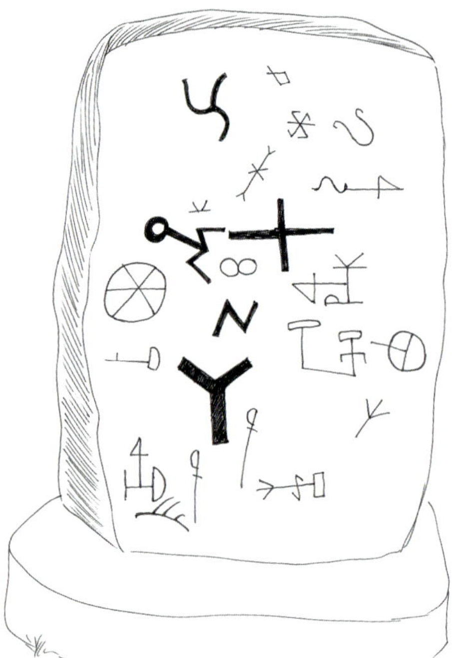

Die Marken auf dem zentralen Stein der Lolosruhe bei Edenkoben in der Pfalz. (Illustration: Ulrich Magin)

Kreuz mit Hauszeichen in Xanten-Niedermörmter. (Foto: Ulrich Magin)

Der Loogfelsen Bürgermeisterstein bei Hambach in der Pfalz. (Foto: Hermann Brenner)

Hauszeichen an der Wand der Stiftskirche in Neustadt/Weinstraße. (Foto: Ulrich Magin)

die die Grenze in bestimmten Zeiten abgingen und mit ihrer »Unterschrift« bestätigten, dass sie nicht verändert worden war.

In der Pfalz gehören dazu unter anderem der Loogfelsen westlich von Edenkoben, die Breite Loog westlich von Neustadt, der Kaffenstein (Indianerkopf) nahe Neustadt-Gimmeldingen und der Große Kanzelfelsen südwestlich des Forsthauses Helmbach.

Apotropäische Zeichen

Über manchen mittelalterlichen Hauspforten, aber auch an Steinen und in Höhleneingängen findet man Symbole und Buchstaben eingeritzt, die manches Mal, weil sie auf uns Moderne so eigenartig wirken, als Runen bezeichnet werden. Zu den häufigsten dieser glückbringenden, vor allem aber böse Geister abwehrenden Zeichen gehören das Kürzel VV für die Jungfrau Maria, 12-blättrige Blüten, Geisterfratzen, Sonnen, Pentagramme und

Das historische Brauhaus Hatz in Rastatt mit dem Davidstern als Glückssymbol. (Foto: Heike Baumstark)

Drudenfuß als Schutzsymbol an einem Haus in Ahrweiler von 1639. (Foto: Ramessos, wikimedia.org)

Die Sonne als glücksbringendes Zeichen an einem Fachwerkhaus in Niederdollendorf. (Foto: Ulrich Magin)

Davidsterne, die nicht unbedingt auf jüdische Besitzer hinweisen, sondern ein allgemeines Glückssymbol waren. Viele deutsche Forscher, durch die ideologische Vereinnahmung im Dritten Reich vorsichtig geworden, sprechen solchen Zeichen keine magische Bedeutung zu, sondern sehen sie eher – wie Steinmetzzeichen – als Hauszeichen oder, modern gesagt: Logos der ansässigen Firma. Der englische Volkskundler Dr. David Clarke findet vor allem an Naturorten allerdings hinreichend Indizien auch für die magische Bedeutung dieser Symbole. »Schutz vor bösen Geistern, Hexen und Dämonen erhoffte man sich durch das Anbringen von Zauber- und Abwehrzeichen«, denkt auch die Museumsdirektorin Alina Wilbert-Rosenbaum aus Mayen in der Eifel und nennt vor allem Pentagramme (Drudenfüße) über Türen.

In Deutschland trifft man vor allem auf den Drudenfuß (das Pentagramm). Davidsterne und Hakenkreuze sind als Glückssymbole aus zwei ganz unterschiedlichen Gründen im und nach dem Dritten Reich von unseren Türpfosten verschwunden.

Das gotische Alphabet Bischof Wulfilas

Der gotische Bischof Wulfila (auch Ulfila, 311–383) kam im Gotenland an der unteren Donau zur Welt und übersetzte in Nicopolis ad Istrum, Bulgarien, die Heilige Schrift für seine Landsleute ins Gotische. Wulfilas Bibel ist das erste in einer germanischen Sprache verfasste Buch. Dafür schuf er eine eigene alphabetische Schrift. Diese ostgotische Schrift ist jedoch keine Runenschrift, sie folgt bei praktisch allen Buchstaben dem griechischen Alphabet. Wo das Gotische Laute aufwies, die das Griechische nicht kannte, verwendete Wulfila lateinische Buchstaben, und dazu kamen ein oder zwei »runische« Zeichen, die sich jedoch, wie etwa das f, stark an lateinische Vorbilder anlehnten. Ein weiteres runisches Vorbild könnte das ng haben.

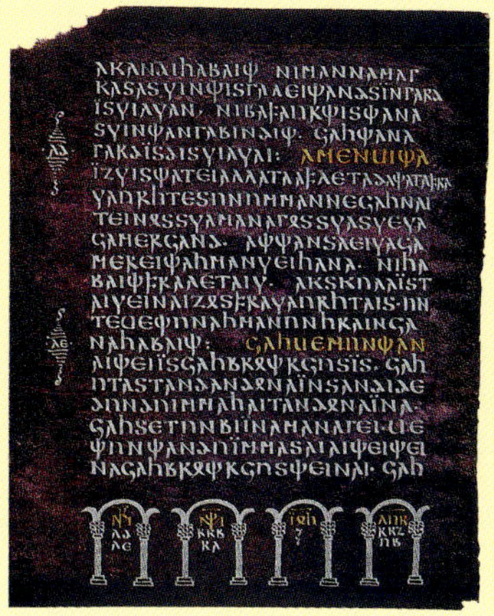

Ein Teil des Markusevangeliums (3,26–32) aus einer Abschrift der Wulfila-Bibel. (Foto: wikimedia.org)

5. *Runenzauber*

Die Runenschrift hatte von Anfang an für ihre Verwender auch eine magische Dimension. Allein der Akt des Schreibens war bereits eine magische Handlung, und die ältesten Futhark-Inschriften bezeichnen häufig nur den Gegenstand, auf dem sie stehen, wollen also kaum mehr kommunizieren als die Tatsache, dass jemand schreiben konnte. In populären Büchern über Runen kommen solche zauberwirkenden Akte kaum vor – wir sind es viel zu sehr gewohnt, lesen und schreiben zu können, als dass uns ein einziges Wort als etwas Besonderes vorkommt, mit dem wir unsere Welt beherrschen oder beeinflussen können.

Moderne, vor allem esoterische Runenbücher handeln deshalb vor allem von Runenorakeln. Dafür jedoch gibt es keinen einzigen zeitgenössischen Beleg. Die erste schriftliche Erwähnung von Runen in einem Brief des Venatius Fortunatus aus dem 6. Jahrhundert deutet bereits auf einen ganz prosaischen Einsatz der Runen hin: »Falls du mir nicht lateinisch antworten willst«, schreibt er einem Brieffreund, »dann kannst du auch Runen auf eine hölzerne Tafel malen.«

Der alltägliche Gebrauch schließt den Gebrauch der Runen zum Zauber nicht aus, zeigt aber, dass schon von Anfang an das Zaubern nur ein Aspekt dieser Schrift neben anderen war.

Es gibt eine einzige Stelle in der alten Literatur, die vom Einsatz von »Zeichen« für Orakel bei den Germanen handelt. Sie stammt aus dem 10. Kapitel der »Germania« des Tacitus, vermutlich im Jahre 98 verfasst, also aus einer Zeit, als noch keine oder kaum Runen verbreitet waren. Zudem spricht der römische Autor, der die Germanen nur vom Hörensagen kannte, stets von Zeichen, nie von Buchstaben. Die gesamte Grundlage für die Deutung von Runen als Orakel ist also eine einzige Stelle bei Tacitus, der diese Zeichen nicht als Schrift, sondern als ein Omen unter anderen begreift: »Götterzeichen und Loose beobachten sie wie nur immer Andere. Der Loosung fest gewohnte Art ist einfach. Einen Zweig, von einem Fruchtbaume abgehauen, schneidet man in kleine Stäbchen, unterscheidet diese durch gewisse Zeichen, und streut sie über ein weißes Tuch blindlings und auf's Ungefähr. Alsbald hebt, wenn in Staatssachen Befragung geschehen wird, der Priester der Gemeinde, wenn in häuslichen, bloß das Haupt der Familie, zu den Göttern flehend und gegen den Himmel aufblickend, dreimal ein Stäbchen auf, und deutet die aufgehobenen nach dem vorher eingedrückten Zeichen. Wehrten sie, so ist für denselben Tag über dieselbe Sache keine Befragung mehr; ward aber Statt gegeben, so ist noch Bestärkung durch Götterzeichen erforderlich. Und wirklich ist auch hier jener Brauch bekannt, der Vögel Stimmen und Flug zu befragen: dem Volke eigenthümlich ist, auch der Rosse ahnendes Wittern und Mahnen zu versuchen. Für die Gemeinde werden sie in den nämlichen Wäldern und Hainen genährt, ganz weiß und von keinem irdischen Dienste unrein berührt; sie, mit dem heiligen Wagen beschwert, begleitet der Priester und König oder Häuptling des Staates und beobachtet ihr Wiehern und schnaubendes Knirren. Und keine andere Weissagung hat größeren Glauben nicht bloß bei dem Gemeinvolk, sondern bei den Vornehmen, bei den Priestern, denn sich halten diese für Diener der Götter, jene für deren Wissende. Noch eine andere Beobachtung von Anzeichen gibt es, durch welche sie schwerer Kriege Auslauf erforschen. Einen Gefangenen des Volkes, mit welchem Krieg ist, irgendwie aufgegriffen, bringen sie in den Kampf mit einem Auserlesenen ihrer Landsleute, jeden in den heimischen Waffen. Der Sieg von Diesem oder Jenem wird für Vorentscheidung angenommen.«

Es ist nicht zu bezweifeln, dass Runenbuchstaben, wenn schon nicht als Orakel, dann doch zur Magie benutzt wurden. Es gibt dafür unzählige Hinweise: zum einen die vielfachen Arten von Zauberrunen, die die Schrift geheimnisvoller machen sollten, als sie sich weiter zu verbreiten begann, dann Abschnitte in der Edda, die vom Gebrauch der Runen für die Hexerei erzählen, schließlich noch die Tatsache, dass viele Inschriften nur schwer zu verstehen sind, also sich der einfachen Lesbarkeit entziehen.

Schon Ende des 19. Jahrhunderts wies Dr. F. Kaufmann darauf hin, dass das Wort Rune ursprünglich »Geheimnis« bedeutete und Runenzauber daher jeden geheimen Zauber meinen kann, auch ganz unabhängig von den Buchstaben. Wohl aufgrund des mutmaßlich magischen Charakters der römischen Schriftzeichen hätten die Germanen die Runen erfunden und ihnen Zauberkräfte zugeschrieben: »Etwa im 2. Jahrhundert christlicher Zeitrechnung war durch den Handelsverkehr das lateinische Alphabet der römischen Kaiserzeit bei den germanischen Stämmen importiert worden. Die fremde Schrift galt als zauberkräftig. Wahrscheinlich deswegen, weil die fremden Krämer ausländische Amulette, Talismane an die Germanen verhandelten, bei denen der Zauber an eingegrabene Buchstaben etc. gebannt war. Der ausländischen Sitte folgend finden sich nun auch bei den Germanen Inschriften auf Waffenstücken (Speerblätter, Schwerter u. a.), Spangen, Ringen, Hörnern, Kämmen, Goldblättchen, Steinchen und ähnlichen Gegenständen. Unscheinbare Dinge, wie Steinchen, mit Buchstaben versehen, waren beliebte Amulette, die noch in später Zeit von heidnischen Skandinaviern an der Tasche getragen wurden. Die Zauberinschrift (einzelne Buchstaben) hieß ahd. *runa*, ags. anord. *rún*, got. *runa*. Die Grundbedeutung des Wortes war Geheimnis, geheimnisvolle Weisheit und Rede, speziell im Sinne geheimnisvollen Murmelns und Besprechens, wie es bei der Zauberhandlung seit Urzeiten Sitte war, wenn der gewünschte Zauber wirksam ins Werk gesetzt werden sollte. Man glaubte, daß den auf einen Gegenstand eingeritzten Buchstabenzeichen eine wunderbare magische Zauberkraft innewohne.«

Alle Zauberpraktiken wurden auf den Gott Odin projiziert, den man später als den Entdecker der Runen pries: »An die Runenkunde Odins, die ihm durch Mimer vermittelt, ist seine magische Kraft über die ganze äußere Natur und über die Sinne der Menschen gebunden. Sie steht z. B. in engster Verbindung mit einem Auftreten als Arzt. Auch die deutschen Stämme verehrten den Wodan als unvergleichlichen Kenner der Zaubersprüche, er allein vermag es, seinem Rosse den verrenkten Fuß wieder einzurichten, weder Frija war dazu im Stande, noch andere gottähnliche Frauen. Ins Bösartige gewendet, erscheint uns Odin von dieser Seite am Hofe des russischen Königs, wo er um die Königstochter Rindr wirbt. Um sich nicht zu verraten, hatte er den Hut tief ins Gesicht gezogen und wollte bei den Russen Kriegsdienste nehmen. Er erficht glänzenden Sieg und wird des Königs naher

Abbildung des einäugigen Odin auf dem Hengst Sleipnir aus der isländischen Edda-Handschrift von Ólafur Brynjúlfsson, 1760. (Foto: wikimedia.org)

Freund. Ihm gesteht er mit der Zeit seine Liebe, die der König begünstigt. Er naht sich dem Mädchen, bittet um einen Kuß, erhält aber eine Maulschelle. Das Jahr darauf kam Odin vermummt wieder, nannte sich Hroptr, gab sich für einen Goldschmied aus und arbeitete wunderbare Geschenke für die Königstochter: statt eines Kusses ist diesmal eine Ohrfeige sein Lohn. Und noch ein drittes stellte sich Odin beim Könige ein, und zwar wieder als alten Kriegsmann sich ausgebend. Das spröde Mädchen stößt ihn ein drittes Mal mit solcher Wucht von sich, daß er mit dem Kinn den Boden berührte. Jetzt folgte schreckliche Rache des Gottes. Mit einem Stückchen Rinde, worauf ein Zauber eingeritzt war, berührte er die Rindr und alsbald wurde sie wahnsinnig. Niemand wußte zu helfen. Schließlich stellte sich ein altes Weib ein, das zu heilen verstand – es war Odin selber.«

Dem Vorbild des Odin folgend, konnten auch einzelne, ausgebildete Runenritzer die Kräfte der Buchstaben nutzen: »Auserwählte Menschen vermochten Abgeschiedene zum Reden zu bringen und legten zu diesem Zweck dem Leichnam ein Holzstäbchen mit eingeschnitzten Runen auf die Zunge. Das Runenzeichen zieht durch den weihenden Spruch und in Gemeinschaft mit demselben die eigentliche Kraft aus der im Hintergrunde thätig gedachten Gottheit.«

In der Edda »ist mit Runen das Götter- und Geisterleben überhaupt gemeint, die ganze Welt der Geheimnisse, nicht bloß die reale Zauberhandlung, die in den Kräften einer unsichtbaren Welt ihre Wurzel hat. Der weite Gesamtkreis des Unsichtbaren wird von den Runen in diesem Sinne umfaßt. In der Schule der skandinavischen Dichter hat sich eine vollständige Mythologie (Götterkunde) verbreitet und das Wissen um mythische Gegenstände wurde gleichfalls unter Runenkunde verstanden.

Auch in diesem Stück ist Odin der unerreichte Meister. Ein Lied wird ihm in den Mund gelegt, in dem er mit Meisterschaft alle Namen der göttlichen Burgen, Tiere, Ströme, die Namen der Walkyrjen, schließlich auch die Überfülle seiner eigenen Namen aufzuzählen versteht. In einem andern Liede läßt der Dichter den Odin ausgehen, sich mit einem Riesen (Vafbþridþnir) in Runenkunde zu messen. Unter dem Namen Gagnrádþr tritt er bei dem Riesen ein und fragt ihn aus nach den Runen der Riesen und aller Götter. Der Riese soll ihm sagen, wie der Grenzfluß zwischen Götter- und Riesenwelt, wie der Hengst der Sonne heiße, woher Erde und Himmel gekommen, woher Mond und Sonne, Tag und Nacht, Winter und Sommer, wer der älteste Riese gewesen sei u. s. w. Auf alles weiß der Riese Bescheid, bis auf eine letzte Frage Odins, an der die Weisheit des Riesen erliegt. Die Überlegenheit des Gottes enthüllt dem Riesen die wahre Natur seines Gegners. In Lösung von Rätselfragen kommt ihm keiner gleich. In das Gewand des Rätselhaften ist von den skandinavischen Dichtern mit Vorliebe ihr mythologisches Wissen, d. h. ihre Ansicht von der Beschaffenheit einer unsichtbaren Welt gekleidet worden.«

Kaufmann schildert die Arten von Runenmagie, die tatsächlich bezeugt sind – wenn auch nur in literarischen Quellen und als Erzählung über große Helden, nicht als quasi journalistische Notate aus dem Germanenalltag: »Ferner wird jede Offenbarung der Götter aus dem Unsichtbaren herein in das Menschenleben mit dem Namen ‚Rune‘ von den Skandinaviern bezeichnet. Die bildlich umschreibende Redeweise der Dichter hat die Erkenntnis göttlicher Offenbarungen (z. B. im Orakelwesen) zu einer Art Geheimlehre ausgebildet. Hervorragende Menschen, Helden wie Sigurdr erhalten Unterricht in dieser Art von Runenkunde, eine Walkyrje ist die wohlverständige Lehrerin. Sie lehrt ihn Siegrunen, zur Erlangung des Siegs sind sie auf das Schwert einzugraben; Bierrunen, zur Wahrung vor Frauentrug sind sie auf das Trinkhorn zu ritzen. [...] Auszeichnende Fertigkeit als Redner vor der Volksversammlung oder als Denker im Kreise der Dichter war gleichfalls an das Geheimnis der Runenkunde geknüpft. Hroptr – ein Name Odins, den er sich z. B. auch am Hofe des Russenkönigs beigelegt – ersann diese Runen aus dem Naß, das geronnen war aus Heiddraupnirs Schädel und aus Hoddrofnirs Horn (der Trank Odrerir ist gemeint), auf dem Berge stand er mit dem Schwert, den Helm auf dem Haupte, da verkündete Mimers Haupt wahrhaftige Runen: die einen sind bei den Asen, andere bei den Elfen und Wanen, einige haben die Menschenkinder, d. h. einige Offenbarungen der unsichtbaren Welt reichen in das menschliche Dasein herein. Der Kundige erkennt sie an der Kralle des Bären, den Klauen des Wolfes, dem Schnabel des

Adlers und auf blutigen Schwingen. Mancher Wissende hat es verstanden, aus dem Erscheinen dieser Tiere beim Orakeldienst der Götter Willen dem Volke zu verkünden. Das Naturleben steht im Dienste göttlicher Macht, Hroptr d. i. Odin, hat den Erscheinungen Runen eingeritzt, eine göttliche Schrift nur dem denkenden Geiste verständlich. Wenn es nicht irreführte, moderne Begriffe ins Altertum zu übertragen, so ließe sich die Runenlehre der skandinavischen Denker in eine Mythologie der Naturphilosophie auflösen, deren Grundlagen die volkstümlichen Vorstellungen des Zauberwesens bilden, deren System von der in transscendentale Spekulation sich versenkenden Dichtung weit über die Grenzen der Religion hinaus fortgesponnen worden sind.«

Ein Runenorakel bestand demnach, wie bei den Römern und Griechen, aus einem ungewöhnlichen Tierverhalten, nicht aus dem Werfen von Runensteinen. Runen ritzte man auf alltägliche Gegenstände, um sie mit übernatürlicher Kraft aufzuladen – damit sie Gift erkannten, Liebeszauber wirkten, die eigene Kraft steigerten. Aus dem Mittelalter kennt man mit Runen beschriftete Stäbchen, die verhexen sollten, ebenso waren vom 12. bis 15. Jahrhundert Amulette aus Blei zum selben Zwecke üblich.

Literarischen Niederschlag fand das Zaubern mit Runen in einigen Sagas und Texten der Edda. In »Skirhirs Fahrt«, einem Götterlied der älteren Edda, lauten die Strophen 32 und 36 (nach Karl Simrok):

»Zum Hügel ging ich, ins tiefe Holz,
Zauberruten zu finden:
Zauberruten fand ich. [...]

Ein Thurs (þ) schneid ich dir und drei Stäbe:
Ohnmacht, Unmut, Ungeduld.
So schneid ich es ab wie ich es einschnitt,
Wenn es Not tut so zu tun.«

In der »Egils saga«, zwischen 1220 und 1240 in Island verfasst, wird das Leben des Egil Skallagrímsson beschrieben, einem isländischen Bauern, Wikinger und Skalden, der im 10. Jahrhundert lebte. Egil besucht den Bauern Thorfinn und sieht dort eine kranke Frau auf einer Bank in der Stube liegen. Es ist Thorfinns Tochter Helga, die schon lange an Auszehrung leidet.

»Hat man irgendwie versucht, ihre Krankheit zu heilen?«, will Egil wissen, und Thorfinn antwortet: „Es hat jemand Runen geritzt, und das ist ein Bauernsohn hier ganz aus der Nähe, der das getan hat, und es ist danach noch weit schlimmer als vorher geworden. Verstehst du dich etwa auf solche Krankheiten, Egil?«

Egil erwidert: »Es ist möglich, dass nichts verdorben wird, wenn ich mich daranmache.«

Die Saga fährt fort: »Als Egil satt war, trat er an das Lager der Frau heran und unterhielt sich mit ihr. Dann hieß er sie von ihrem Lager zu heben und reine Betttücher unter sie zu breiten, und so geschah es. Darauf untersuchte er das Bett, auf dem sie geruht hatte, und fand eine Fischkieme; in diese waren Runen eingeritzt. Egil las sie, schabte die Runen ab und ließ das Abgeschabte gleich ins Feuer fallen. Er verbrannte die ganze Kieme und ließ die Laken, die sie gehabt hatte, in den Wind tragen. Dann sprach Egil:

Runen ritze keiner,
rät er nicht, wie's steht drum!
Manches Sinn schon, mein ich,
wirren Mannes Stab irrte.
Zehn der Zauberrunen
Ziemten schlecht dem Kiemen:
Leichtsinn leider machte
Lang des Mädchens Krankheit.

Egil ritzte Runen und legte sie unter das Polster des Lagers, auf dem das Mädchen ruhte. Ihr deuchte da, als ob sie aus dem Schlafe erwache, und sie sagte, sie sei gesund, wenn auch noch schwach.«

Die in den Versen erwähnten Kiemen sind ein Walknochen, auf dem die Runen geritzt waren. Egil ist also der mächtigere Zauberer, und er kennt wirksamere Runen

Der Glaube an die Wirksamkeit der Magie der Runen ist noch nicht erloschen, die unzähligen Bücher über Runenorakel belegen das eindeutig – und warum sollte ein Runenorakel nicht nutzbringend einzusetzen sein, selbst wenn es keine 1000 oder 2000 Jahre alt ist? Schließlich vermochten auch genug Menschen das Gummibärchen-Orakel als Entscheidungshilfe einzusetzen, auch das hatte keine lange Tradition!

Aber nicht nur die populären Orakel belegen nach wie vor, welche Zugkraft von der Vorstellung der Runenmagie ausgeht. Der britische UFO-Forscher John Spencer etwa betont in einem Buch über Entführungen von Erdmenschen durch

Egil Skallagrímsson nach einem Manuskript des 13. Jahrhunderts. (Foto: wikimedia.org)

Der Frösöstein soll die Nessie vom Storsjö zeigen, dem großen See von Östersund in Schweden. (Foto: Lavallen, wikimedia.org)

Außerirdische, dass an dem Ort nahe Vallentuna, Schweden, an dem am 23. März 1974 ein Mann namens Anders von Aliens entführt worden sein will, ein »Kreis aus Runensteinen« stehe, der die Erdstrahlen zu einer Spirale verforme, dass mithin der Kontakt zu ET an einem magischen Ort stattgefunden habe. Die Zeitschrift *The Ley Hunter*, die sich mit Geomantie beschäftigt, erklärt in ihrer Nummer 104, dass die christlichen Runensteine im dänischen Jelling den Energiefluss an dieser Stätte blockieren, um so eine heidnische Landschaft im christlichen Sinne energetisch zu manipulieren. Und schließlich glauben manche Kryptozoologen, dass der Runenstein auf der schwedischen Insel Frösö vom 11. Jahrhundert das Seeungeheuer vom See Storsjö zeigt: »Man sieht deutlich den langen Hals und ebenfalls den gespaltenen Schwanz oder die Hinterflossen.« Der Stein zeigt eigentlich kein Seeungeheuer, sondern das typische Band einer

Schlange, die sich in den Schwanz beißt … Die Inschrift lautet: »Östman, Sohn des Gudfast, ließ diesen Stein errichten und diese Brücke machen und er ließ Jämtland christianisieren. Åsbjörn machte diese Brücke. Tryn und Sten ritzten diese Runen.«

Im Übrigen sind Runenorakel nicht das einzige moderne Produkt der magischen Runenbegeisterung. In den 1930er-Jahren boten Dutzende Anzeigen in neuseeländischen Zeitungen ein »glücksbringendes Runenkreuz« an – bei dem es sich allerdings um das altägyptische Thot-Zeichen handelte.

Das »Runenkreuz als Glücksbringer« in der neuseeländischen Zeitung »Evening Star« vom 17. August 1932. (Foto: paperspast.natlib.govt.nz)

6. Sonderfall »keltische«, »slawische« und sonstige Runen

Mit »Runen« schrieben nicht nur Germanen, sondern auch Türken, Ungarn, Slawen und Kelten, wenn man manchen Autoren Glauben schenken darf. Es zeigt sich aber schnell, dass es sich in jedem dieser Fälle um eine eigenständige Schrift handelt, die zwar den germanischen Runen ähnelt, aber selbst bei gleichen Zeichen unterschiedliche Lautwerte aufweist.

Keltische Runen

Von ihnen wurde im 19. Jahrhundert einiges geschrieben. In seinem Aufsatz »Die nordetruskischen Alphabete auf Inschriften und Münzen« in den »Mitteilungen der Antiquarischen Gesellschaft in Zürich« führt Theodor Mommsen 1853 eine keltische Runenritzung auf, drückt aber gleichzeitig seinen Unglauben aus:

»Bei Salzburg auf dem Friedhof am Birglstein fanden sich unter anderen Anticaglien [Altertümer] acht Thonplatten mit Reliefs, davon sechs Brustbildreliefs und zwei Reliefs mit stehenden Figuren, alle mit einer Einfassung, in der eine Inschrift um oder neben den Figuren hinläuft, welche auf fünf lateinisch, auf dreien, um mit Hrn. Matthias Koch zu reden, in keltischen Runen geschrieben ist. [...] Die ganze Birglsteinische Sammlung ist jetzt im Antiquarium in München. – Ohne die Originale gesehen zu haben, kann ich doch nicht umhin die Aechtheil all dieser unter sich ebenso gleichartigen als sonst von allen übrigen römischen Denkmälern abweichenden Terracotten bis auf besseren Beweis zu bezweifeln. Ich will, da die Sache nicht zunächst hieher gehört, nicht hervorheben, was jeden Kenner der Anblick der Tafeln selbst lehren wird, noch auch ausführen, was für ein epigraphischer Straussenmagen dazu gehört um eine Inschrift wie ‚Patennius v quatuor viri viales' zu verdauen; wären die ‚keltischen Runen' auch so ächt wie die Pyramideninschriften, mit denen sie Hr. Koch vergleicht, so würden sie doch auf keinen Fall in unsern Kreis gehören. Zu wünschen wäre es indess, dass die einsichtige Direction der Münchener Sammlungen eine ernstliche Prüfung dieser Inschriften und Bildwerke veranlasste, damit der Weizen von der Spreu geschieden werde.«

Türkische Runen

Bekannter sind die türkischen oder Orchon-Runen. Sie dienten der Niederschrift der frühen Turksprachen, als Türken noch im weiten Inneren Asiens saßen. Die alttürkische Schrift (türkisch Orhun Yazıtları), generell linksläufig geschrieben, wurde manchmal sogar senkrecht angebracht – die Leserichtung verlief dann von unten nach oben. In »türkischen Runen« sind heidnische wie christlich-nestorianische Texte geschrieben; als sich Teile der Türken zum Islam bekehrten, übernahmen sie die arabische Schrift.

Als Orchon-Rune finden wir aus dem Futhark bekannte Zeichen, so die o-Rune, die hier den Lautwert b hat, die

Inschrift in dem mit den Orchon-Runen verwandten Jenissei-Runen (ca. 730 n. Chr.) aus Kyzyl in der russischen Teilrepublik Tuwa. (Foto: wikimedia.org)

l-Rune, die nun den Vokal i bezeichnet, die germanische s-Rune ist im Türkischen u. Kurz: Die Ähnlichkeit trügt, denn es sind nicht einmal ansatzweise Ähnlichkeiten bei der Aussprache zu erkennen.

Slawische Runen

In der Umgebung von Neustrelitz will man im 19. Jahrhundert Kunstobjekte und 14 kleine Runensteine gefunden haben, die Inschriften in Runenbuchstaben, aber in slawischer Sprache trugen. Mehr darüber berichtet der Abschnitt über deutsche Runensteine.

Ungarische Runen

Möglicherweise mit den türkischen Orchon-Runen verwandt ist die altungarische Schrift – auf Ungarisch *rovásírás* (von rovás = Kerbe und irás = Schrift). Man spricht auch von ungarischen Runen, obwohl die Ähnlichkeit höchst oberflächlich und bei identischen Zeichen der Lautwert ein ganz anderer ist (das Futhark-b wird m gesprochen, das Runen-e v, das g b und das i z!). Diese linksläufigen ungarischen »Runen« wurden nur im Mittelalter verwendet und nach Annahme des lateinischen Alphabets nicht mehr benutzt.

Ein zweisprachiges Ortsschild in Ungarn. (Foto: Kontrollstellekundl, wikimedia.org)

Mit dem in Europa um sich greifenden neuen Nationalbewusstsein haben die Ungarn ihre alte Schrift wiederentdeckt und verwenden sie nun unter anderem auf Ortsschildern, dabei wurde eine historisch nicht vorhandene Groß- und Kleinschreibung eingeführt.

Altbulgarische Runen

Wie viele Völker Osteuropas stammen die Bulgaren aus Innerasien und gehörten wohl zum großen Verbund der Turkvölker, bevor sie slawisiert wurden. Von ihnen existieren – neben Texten in griechischen Lettern – »Inschriften in der einheimischen Bolgarischen Schrift, die gewöhnlich den Protobulgaren zugeschrieben werden«, so Wikipedia. »Diese Inschriften bestehen meist nur aus einzelnen Zeichen oder Zeichengruppen (Wörtern?); lediglich in Murfatlar in der Norddobrudscha wurden ganze Texte gefunden, die jedoch bisher nicht in einer allgemein akzeptierten Form entziffert worden sind.«

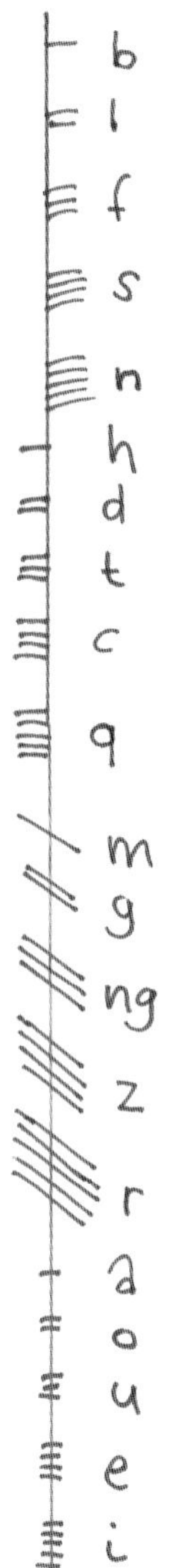

Die Ogham-Reihe. (Illustration: Ulrich Magin)

Keltisches Ogham

Ausgerechnet die Schrift, die den Runen am wenigsten ähnelt, hat vielleicht am meisten mit ihnen zu tun. Ogham sieht aus wie keine andere Schrift auf der Erde: Sie besteht aus Kerben auf und Linien links und rechts einer senkrechten Steinkante (die auf Illustrationen als senkrechter Strich dargestellt wird, der aber meistens nicht geschrieben, sondern durch die Kante gebildet wird). Ogham könnte demnach vom irischen Wort für Saum abgeleitet sein. Ähnlich wie das Futhark folgt das Ogham-»Alphabet« nicht der üblichen ABC-Reihe, sondern trennt Vokale und Konsonanten und verläuft in vier Fünfergruppen:

b l f s n – h d t c q – m g ng z r – a o u e i

Auch bei Ogham trägt jeder Buchstabe einen Eigennamen, der einen Gegenstand bezeichnet (allgemein den eines Baumes) und eventuell magische Bedeutung transportiert. Die Morse-Anmutung von Ogham bedeutet vielleicht, dass die Punkte und Kerben zunächst nur die Stellung der Buchstaben in einer Letter-Reihe markierten. Ogham wäre somit als System vergleichbar mit den Zweig- und Zauberrunen. Allerdings: Die Reihenfolge ist eine ganz andere, und Ogham ist älter als Zweigrunen.

In Ogham wurde ausschließlich mittelalterliches Keltisch, vor allem Walisisch, Kornisch (der walisische Dialekt von Cornwall) und irisches Gälisch geschrieben. In Schottland und der Bretagne hat man bislang noch keine Ogham-Steine gefunden, die meisten finden sich in der irischen Provinz Munster und in Pembrokeshire, dem südwestlichen Zipfel von Wales. Die Inschriften stammen aus der Zeit vom 4. bis zum 6. Jahrhundert (Frühirisch) und dem 6. bis 9. Jahrhundert (Altirisch). Man nimmt aber an, dass die Schrift auf

Der über zwei Meter hohe Dunloe-Stein in der irischen Grafschaft Kerry stammt aus der Zeit um 500 n. Chr. (Foto: Robert Linsdell, wikimedia.org)

das erste nachchristliche Jahrhundert zurückgeht (und wie bei den Runen nimmt man einen Ursprung entweder im griechischen oder lateinischen Alphabet an, vielleicht sogar im Futhark). Über 400 Steine mit frühirischen Texten sind bekannt, manche davon sind zweischriftlich, d. h. in Ogham und mit lateinischen Buchstaben, geritzt.

Wie Runensteine enthält die große Mehrzahl der Ogham-Steine keine langen, informativen Texte, oft nur Eigennamen und Verwandtschaftsbeziehungen (»xxx maqi xxx« – »xxx, Sohn von xxx« – das maqi hat als schottischer Namensbestandteil Mac überdauert).

Afrikanische Runen

Mit süd- und nordamerikanischen Runen muss man sich notgedrungen im Kapitel über Runenfälschungen beschäftigen, aber auch in Afrika soll – und damit beenden wir unsere kleine Tour durch runenähnliche Schriften – einmal ein Runenstein entdeckt worden sein.

René Gardi berichtete 1964 in der Stuttgarter Zeitschrift »Kosmos« über den »Runenstein in den Alantikas«, einem Gebirge im Norden Kameruns. Detailliert stellt er den Fund auch 1958 in »Die Alpen« dar. In einem der Trümmerhänge des Gebirges stieß Gardi auf einen mysteriösen Stein: »An der senkrechten Fläche eines Riesenblockes befindet sich, reliefartig hervorstehend, ein ungefähres Sechseck von fast drei Meter Kantenlänge, in das ein Netz von sich kreuzenden parallelen Linien tief eingeschnitten ist. Die ganze ornamentale Figur erscheint von einer merkwürdigen Regelmässigkeit, so dass man sofort an Menschenwerk denkt, diesen Gedanken aber gleich wieder verwirft, weil man unter Negern

Zentralafrikas nie etwas Ähnliches gefunden hat, noch weniger sich vorstellen kann, dass die heutigen Bewohner der Berge, primitive Hirsebauern vom Stamme der Koma, mit ihren einfachen Geräten imstande wären, an der unzugänglichen Wand solch ungewohnte Skulpturen anzubringen.« Deutlich tönt der Kulturimperialismus, das europäische Überlegenheitsdenken, das damals noch ganz ungeniert geäußert wurde. »Ob sie angebracht worden sind, als der Block noch in einer andern Lage war, bevor er eventuell herunterkollerte, wissen wir nicht.«

Gardi fotografierte den Stein und zog in Europa Erkundungen unter Experten ein. »Der Völkerkundler und Urgeschichtsforscher lehnte rundheraus und ohne Zaudern die Annahme ab, dass dieses Ornament von Menschen stamme, es müsse sich um eine natürliche Form von Verwitterung handeln. Worauf ich zum Petrographen und Mineralogen wanderte, der sich mit Assistenten und Kollegen beriet und mir erklärte, ihnen sei eine ähnliche Verwitterungsform im Granit oder ähnlichen Gesteinen weder je begegnet noch bekannt. Er neigte dazu, wie ich eigentlich auch, es müsse sich um ein Menschenwerk handeln, so dass ich nun also so klug war wie zuvor. Haben wirklich afrikanische Ureinwohner dieses Netzwerk ausgemeisselt, so handelt es sich um etwas durchaus Unbekanntes. Ist es ein Spiel der Natur, weiss man offenbar ebensowenig, wie es entstanden ist.«

Gardi musste aber auch feststellen, dass sein Foto zu vielen ganz wilden Spekulationen führte: »Ein Leser nahm an, es sei ein Dokument vorgeschichtlicher Astronomen, eine Dame glaubte, der Stein sei von einem heute verschwundenen zweiten Erdenmond zu uns heruntergesaust, jemand behauptete, es sei ein durch eine Naturkatastrophe herausgebrochenes und geschleudertes Stück aus einer vorsintflutlichen Kultstätte mit astrologischen Feststellungen, die Idee von einem Siedlungsplan tauchte auf, und in einem der Briefe dieser gutgesinnten Helfer wurde auch auf das verschwundene, sagenhafte Land Atlantis hingewiesen.«

Also gerade die Reaktionen, die auch echte Runensteine (und jedes mysteriöse Artefakt) noch heute bei den Betrachtern hervorrufen.

III. Fundarten

1. Worauf man Runen schrieb – kleinere Funde

Bei Runen denken viele Menschen ausschließlich an Runensteine, die weitaus meisten Runentexte finden sich aber auf kleineren und mobilen Gegenständen – auf Kämmen, Schmuckstücken, Ringen, Amuletten, Münzen, Fluchtäfelchen. Diesen Kleinfunden, die oft übersehen werden, widmet sich der folgende Abschnitt, stets mit einem Augenmerk auf Funden aus Deutschland.

Denn aus Teilen Deutschlands kommen die ältesten Runenfunde, und die Alamannen schrieben noch bis ins 7. Jahrhundert mit Runen. 240 Zeugnisse des ältesten Futhark kennt man, 60 Denkmäler umfasst der Corpus der deutschen Inschriften, 32 davon stammen von den Alamannen. Runensteine gibt es hingegen keine.

Dennoch ist auch unsere Region immer wieder für Überraschungen gut. So war im November 2019 in der Tagespresse zu lesen, dass die Kreisarchäologin Dr. Jutta Precht, der Hobbyarchäologe Rainer Pöttker und der Runologe Dr. Sigmund Oehrl in Achim im Landkreis Verden in Niedersachsen im Domherrenhaus ein Tongefäß mit eingeritzten Zeichen gefunden hätten: Sie zeigten einen »Punktkreis, ein Schachbrettmuster und eine Rune, eine liegende Sanduhr darstellend« (also wohl dagaz). Der Topf stamme sicher aus dem vierten oder fünften Jahrhundert, sei schon vor 40 Jahren entdeckt worden, doch erst beim Restaurieren und wissenschaftlichen Abzeichnen seien die Runen aufgefallen. »Diese Runen sind ein Knaller«, meint Precht. »Diese Inschriften kommen auf Tongefäßen äußerst selten vor. Bislang sind nur in Schleswig-Holstein und in Schweden je ein Exemplar bekannt.« Die Keramik stelle nun einen von sechs echten Runenfunden im Bundesland dar und belege »eine eigene altsächsische Runentradition«. Die Zeit wird zeigen, ob er recht behält – eine einzige Rune, die zudem auch durch Spielerei auftauchen könnte, mit zwei nicht runischen

Zeichen ist noch vager als die Fibel von Meldorf – und über die wird schon seit Jahrzehnten gestritten.

Auf sicherem Boden steht man bei den Brakteaten. Es handelt sich, es war bereits die Rede von ihnen, um goldene Scheiben aus der Völkerwanderungszeit, die zwischen 450 und 550 geschmiedet wurden. Die dünnen Bleche mit einem Durchmesser von zwei bis drei Zentimetern orientieren sich an römischen Münzen aus dem 4. Jahrhundert – sie zeigen auf einer Seite stets einen Kopf, manchmal zusätzlich ein Pferd, statt des römischen Kaisers den germanischen Gott Odin, den Erfinder der Runen, daneben mehrere in Runen geschriebene Worte, manchmal ganze Sätze. Eine eigene Wissenschaft beschäftigt sich mit den Arten und Unterarten der Brakteaten.

Brakteaten sind immer mit Buchstaben des älteren Futharks beschriftet. 1859 wurden elf Exemplare des 5. Jahrhundert bei Nebenstedt im Landkreis Lüchow-Dannenberg gefunden, fünf davon zeigen den nach links blickenden Gott, und zwei tragen eine Inschrift in Runen: »Ich, der Glanzäugige [Wotan], weihe diese Runen« sowie »Lauch, Eigentum, Gott-Ross, Schutz«. Hier liest man Lauch als Zauberwort voll magischer Kraft. 1942 wurden weitere elf Brakteaten in Sievern, Bremerhaven, entdeckt, einer mit der Aufschrift »rwrilu«, Runen ritzte, wenn man das r am Anfang als Begriffsrune und das

Die Fibel von Nordendorf …
(Foto: Bullenwächter, wikimedia.org)

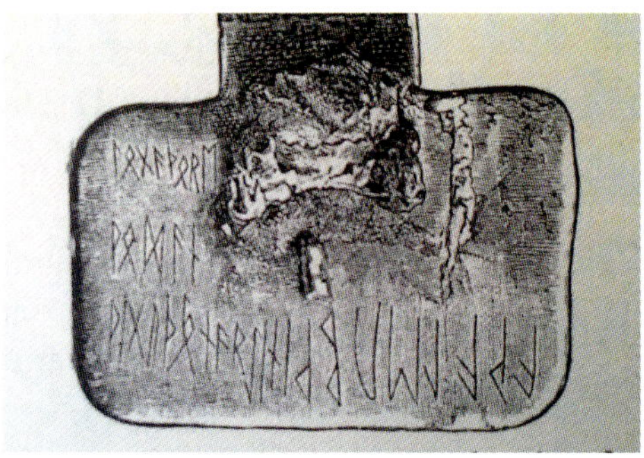

… und ihre Runeninschrift.
(Illustration nach Friedrich Vogt, Max Koch: Geschichte der Deutschen Literatur. Band I. Breslau 1897, wikipedia.org)

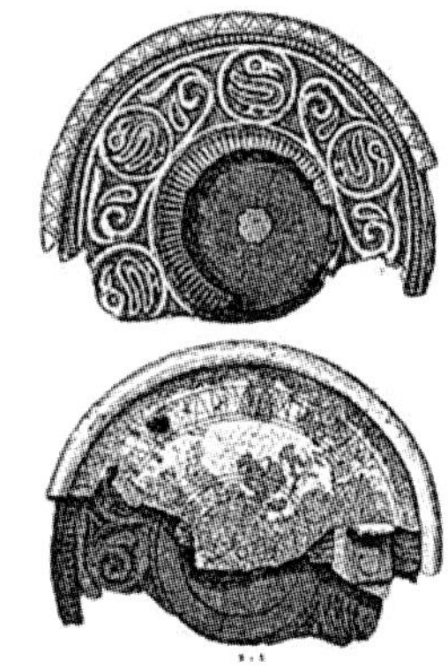

Die Fibel von Osthofen, die entweder den Teufel oder den frommen Theophil nennt. (Illustration: Alexander Leischner, Ludwig Wimmer: De tyske Runemindesmærker. Kopenhagen 1894, S. 67, wikipedia.org)

l für einen Verschreiber von t liest. Brakteaten wurden nicht nur in Deutschland gefunden, sondern auch in Seeland in Dänemark. Mancher deutsche Brakteat ist vermutlich sogar aus Südskandinavien in den Süden exportiert worden.

Fibeln sind ein weiteres portables Gut, das Inschriften aufwies. Eine von zwei Fibeln aus Nordendorf bei Augsburg von der Mitte des 6. Jahrhunderts weist bereits in die Übergangszeit zwischen Heidentum und Christentum. Die Inschrift nennt zwar die germanischen Götter Wodan und Donar, denunziert sie allerdings als falsche Götzen: »Zauberer (*logaþore*) [sind] Wodan und Weihe-Donar.« »Damit wäre Nordendorf nicht mehr ein Zeugnis für fortlebendes Heidentum oder gar einen heidnischen Götterglauben der Alamannen«, schreibt Klaus Düwel 2016, »sondern vielmehr ein Zeugnis für einen frühen Zugang zum Christentum auf der Stufe der Abschwörungsformeln.«

Auch andere Fibeln aus Deutschland sind christlich geprägt, so jene von Osthofen in Rheinhessen, deren Text »go[d] Jura d[i]h d[e]ofile« lautet, die entweder »Gott vor dich, Teufel« oder »Gott für dich, Theophilus« heißen kann.

Am häufigsten nennen die Runen auf Fibeln allerdings bloß den Namen des Besitzers (oder des Runenmeisters) – beispielsweise »Mauo« bei der Vierpassfibel von Bopfingen vom Anfang des 7. Jahrhunderts, den Frauennamen »Sigila« nennt eine Bügelfibel aus München-Aubing, die bereits Mitte des 6. Jahrhunderts entstand, die »Agilaþruþ« (Agildrud) erscheint auf der Bügelfibel von Griesheim und neben ihr der »kolo«, ein Männername. Das ist das einzige Mal, dass ein Frauenname gemeinsam mit einem Männernamen eingeritzt wurde. Fibeln mit Runen beschränken sich nicht nur auf den deutschen Sprachraum, der hier nur besonders hervorgehoben wurde: Man kennt Fibelinschriften im älteren Futhark auch von der Loire, aus Ungarn und aus Norwegen.

Auch der einzige authentische Runenfund der Schweiz aus Bülach im Kanton Zürich befindet sich auf einer Scheibenfibel. Sie stammt aus dem 6. Jahrhundert und wurde wohl von einem Franken oder Alamannen (oder einer Frau) getragen.

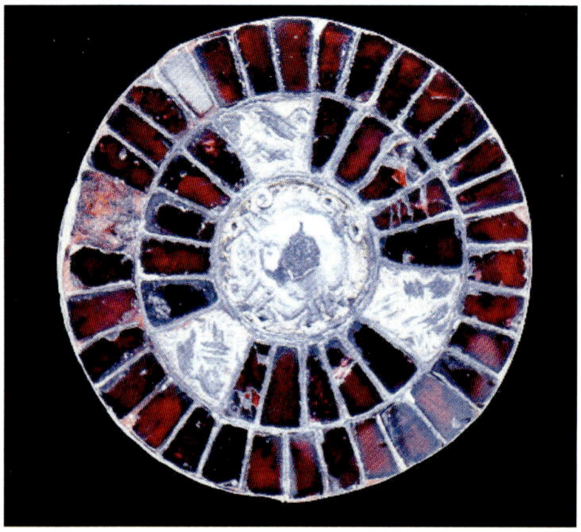

Die Schauseite der Bülacher Fibel. (Foto: Adrian Michael, wikimedia.org)

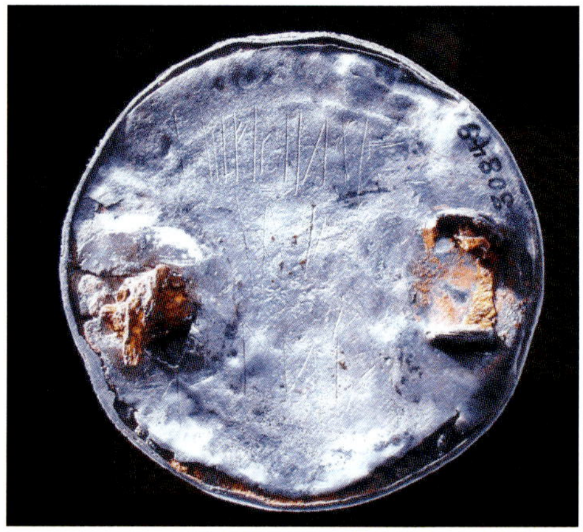

Die Runen auf der Bülacher Fibel. (Foto: Adrian Michael, wikimedia.org)

Die Runenschrift befindet sich – wie immer bei solchen Fibeln – nicht auf der Schauseite, sondern wurde am Körper getragen.

Diese Rückseite trägt 19 Buchstaben, davon ist einer keine Rune, sondern ein Symbol. Die Zeilen sind rechtsläufig, sechs der Runen aber schauen nach links – hatte das magische Zwecke oder war der Runenritzer ungeschickt und unerfahren?

Der Text ist vier Zeilen lang: ᚠᚱᛁᚠᚱᛁᛞᛁᛚ / frifridil / Friedel // ᛞᚢ /du /du // ᚠᛏᛗᛁᚲ, / ftmik / fasse mich // ᛚ ᛚ / l l / [Zauberwort Lauch?].

Dass das du übrigens mit d und nicht mit þ geschrieben wurde, verweist darauf, dass der Text bereits in den Anfängen der deutschen Sprache, nicht mehr im weiter verbreiteten Westgermanisch verfasst wurde. Nicht ganz klar ist, ob das doppelte l nur Lauch bedeutet oder eher im Sinne von Glied aufzufassen ist, der Text somit nicht nur ein Liebes-, sondern vielmehr ein Sexualzauber ist. Demnach übersetzten Experten den Text unterschiedlich – vom Gesäusel bis zur Zote.

Wolfgang Krause und Herbert Jankuhn lasen »du, mein Geliebter, umarme mich, Lauch! Lauch!«, Heinz Klingenberg las eine Silben rückwärts (dil zu lid, Glied), ergänzte ft zu »fud« (Vulva) und nahm eine weitergehende erotische und magische Botschaft an: »[Dein] Liebliebster, [der] das Glied [hat] – Du, [die] die Vulva [hat], nimm mich in dich auf! Glied – Glied.« Stephan Opitz folgte dieser Lesart mit: »[Dein] Frifridil, [der das] Glied [hat]: du, [die die] Vulva [hat], nimm mich in dich auf! – Lauch – Lauch.« Wie heftig die in Runen ausgedrückte Zuneigung auch gewesen sein mag – hier spricht ein Geliebter mit der Geliebten. Es gibt auch Gelehrte, die die letzte Zeile mit den beiden l für reine Abnutzugsspuren halten!

Dass manche als Runen gelesene Striche oder Haken vielleicht nur Abnutzungsspuren sein könnten, kommt öfter vor. Das trifft auf die deutschen Fibelfunde von Hohenstadt, Sirnau, Weißenburg zu, aber auch auf viele der noch zu betrachtenden südamerikanischen Runensteine.

Als Besonderheit sei noch die Scheibenfibel aus dem französischen Chehery in den Ardennen angeführt, die eine Beschriftung auf Latein und in Runen aufweist.

Der Löwe von Piräus, heute Venedig. Die Inschrift ist am Oberbein zu erkennen. (Foto: Marieke Kuijjer, wikimedia.org)

Fibeln, die zum Schließen der Gewänder benutzt wurden, sind nicht die einzigen Kleinfunde mit Runeninschriften. Es gibt auch Ringe mit Texten oder Schmuckgegenstände wie eine silberne Scheibe aus Liebenau bei Nienburg an der Weser vom Ende des 4. Jahrhunderts, auf die »ra zwi« geritzt war – mit etwas Interpretation als »der dem Speer Geweihte« lesbar. Das könnte auf Wotan hinweisen und belegt das Alter dieser Runen.

Runen auf Waffen sind seltener als solche auf Brakteaten oder Fibeln. Auf einem 1894 ausgegrabenen Ringschwert aus Schretzheim im bayrischen Schwaben (6. Jahrhundert) konnte mittels Röntgenfotografie 1972 ein Runenkreuz erkannt werden – also ein Kreuz, dessen Enden mit Zweigen versehen und zu Runen umgestaltet wurden. Je nach Deutung liest man »auab« oder »arab« – vielleicht ein Personenname Aranbert.

Im April 1980 gruben Archäologen in Eichstetten am Kaiserstuhl ein Männergrab aus, in dem sie die Reste der Scheide eines Langschwertes fanden, auf die Runen geritzt waren. Ein Teil der Inschrift, die ersten fünf Buchstaben, werden als Begriffsrunen aufgefasst und sind entsprechend schwer zu deuten.

Man kann ein a lesen (für Ase?), aber auch ein P mit X, vielleicht als Sinnzeichen für Christus. Der Schwertträger wollte es sich also mit keiner Religion verderben. Die nächsten Buchstaben schreiben »muniwiwol«. Muni könnte Hand (lat. manus, germ. Munt) bedeuten, wi wol vortrefflich. Stephan Opitz, der den Fund veröffentlichte, resümiert: »So fügte sich die Eichstettener Inschrift zu einem sinnvollen Ganzen: Ein erster Teil mit Begriffsrunen und Symbolzeichen versichert sich sowohl der alten heidnischen wie der neuen christlichen Lehre. Der zweite Teil – epigraphisch deutlich abgesetzt – faßt die Wirkung der im ersten Teil genannten Gewalthaber zusammen: ‚Schutz, wie vortrefflich'. ‚Unter dem Zeichen von Wodan und Christus Jesus, dem Weltenherrscher, soll mir unübertrefflicher Schutz mit meiner Waffe gewährleistet sein': Dies könnte in heutiger Formulierung die Aussage der klobigen und auf gedrängtem Platz zu organisierenden Inschrift gewesen sein.« Gehen Inschriften im älteren Futhark auf Gegenständen über eine reine Namensnennung hinaus, tragen sie also oft genug eine magische oder gar propagandistische Bedeutung.

Ein 43 cm langes Holzstück aus Neudingen im Schwarzwald datiert auf die Zeit um 530 und war möglicherweise Teil eines Webstuhls. Die Inschrift lautet: »lbi imuba hamale bliþguþ uraitruna« – »Liebes für Imuba von/und Hamal. Blitgunth schrieb/riss die Rune.« Das urait ist das englische write, und Blidgunde ist ein Frauenname. Klaus Düwel meint: »Damit liegt das erste sichere kontinentale Zeugnis vor, daß eine Frau Runen ritzte.«

Es zeigt sich: Runen ritzte man in der Zeit des frühen Futharks auf vielerlei Gegenstände. Kaum aufgeführt sind hier Funde, die bloß den Gegenstand benennen, auf dem sie stehen (»Kamm«) oder formelhaft einen Personennamen mit dem Wort Rune oder dem Buchstaben r bringen (»Runen für xxx« oder »xxx ritzte diese Runen«). Runen – wenn auch von unsicherer Lesung – fanden sich auf einer Riemenzunge (einem Vorläufer unserer Gürtelschnalle) aus Niederstotzingen, auf einem Schemel von Wremen nahe Cuxhaven (die Worte »ksamella . lguskaþi« – »Schemel . Elch schädigen« kommentieren möglicherweise die dargestellte Jagdszene). Fluchknochen aus der Weser (5. Jahrhundert) zeigen unter anderem ein Segelschiff mit dem hagal(Hagel)-Zeichen und sollten wohl Hagelzauber gegen eindringende Römerschiffe erzeugen, ein anderer trägt die Inschrift »uluhari machte«. Die Gürtelschnalle aus einem Männergrab in Pforzen im Allgäu weist zwei lange Zeilen mit Runen und Symbolen auf. Selbst auf einem Schädelfragment aus Ribe im dänischen Jütland, das auf das 8. Jahrhundert datiert, waren Runen (»Uthin«) geritzt.

Im jüngeren Futhark sind die berühmten skandinavischen Runensteine beschriftet, aber auch zahllose Kleinfunde – und hier ist die Bandbreite der Gegenstände, in die Runen geritzt oder auf die Runen geschrieben wurden, noch viel größer. Neben Schmuck begegnen uns Bücher, Briefe, Schmierereien – Graffiti sind keine neue Form der Verschandelung von öffentlichen Gebäuden.

Wir weiten jetzt den Blick über Deutschland hinaus, denn Runenfunde mit dem jüngeren Futhark werden in Mitteleuropa selten. Öffentliche Denkmäler benutzen lateinische Schrift, die einzigen deutschen Denkmäler sind die von Skandinaviern stammenden Runensteine in der Region Haithabu. Kleinfunde mit Runen stammen nun von Einfällen der Wikinger. In Kamień Pomorski im polnischen Westpommern wurde ein mit Runen beritzter Knochen entdeckt sowie Runenmünzen des dänischen Königs Sven Estridson aus dem 11. Jahrhundert. Dreißig Holz- und Knochenobjekte mit Runen kennt man aus dem zu Dänemark gehörenden Schleswig aus dem 11. bis 13. Jahrhundert.

Kleinfunde aus Skandinavien reichen von der heidnischen Inschrift auf der Kupferdose von Sigtuna (»Ein Vogel zerfleischte den fahlen Räuber, / Ich fand, wie der Leichenkuckuck [der Rabe] anschwoll.«) über ein Kupferblech aus Högstena und ein Kupferblech aus Boge (mit einer christlicher Inschrift in Latein, aber in 185 Runen geschrieben).

Ganz besonders bemerkenswert sind die Graffiti, die nun erstmals in Erscheinung treten. Sie belegen, dass viele, selbst plündernde Wikinger lesen und schreiben konnten, sind aber oft in weiter Fremde angebracht (ein Marmorlöwe aus Athen, der heute in Venedig steht, mehrere Inschriften in der Hagia Sophia in Istanbul). Sie stammen wohl nicht von Nordmännern auf Plünderzügen, sondern von Wikingern auf Pilgerreisen.

Berühmt sind die »Schmierereien« im jungsteinzeitlichen Ganggrab von Maes Howe auf Orkney. Das Grab stammt aus der Zeit um 2700 v. Chr., aber mehrere Gruppen Nordmänner haben dort Mitte des 12. Jahrhunderts Runen in die Wände gekratzt. Es ist, wie schottische Archäologen sagen, »eine der umfangreichsten bekannten Sammlungen von Einzelinschriften«. Die Orkney-Saga, eine der großen Wikinger-Epen, berichtet, wie der Ortsfürst Rognvaldr Kali in dem Grab vor einem Wintersturm Schutz suchte, und einige der Wandtexte könnten damals entstanden sein.

Die Inschriften selbst, mal sicherer, mal krakeliger in das uralte Monument geritzt, reichen vom Legendären bis zum Derben. Fünfmal erwähnt der längste Text einen Schatz: »Dieser Grabhügel wurde errichtet, bevor Ragnarr Lothbrocks ihre Söhne tapfer und glatthäutig waren auch als sie es waren [Sinn unklar]. Kreuzritter öffneten diesen Maes Howe. Lif die Köchin des Grafen ritzte diese Runen. Ein großer Schatz ist im Nordwesten verborgen. Es war einmal vor langer Zeit, da war hier ein großer Schatz verborgen. Glück hat der, der den großen Schatz finden wird. Hakon hat ganz alleine den Schatz aus diesem Grabhügel getragen. Simon Sirith.« Auch eine zweite Zeile spielt auf den Schatz an: »Es ist sicher und wahr, wenn ich sage, dass der Schatz von hier weggebracht wurde. Der Schatz wurde weggebracht drei Tage, bevor sie …« Allerdings dürfte ein jungsteinzeitlicher Grabhügel nie einen Schatz enthalten haben – war es Wunschdenken der Wikinger?

Andere der Graffiti sind reine Kritzeleien (meistens: xxx ritze Runen), ein paar Kryptogramme und Schmuddelinschriften, wie man sie heute noch an den Wänden von Männertoiletten findet: »Ingibiorg die schöne Witwe. Viele Frauen haben sich schon vorgebeugt, wenn sie hier eintraten. Diese war sehr zeigefreudig. Erlingr« und, etwas milder: »Ingigerth ist die schönste aller Frauen.« Manche protzen mit anderen Talenten: »Diese Runen wurden vom fähigsten Manne im ganzen westlichen Meer geritzt.« Die Männer, die die Runen in die Wände von Maes Howe kratzten, trugen eindeutig christliche Namen wie Simon oder Benedikt. Von ihnen wissen wir durch andere historische Quellen, dass sie 1153 vom Kreuzzug zurückkehrten.

Runen wurden auch in den Orkneys auf das jungsteinzeitliche Kammergrab von Unstan und auf einen der Steine des Kreises von Brodgar geritzt – dort als Kryptogramm für den Namen Björn neben einem Kreis. Diese zahllosen Graffiti verraten uns nicht mehr, als dass im 12. Jahrhundert die meisten Menschen auf Orkney lesen und schreiben konnten.

Eine ganz andere Klasse von Objekten mit Runeninschrift sind Sakralgegenstände in Kirchen. Hier finden wir Kunstobjekte von erlesener Schönheit.

Am bekanntesten – und das zu Recht – wurde das Runenkästchen von Auzon, um 700 in nordenglischer Sprache und in Futhorc-Runen beschriftet. Die Schachtel besteht aus Walbein und weist christliche Darstellungen (Anbetung der Heiligen Drei Könige), antike Szenen (Romulus und Remus, Eroberung Jerusalems durch Titus) sowie germanische Mythen (unterschiedliche Szenen der Wieland-Saga) auf. Jedes Bild wird begleitet von kurzen Kommentaren in Runenschrift, der Text wechselt aber willkürlich in die lateinische Sprache und benutzt dann lateinische Buchstaben. Das Kästchen wurde in Frankreich gefunden (heute wird es im Britischen Museum in London gezeigt), aber Anfang des 8. Jahrhunderts im nordenglischen Northumbria hergestellt.

Die Sprache, wenn nicht Latein, ist angelsächsisch, die Buchstaben entstammen dem Futhorc. Es ist sicherlich neben den ornamentierten Hochkreuzen der prachtvollste Futhorc-Fund. In Friesland, das ein eigenes, das friesische Futhorc verwendete, kennt man 16 Inschriften, die jüngsten aus dem 9. Jahrhundert.

Fast so alltäglich wie Graffiti sind Briefe – und tatsächlich hat man in der norwegischen Hansestadt Bergen Korrespondenz auf Runenhölzchen entdeckt. Insgesamt zählt man rund 600 Texte aus dem 12. bis ins 14. Jahrhundert, fast ausschließlich in Kurzzweigrunen. Man könnte sie als mittelalterliche Post-its bezeichnen. Die meisten Stäbchen enthalten einfache Notizen, Briefe, magische Aufforderungen (oder Verhexungen) zum oder wegen Sex (»Einen Thursen ritze ich dir / und drei Stäbe / Geilheit und Raserei und unerträgliche Pein.«). Spätestens in Bergen und mit diesen Briefchen sind Runen eine ganz gewöhnliche Nutzschrift geworden.

»Die gesamte Überlieferung«, bringt Klaus Düwel den Corpus auf einen Nenner, »umfaßt u. a. Inschriften mit dem Futhork (70), Namen (67), Geheimrunen (12), lat. Texte (58) und ungedeutete, vielleicht undeutbare Runenfolgen (119). Inhaltlich erstrecken sich die Inschriften aus Bergen von Mitteilungen des täglichen Lebens, Abrechnungen, Briefen u. a. bis zu christlichen und magischen Formeln, von der inbrünstigen Bitte bis zur gröbsten Obszönität, d.h. mit einem Wort: vom Sakrament bis zum Exkrement.«

Aus Schweden kennen die Gelehrten 800 mittelalterliche Texte in Runen, in Dalarna waren sie als ganz normale Schreibschrift bis ins 19. Jahrhundert in Gebrauch (insgesamt wurden dort 350 Texte katalogisiert). Es wäre müßig, jetzt noch für den mittelalterlichen und nachmittelalterlichen Gebrauch Objektarten anzuführen, die beschriftet wurden. Man schrieb, was man schreiben wollte, in Runen auf jeden Gegenstand, den man beschriften wollte.

Da Runen seit der Zeit des Nationalsozialismus und durch den heutigen Einsatz bei Neuheiden einen archaischen, vorchristlichen Ruch haben, lohnt ein Blick auf den kirchlichen Gebrauch der Schrift. Schon im älteren Futhark waren viele der kurzen Texte zumindest christlich angehaucht, Runensteine tragen in der Regel christliche Texte. Das angelsächsische Christentum beschriftete Kirchen, schrieb sakrale Texte im Futhorc, aber im missionierten Skandinavien war das ebenso.

In Norwegen erhielten ab dem 12. Jahrhundert Stabkirchen und Steinkirchen, aber auch Glocken Segenssprüche in Runenschrift. Manche Holzbank in einer Kirche zieren (oder verunstalten) Runen-Graffiti. Taufbecken, Reliquiare und Kruzifixe haben erklärende Zeilen, in Runen geschrieben. Gemeinhin befindet sich an der Nordseite der Kirche ein in Runen verfasster Bann gegen Dämonen und böse Geister, zuweilen ist der Grundstein mit einem Segenswunsch in Futhark beschriftet, wie in der Kirche von Norra Asum.

Etwa ab dem Jahr 1300 trifft man auf die ersten Grabsteine auf Kirchhöfen in Norwegen, Schweden und Dänemark (dort 160 Exemplare von 1150–1250), die in Runen geritzt sind. Der Text folgt der Standardformel (»Hier ruht …«), aber diese Friedhofssteine sind keine klassischen Runensteine mehr mit Kreuzen und Schlangen, sondern Grabsteine wie im übrigen Europa auch, die auf geweihtem Boden stehen. Nur die Schrift ist runisch.

Später benutzten Schreiber im skandinavischen Mittelalter Runen als Buchstaben für jedwede Sprache, neben Latein (in dem 10 Prozent aller norwegischen Runentexte abgefasst sind) wird damit auch Griechisch und Hebräisch geschrieben.

2. Buchtexte

Runen sind nicht nur Schriftzeugnisse auf Schmuck, Kleinobjekten und monumentalen Steinen, sie wurden auch in Büchern überliefert. Diese Runenmanuskripte lassen sich in zwei Arten gliedern: Texte vom Kontinent, wo Mönche in ihren Schreibstuben das Futhark notierten oder sonst Notizen zur Runenschrift machten, und Bücher aus Skandinavien, wo die Runen neben den lateinischen Buchstaben als Alltagsschrift genutzt wurden.

Auf dem Kontinent wurden Runen spätestens seit der Christianisierung nicht mehr aktiv eingesetzt. Dort verwendete man – zumindest in den Gebieten, die zuvor zum Römischen Reich gehört hatten – ausschließlich lateinische Buchstaben, manchmal mit Abwandlungen kreativer keltischer Schreiber. Das änderte sich auch in der Völkerwanderungszeit nur kurzfristig – Alamannen schrieben Runen, verwendeten aber bald, nachdem sie Christen geworden waren, die lateinische Schrift. Links des Rheins setzten sich Runen nie durch, selbst als diese Gebiete germanisiert wurden: »Angesichts der Fülle romanischer Schriftzeugnisse«, meinen Klaus Düwel und Sean Nowak, »kann dies aber nur bedeuten, daß die Runen ins Rheinland jedenfalls nicht zurückwirkten.«

Allerdings – in den ehemals römischen, jetzt fränkischen Gebieten wächst das Interesse an der Christianisierung der Menschen jenseits des Rheins. In den Klöstern sammelt man Informationen über die Heiden, und dazu gehören auch Anmerkungen über die Buchstaben, die von ihnen verwendet werden.

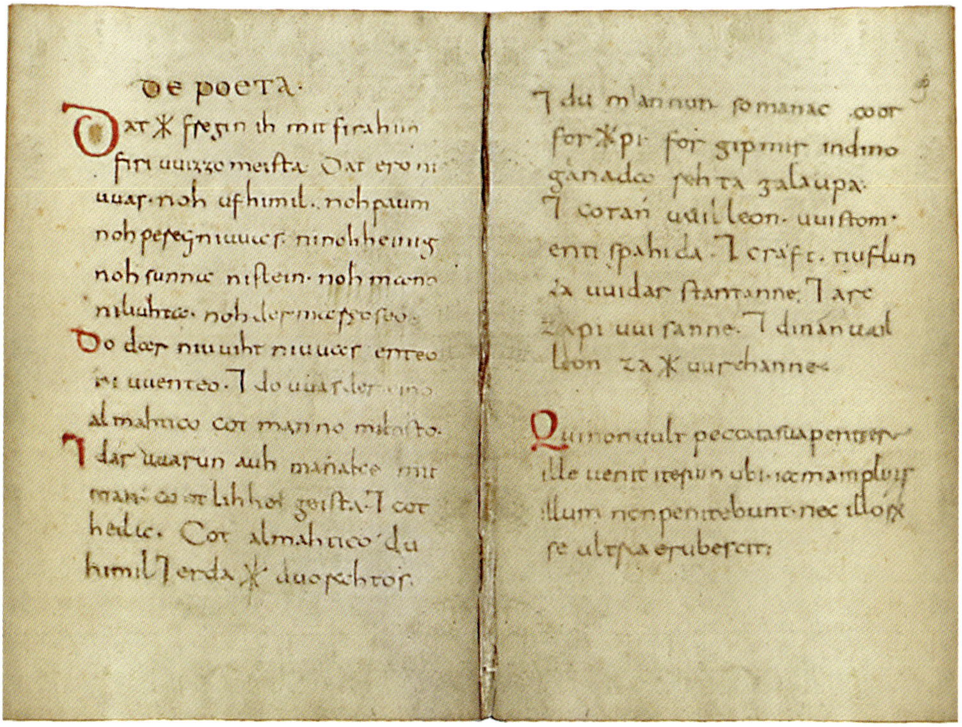

Eine Doppelseite aus dem Buch mit dem Wessobrunner Gebet. Deutlich zu sehen die Hagal-Rune als Silbenzeichen mitten im Text. (Foto: wikimedia.org)

Den Mönchen war die Runenschrift wohlvertraut und kein Geheimnis, man fixierte sie schriftlich nur, um sie weitervermitteln zu können. Jedenfalls schreibt Venatius Fortunatus, der Bischof zu Poitiers, in der zweiten Hälfte des 6. Jahrhundert an einen Bekannten: »Falls du mir nicht lateinisch antworten willst, dann kannst du auch Runen auf eine hölzerne Tafel malen.«

Aus dem 8. Jahrhundert stammt das sogenannte Wessobrunner Gebet, ein althochdeutsches Gebet, das wohl im Auftrag eines angelsächsischen Missionars zur Vorbereitung der Sachsenmissionierung aufgezeichnet wurde. England war längst christlich, und schottische, irische und englische Missionare besuchten das gesamte heutige Deutschland, um die Heiden zu braven Gläubigen zu machen. Der Text selbst ist in karolingischen Minuskeln, die Überschriften in Unzial, beides lateinische Schreibschriften, abgefasst. Und dazwischen steht die Hagal-Rune des jüngeren Futhark, nicht mehr als Buchstabe gebraucht, sondern »als Sylbenzeichen«, wie Franz Joseph Lauth 1857 in »Das germanische Runen-Futhark« feststellt. Und Wilhelm Wackernagel bemerkt, dass »dasselbe Zeichen, welches im nordischen Runenalphabete unter dem Namen hagol den Lauth (*ch*) ausdrückte, auch in unserm Gebete vorkömmt und zwar nicht in Bedeutung eines einzelnen Buchstaben, sondern gleich einer ganzen Sylbe, ga (und nicht chi noch eha)«.

Auch in einer Handschrift des Hildebrandsliedes, um 830 niedergeschrieben, wird der Text mit lateinischen Buchstaben geschrieben, nur für den Laut th das entsprechende Runenzeichen þ verwendet.

Dieser kreative Umgang mit dem Buchstaben zeigt, dass man Runen zwar noch lesen und schreiben konnte, wohl aber nur noch im Hinblick auf die Missionierung der Heiden verwendete.

Das Wessobrunner Gebet
Das erfuhr ich unter den Menschen als der Wunder größtes,
Dass die Erde nicht war, noch der Himmel über ihr,
Noch Baum noch Berg,
Noch [...] irgendetwas, noch die Sonne nicht schien, [am Rand notiert: noch irgendein Stern]
Noch der Mond nicht leuchtete, noch das herrliche Meer.

als da nichts war von Enden und Grenzen,
da war der eine allmächtige Gott, der Männer mildester,
da waren auch viele göttliche Geister mit ihm.
Und der heilige Gott [...]

Gott, Allmächtiger, der Du Himmel und Erde erschaffen hast und den Menschen so viele gute Gaben gegeben hast, gib mir in Deiner Gnade rechten Glauben und guten Willen, Weisheit und Klugheit und Kraft, dem Teufel zu widerstehen, und das Böse zu meiden und Deinen Willen zu verwirklichen.

Das *Abecedarium Nordmannicum* (»nordmannisches ABC«) steht ganz in diesem Dienst. Es handelt sich um eine Auflistung der Buchstaben des jüngeren Futhark mit 16 Runen in ihrer Reihenfolge (also nicht nach dem ABC), und zwar ergänzt um den jeweiligen Runennamen, der darauf kurz erläutert wird, und diente vielleicht als Lehrgedicht. Das nordmannische ABC steht in einem Manuskript aus dem 9. Jahrhundert, das der St. Gallener Abt Walahfrid Strabo

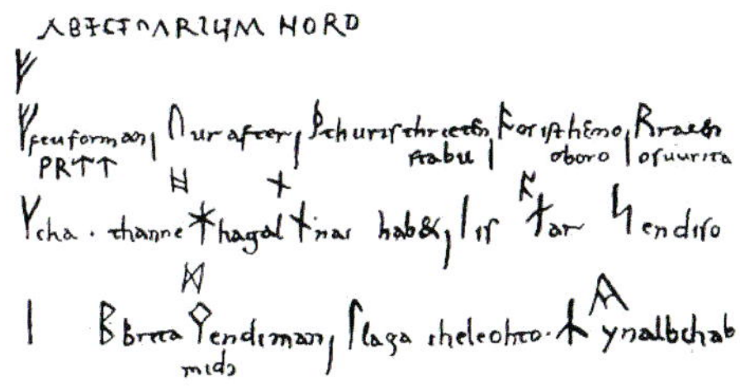

Das »Abecedarium Nordmannicum« im Codex Sangallensis 878. Nachzeichnung von Wilhelm Grimm, 1821.

Das Original – heute durch fehlgeleitete Versuche, den Text zu erhalten, extrem geschädigt. (Foto: wikimedia.org)

zwischen 825 und seinem Tod 849 schrieb. Das Buch enthält neben dem Futhark auch ein hebräisches und ein griechisches Alphabet. Die Verse seien, meinte der Runenforscher Georg Baesecke, »kümmerliche Kurzverse, aber das Gedicht ist in Deutschland das einzige seiner Art, ist mit dem Wurmsegen das Primitivste und Urtümlichste, was in Versen erhalten ist«.

Das Runengedicht zeigt zunächst die Rune als Buchstaben und gibt dann den Namen der Rune und schreibt ihr eine (magische?) Bedeutung zu:

»feu forman / ur after / thuris thritten stabu / os is imo oboro …«

»f Vieh zuerst, u Ur danach, th Thurse als dritten Stab, o Ase ist rechts davon, r Rad am Ende zu ritzen.

K daran hängt dann Fackel (oder: Geschwür), h Hagel hält (hat) n Not, i Eis, j (gutes) Jahr und Sonne.

T Ziu, b Birke, und m Mann inmitten (oder: damit), l Wasser (See) das lichte, R Eibe schließt alles ab.«

17 kontinentale Handschriften listen eine Variante des Futhark auf, dazu kommen erläuternde Texte wie der Traktat über die Entstehung der Schrift, zwischen 820 und 840 von dem Mönch und Abt des Klosters Fulda Hrabanus Maurus (ca. 780–856) verfasst, der das ältere Futhark anführt (wenn auch entstellt).

Das jüngere Futhark findet sich im *Codex Leidensis* aus dem 9. Jahrhundert, aus dem 10. Jahrhundert stammt ein angelsächsisches Futhorc im Wiener *Cod. Salisburg.* Nr. 140, das in zwei senkrechten Reihen verläuft und von einem gotischen Alphabet begleitet wird, das jedoch schon bei u endet. »Die Runenzeichen selbst«, so Franz Joseph Lauth 1857, »sind mit rother Tinte geschrieben.«

Und schließlich enthält eine Glossenhandschrift aus dem 11. Jahrhundert aus der Bibliothek des Klosters St. Matthias in Trier, wie Michael Embach schreibt,

»vier verschiedene Runenalphabete […]. Es sind dies: Isrunen, Lago-, Hahal- und Stopfrunen. [Der Verfasser, ein Mönch] beginnt sogar, selbst Texte in Runenschrift zu verfassen. Auch wenn ihm hierbei manche Fehler unterlaufen, so gewährt sein dokumentarisches Wirken doch ein deutliches Zeichen für den Bildungshunger und die Aufgeschlossenheit der Mönche gegenüber allem, was Wissen betrifft.« Die Runen selbst erinnern an englische Formen, was kein Wunder ist, wenn man bedenkt, dass die Missionierung großer Teile Deutschlands von den britischen Inseln aus erfolgte.

Jedenfalls kamen die Runen nie in Vergessenheit, immer wieder begegnen sie uns als Signatur, Glosse, Kommentar in den Manuskripten, selbst noch im Hochmittelalter. Runen kommen in dem *Wolfenbüttler Codex* (9. Jahrhundert) oder einer Münchner Handschrift vor, das Futhorc als Reihe taucht viermal in kontinentalen Manuskripten des 9. und 10. Jahrhunderts und ebenso oft in späteren englischen Manuskripten des 11. und 12. Jahrhunderts auf. Ein 28 Runen und ein Zusatzzeichen umfassendes Futhorc-Runengedicht aus dem 11. Jahrhundert wurde 1731 in London zerstört.

Eine Seite aus der Gesetzessammlung Codex Runicus.
(Foto: Asztalos Gyula: Den Arnamagnæanske Samling. wikimedia.org)

Zur eigentlichen Buchschrift brachte es das Futhark auf dem Kontinent nie. Wohl aber in Skandinavien. Wir kennen dort zunächst, wie auf dem Kontinent, Runengedichte als Texte im Stabreim, die die Runen ihrer Folge nach aufzählen und mit einem kurzen Merksatz verbinden, etwa aus Norwegen. Das isländische Runengedicht, in mehreren Manuskripten ab 1500 überliefert, aber wohl viel älter, enthält kaum christliche Elemente, jedoch Bezüge zur Siegfried-Sage. Die ältesten Fassungen kennen nur die 16 Runen des jüngeren Futharks, spätere Varianten enthalten zusätzliche Buchstaben und Verse. Nicht immer handelt es sich bei den runischen Einschüben um das Futhark. In der isländischen *Bósa saga* wird im Lateinisch geschriebenen Text ein Runenfluch in Runenbuchstaben wiedergegeben.

Ganz in Runen geschrieben ist der *Codex Runicus* aus der Zeit um 1300, der genau 202 Seiten in Runen des jüngeren Futhark umfasst und Gesetze aus Schonen im Süden Schwedens sammelt.

In Norwegen werden im Hochmittelalter selbst lateinische Texte mit Runenbuchstaben geschrieben – Klaus Düwel nennt zum Beispiel Vergil oder die *Carmina Burana*, dazu kommen vor allem im kirchlichen Kontext das Ave Maria und das Pater Noster in Runen geschrieben vor.

IV. Runensteine

1. Raubfahrt und Brückenbau – die skandinavischen Runensteine

Für viele ist das Wort Rune untrennbar mit den Runensteinen verbunden – viele wissen nicht einmal, dass man Runen auch auf Gebrauchs- und Schmuckgegenstände schrieb. Runensteine aber gibt es nur in Skandinavien und in den von Skandinaviern besiedelten Gebieten.

Der Zeitraum, in dem in Dänemark, Norwegen und Schweden Runensteine errichtet wurden, reichte von 600 bis 1500. Die ersten Steine, noch im alten Futhark verfasst, kennt man aus Norwegen, maßgeblich für den Brauch, Steine im Gedenken an Ereignisse oder Personen zu errichten, waren die Jellingsteine in Dänemark, das Hauptverbreitungsgebiet dieser Monumente aber ist Schweden.

Fast alle Runensteine weisen christliche Symbole oder einen vom Christentum geprägten Inhalt auf. Die Inschriften folgen stereotypen Formulierungen. Der Text läuft zunächst frei, wird dann, ab 1000, in einer sich windenden, Knoten bildenden Schlange oder in einem Band geschrieben, das ein Tatzenkreuz umgibt. Manches Mal markieren diese Steine den Ort einer historischen Tat, etwa der Errichtung einer Brücke oder Straße. Oft erinnern sie an einen Verstorbenen: »X errichtete diesen Stein für Y.« Dann folgen zuweilen Details über Leben oder Sterben des Geehrten. Der Runenstein ist also einfach ein Gedenkstein. Manchmal bezeichnet er den Ort einer Bestattung, zuweilen, etwa wenn der Benannte auf einer Fahrt im Ausland zu Tode gekommen ist, ist der Stein ein bloßer Kenotaph, ein leeres Gedenkgrab. Es gibt Runensteine, die von Fahrten zu den Warägern, nach Byzanz, Italien, sogar Jerusalem künden – und so Texte in den Sagas bestätigen. Manche Steininschriften schließen mit der Angabe »X ritzte diese Runen«. Der Stifter ehrt damit natürlich nicht nur den Verblichenen, sondern setzt sich selbst zu Lebzeiten ein Denkmal.

Der Runenstein von Gørlev. (Foto: Roberton Fortuna, wikimedia.org)

Der Stein von Snodelev trägt, neben dem Dreibein und dem Hakenkreuz, die Aufschrift »Gunvaldr, den Sohn Hróalds, des þulr (þular) á Salhaugar [Kultredner auf dem Grabhügel]«. (Foto: Christian Bickel, wikimedia.org)

Runensteine sind kein seltenes Phänomen: In Skandinavien wurden an die 3200 Runensteine registriert, der Großteil – nämlich 2800 Exemplare – in Schweden (davon knapp 400 auf Gotland). Aus Dänemark (mit dem schwedischen Südzipfel Schonen und dem heute deutschen Gebiet um Schleswig) kennt man 267 Steine, in Norwegen mehr als 130. Außerhalb Skandinaviens wurden Runensteine – wenn auch sehr selten – auf den Britischen Inseln gesetzt, auf der Isle of Man, den Orkneys, Shetlands und Hebriden, die Siedlungsorte der Wikinger waren. Auch auf den Färöer, auf Island und auf Grönland wurden einige wenige Steine errichtet. Die ältesten stehen in Norwegen und Schweden, und zwar ab dem 4. Jahrhundert. Dänemark folgt erst im 9. Jahrhundert.

Die meisten der Steine wurden erst nach der Christianisierung Skandinaviens geritzt. Steine, die nordische Götter erwähnen, sind daher zum größten Teil suspekt. In manchen Gegenden, etwa auf den zu Dänemark gehörenden Färöern, wurden Runensteine bis ins 16. Jahrhundert von reformierten Christen gesetzt. Die einzigen deutschen Exemplare, sämtlich in der Umgebung der Wikingerstadt Haithabu, gehören kulturell zu Skandinavien.

»Oft«, führt Klaus Düwel aus, »finden sich Bilddarstellungen aus Mythologie und Heldensage, dazu merkwürdig gestaltete Tiere, Masken, aber vereinzelt auch christliche Bilderthemen, z.B. Christus am Kreuz. Sehr häufig sind die Inschriften mit Kreuzsymbolen ausgestattet, als christliches Zeichen verstanden, während im Heidentum gelegentlich ein Thorshammer hinzugefügt wurde, später vielleicht auch als heidnische Reaktion gegen die sich durchsetzende neue Christusbotschaft angebracht. Mischung paganer und christlicher Motive kommt ebenfalls vor. [...] Wer ganz sicher gehen wollte, hat sich mit beiden Symbolen versehen.«

Gedenk- oder Bautasteine trifft man, auch und besonders in der Nähe von Hügelgräbern, in Schweden und Norwegen seit der Bronzezeit an. Seit dem 4. nachchristlichen Jahrhundert tragen sie auch Runeninschriften im älteren Futhark, gerade einmal fünf Bildsteine mit älteren Runen kennt man in Skandinavien, die eigentliche Sitte, Runensteine zu ritzen, ist später. Runensteine sind also fast ausschließlich im jüngeren Futhark beschriftet.

In ***Dänemark*** etwa gibt es unter den 220 bekannten Steinen keinen mit einer Inschrift im älteren Futhark. Die ersten Runensteine (oder *kumbl*) werden dort im 9. Jahrhundert gesetzt. Gleich eines der frühesten Exemplare,

Schlicht und schmucklos ist die längste dänische Runeninschrift auf dem Stein von Glavendrup. (Foto: Danielle Keller, wikimedia.org)

Die A-Seite des großen Jellingsteins.
(Foto: Roberto Fortuna, wikimedia.org)

Die B-Seite.
(Foto: Roberto Fortuna, wikimedia.org)

Die C-Seite.
(Foto: Roberto Fortuna, wikimedia.org)

Die Vorderseite des kleinen Jellingsteins.
(Foto: Roberto Fortuna, wikimedia.org)

einer der Steine von Gørlev, hat noch eine heidnische Zauberinschrift, nämlich die in Geheimrunen verfasste Formel »Distel, Mistel und Kistel«. Zu den ältesten Steinen Dänemarks gehören die Steine von Snodelev auf Seeland (mit Hakenkreuz) und ein Stein von Sønder Kirkeby, der die Aufschrift »Thor weihe diese Runen« trägt.

Der Runenstein von Glavendrup auf Fünen (um 900), der fast zwei Meter aus dem Boden ragt, trägt mit 210 Zeichen die längste dänische und zudem heidnische Inschrift: »Ragnhild setzte diesen Stein für Alle den Bleichen, den Goden der Heiligtümer, den hochgeehrten Hauptmann des fürstlichen Gefolges. Alle Söhne machten dieses Denkmal für ihren Vater, und seine Frau für ihren Mann, aber Sote ritzte diese Runen für seinen Herrn. Thor weihe diese Runen! Zu einem Feigling werde der, der Gewalt gegen diesen Stein ausübt oder ihn wegschleppt zum Gedenken für einen anderen.«

Dann setzten die dänischen Könige Gorm der Alte und sein Sohn Harald Blauzahn im 10. Jahrhundert zwei prachtvolle Runensteine bei Jelling, die feierlich die Annahme des Christentums bezeugen und als eine Art Gründungsurkunde des christlichen Königreichs Dänemark fungieren. Tatsächlich findet sich in den Inschriften die erste Erwähnung Dänemark als »tanmarkaR« und »tanmaurk«, gleichzeitig künden sie die Herrschaft der dänischen Krone über Norwegen an. Die A-Seite (man unterscheidet A-, B- und C-Seite) des Großen Jellingsteins (zwischen 960 und 985) weist neben Knotenmustern vier Textzeilen auf: »König Harald befahl, diesen Stein zu errichten zum Gedenken an Gorm, seinen Vater, und an Thyra, seine Mutter. Der Harald, der ganz Dänemark ...« In die B-Seite ist das sogenannte große Tier graviert, eine majestätische Mischung aus Drache und Löwe, sowie die Worte, »und Norwegen unterwarf«. Die C-Seite trägt einen herrlich gearbeiteten und stoisch blickenden gekreuzigten Christus in einem Knotengewirr und führt den Text zu Ende: »und der die Dänen zu Christen machte«. Auf dem kleinen Jellingstein (um 935) liest man: »König Gorm errichtete dieses Denkmal für Thyra, seine Frau, die Zierde Dänemarks.« Die Steine von Jelling waren stilbildend, sie beeinflussten alle weiteren Steinsetzungen in Skandinavien.

Aus ***Norwegen*** kennt man 60 Exemplare. Dazu gehören die ältesten Runensteine überhaupt. Der Runenstein von Kjølevik, 1882 in einem Keller mit der Schriftseite nach unten entdeckt, datiert auf die Zeit um 400–450 n. Chr. Er ist 2,70 Meter lang, die Inschrift im älteren Futhark verläuft in drei Zeilen und liest sich: »hadulaikaR ek hagustaldaR hlaiwido magu minino« – »Hadulaik. Ich Hagustald begrub [errichtete ein Grab] meinen Sohn.«

mąde þaim kąibą i bormoþą huni. huwąR: Textzeile vom Eggjastein. (Foto: Arild Finne Nybø, wikimedia.org)

Die längste bekannte Inschrift in Norwegen – 192 Buchstaben in drei Zeilen – weist der Runenstein von *Eggja* auf. Sie wurde um 700 geritzt, also noch vor der Christianisierung des Landes.

Norwegen bietet alle Typen von Texten, die auch für Dänemark und Schweden typisch sind: drei historische Inschriften, Inschriften, die einen auf großer Fahrt gefallenen Kämpfer ehren (der Stein von Stangeland gedenkt einem in Dänemark verstorbenen Wikinger), dazu Missionspropaganda wie auf dem Stein von Kuli. Dort lautet die Inschrift, die den Stein auch datiert, nämlich auf 1008: »Tore und Hallvard errichteten diesen Stein für [...] Zwölf Winter hat das Christentum die Dinge verbessert in Norwegen.«

Einige Steine wurden wiederverwendet: Der Runenstein von Oddernes weist zwei Inschriften auf, die in 100 Jahren Abstand im 10. und 11. Jahrhundert eingraviert wurden. Die Steine, die eines Toten gedenken, wir sind schon einigen begegnet, lauten alle ähnlich. Auf dem Bild- und Runenstein von Alstad (zwischen 1050 und 1075) steht: »Engli errichtete diesen Stein für Þóraldr, seinen Sohn, dieser starb in Vitaholm zwischen Utaulms und Garðar.« Garðar ist Russland, Vitaholm ein Ort nahe Kiew.

Ein Runenstein aus dem frühen 11. Jahrhundert, übermannsgroß, stand bis 1844 neben der Stabkirche von Vang. Er erinnert an einen piktischen Symbolstein und ist reich mit Ornamenten und einem großen Tier, wohl einem schreitenden Löwen, verziert. Die Runenbuchstaben stehen, davon gesondert, an der Seite: »gása synir reistu stein þenna eptir gunnar, bróðurson« – »Gåses Söhne errichteten diesen Stein zur Erinnerung an Gunnar, den Sohn des Bruders.«

Zu den Steinen, die den Bau eines Weges oder einer Brücke als christliche Tat der Barmherzigkeit feiern, gehört der Stein von Dynna, der als Erinnerung an einen Brückenbau und mit christlichem Bildprogramm (Heiligenschein und

Der Runenstein von Vang.
(Foto: John Erling Blad, wikimedia.org)

Der spitz zulaufende Dynnastein mit seiner archaisch wirkenden, aber christlichen Bildgestaltung, erinnert an einen Brückenbau.
(Foto: Kultur-historisk museum, Oslo, wikimedia.org)

Weihnachtsstern) versehen aufgerichtet wurde. Auf dem Stein von Eik gedachte ein Sohn seiner Mutter: »Saxi macht, Gott zu Dank, für die Seele seiner Mutter, Turid, diese Brücke.«

Das eigentliche Runensteinland aber ist ***Schweden***. Klaus Düwel nennt die Landschaft Uppland mit 1200 Texten, Södermanland mit 400 Texten, Östergötland mit 300, Västergötland mit 150 und Smaland mit 130 Steinen, dazu 140 Steine auf der Insel Gotland. Sie sind meistens jünger als die ältesten Steine Norwegens und stammen zum größten Teil aus der Epoche, in der die Wikingerzeit sich ihrem Ende zuneigte, dem 11. Jahrhundert. Andere Quellen zählen

Thors Hammer Mjölnir auf dem Runenstein an der Kirche von Stenkvista. (Foto: Berig, wikimedia.org)

sogar 2800 Steine in Schweden. Und es werden stetig Neufunde registriert: »In Schweden«, so wieder Düwel, »wurden von 1967 bis 1979 insgesamt 180 Runendenkmäler neu gefunden bzw. wiederentdeckt, 92 davon datieren in die WZ [Wikingerzeit], 83 sind mittelalterlich, 3 gehören in eine Übergangszeit, 2 Inschriften stammen aus dem 18. Jahrhundert. Leider handelt es sich in vielen Fällen um Fragmente.«

Zu den ältesten Exemplaren zählt der Runenstein von Tanum in Südschweden. Er lag mit der Inschrift nach oben mit anderen Steinen als Steg über einem kleinen Bach. Sein Text, im älteren Futhark geritzt, weist ihn in die älteste Zeit, wohl die Jahre zwischen 200 und 500. »Die Formen der Runen j, R und w«, schriebt der Runologe O. Grønvik, »sowie die Schriftrichtung von rechts nach links passen in den letzten Teil dieser Epoche nicht gut hinein. Krause datiert die Inschrift auf die Zeit um 400, und das mag das Richtige treffen.«

Die ältesten Steine sind nicht immer leicht verständlich – vom Stein von Stentoften gibt Klaus Düwel fünf unterschiedliche Lesarten an. Die frühen Monumente sind naturgemäß heidnisch, etwa der Stein von Stenkvista in Södermanland. Auf dem über zwei Meter hohen Denkmal sieht man das auch für die christlichen Steine charakteristische Schlangenband und dazwischen – statt wie sonst üblich das Kreuz – den Thorshammer. Die Inschrift, bei der die Worte durch mittig stehende Punkte getrennt werden, zeigt, wie wenig sich manchmal die Texte des alten und des neuen Glaubens unterschieden. »* helki * auk * fraykai * auk * þorkautr * raistu * merki * siun * at * þiuþmunt * faþur * sin« – »Helgi und Freygeirr und Þorgautr errichteten diesen Stein zum Andenken an Þjóðmundr ihren Vater«.

Eine der bekanntesten Mythen der altgermanischen Religion ist die Erzählung von Thors Fischzug, als der Ase die weltumspannende Midgardschlange angelte.

Thor angelt die Midgardschlange auf dem Runenstein von Altuna. (Foto: Gunnar Creutz, wikimedia.org)

Fast wie ein Riesenkrake sieht die Seeschlange auf dem Bild auf dem Runenstein von Altuna in der Provinz Uppland aus, dessen Text allerdings nur eine der üblichen Gedenkinschriften ist: »Véfastr, Folkaðr, Guðvarr [?] ließen den Stein im Gedächtnis an ihren Vater Holmfastr, (und im Gedächtnis an) Arnfastr errichten. / Sowohl Vater als auch Sohn wurden verbrannt, und Balli [und] Freysteinn, Lífsteinns Gefolgschaft, schnitzten.« Der genannte Runenmeister Balle ist auch aus anderen Dokumenten bekannt, er arbeitete in der zweiten Hälfte des 11. Jahrhunderts.

In die Zeit um 675 datiert der Runenstein vom Gräberfeld von Björketorp in der Provinz Blekinge, der zudem mit fast vier Metern auch einer der höchsten schwedischen Steine ist. Er ist ebenfalls heidnisch, auf einer Seite lesen wir: »Der Glanzrunen Reihe barg ich hier, Zauberrunen. Durch Argheit rastlos, draußen ist eines tückischen Todes, wer dies [Denkmal] zerstört.« Und die Gegenseite liest sich noch düsterer: »Uþarba spa« – »Ich künde Untergang.« Die Runen sind hier noch magisch wirksam und vermögen zu verfluchen. (Ähnliche Sprüche notierten noch mittelalterliche Mönche in ihre Bücher, etwa das Evangeliar des Klosters Limburg in der Pfalz – sie alleine beweisen eine heidnische Textherkunft nicht, hier jedoch wird weder Gott noch Christus genannt.)

Ein Stein aus dem 9. oder 10. Jahrhundert bei Oklunda nahe Norrköping berichtet von dem Wikinger Gunnar, der, nachdem er einen Mann erschlagen hat, in einen heiligen Hain flüchtete, der durch altes Recht Asyl bedeutete. Er entzog sich so zumindest zeitweise der Blutrache, trat in Verhandlungen mit den Verwandten des Erschlagenen, legte eine Entschädigung fest und schloss Frieden. Das ist einer der wenigen Steine, die mehr erzählen außer Kurzinformationen über Kaperfahrten oder genealogische Ausführungen.

Bildsteine in Skandinavien, Deutschland und Schottland

Im frühen Mittelalter ist es in vielen Teilen Europas üblich, Bildsteine aufzustellen, die vor allem hochrangige Persönlichkeiten, eigentümliche Symbole und religiöse Motive aufweisen.

Neben den Runensteinen schufen die Wikinger Bildsteine, die auch ohne begleitende Texte eindeutige Botschaften vermittelten. So zeigt etwa ein erst im Sommer 1952 entdeckter Steinblock an der alten Straße zwischen der Wikingerburg Fyrkat und dem Seehafen Aahus eine eingravierte Maske des Wassergeistes Aamand. Wie ein modernes Verkehrsschild wachte der Stein über eine Furt durch den jütischen Fluss Alling. Der Ausgräber Geoffrey Bibby sprach vom »ältesten Verkehrszeichen Dänemarks«.

Der Bildstein von Hunninge in Gotland. (Foto: Berig, wikimedia.org)

Die bekannten Bildsteine, die sich in Teilen Dänemarks, hauptsächlich allerdings in Gotland und den angrenzenden Gebieten Öland und Kurland finden, sind keine Runensteine, denn sie kommen ohne Inschrift aus. Es handelt sich auch nicht um Vorläufer der Runensteine, sondern um eine parallele Entwicklung. Die Gotländischen Bildsteine – man zählt insgesamt 442 Exemplare – stammen aus der Zeit vom 5. bis zum 14. Jahrhundert.

Ein Bildstein bei Hunninge aus dem 6. Jahrhundert zeigt ein Wikingerschiff im Meer mit einer Seeschlange, Krieger sowie einen Menschen in einer Schlangengrube. Solche Steine, die übervoll sind wie Wimmelbilder, die Wikingerfahrten zeigen, benötigten offenbar keine zusätzlichen Informationen in Schrift.

Die Franken verwendeten, nachdem sie Christen geworden waren, keine Runen mehr, sondern nur noch lateinische Buchstaben. Die Grabstele von Niederdollendorf bei Bonn, 1901 bei Bauarbeiten entdeckt, ist ein spannendes Relikt aus der Bekehrungszeit, das zwar keine Inschrift trägt, doch an die skandinavischen Bildersteine und die frühen Runensteine mit ihrem heidnisch-christlichen Bildprogramm erinnert. Sie stammt wohl aus dem 6. bis 7. Jahrhundert, ist einen halben Meter hoch und 25 cm breit und zeigt auf der Vorder- wie der Rückseite figürliche Darstellungen: auf einer Seite einen schnauzbärtigen Mann, der sein Haar mit der rechten Hand kämmt und in der linken Hand ein Schwert hält. Auf der gegenüberliegenden Seite sieht man einen Mann mit einer Art Heiligenschein, der eine Lanze trägt. Handelt es sich bei dem Mann mit Heiligenschein um Jesus Christus oder doch eher um einen germanischen Gott? Ist es ein christlicher Grabstein oder eine heidnische Stele oder glaubte der Mann, der bestattet wurde, vielleicht auch an beides? Das Denkmal befindet sich heute im LVR-Landesmuseum in Bonn, ein Replikat wurde vor der Evangelischen Kirche Dollendorf aufgestellt.

Die vier Seiten des Bildsteins von Dollendorf nach dem Abguss vor der Kirche von Niederdollendorf. (Foto: Ulrich Magin)

»In ihrer Botschaft«, schreibt Lydia Klos 2009, »sind die kontinentalen Bildsteine mit den Runensteinen [...] durchaus vergleichbar, wogegen die Ausführung lokale Unterschiede aufzeigt.«

Das wohl ähnlichste Phänomen, bis in Details der Darstellung hinein, sind die piktischen Symbolsteine im Nordosten Schottlands inklusive der Orkneys. Die Pikten, die Schottland in der Antike und im frühen Mittelalter bewohnten, waren möglicherweise Kelten, womöglich sprachen sie auch eine vorindoeuropäische Sprache. Sie wurden früh schon missioniert, reich verzierte Bildsteine errichteten sie in der Zeit von 300 bis 850. Viel stärker als bei den späteren Steinen in Gotland verwendeten sie ein stark limitiertes und in der Gestaltung präzise festgelegtes Repertoire an Motiven: Spiegel, Wildschweine, Z-Ruten (ein z-förmiges Ornament), Lachse, das »piktische Tier« (eine Art schwimmender Elefant), Kämme und gewundene Schlangen. Ab dem Jahr 700 werden die Zeichnungen feiner ausgearbeitet, die Symbolsteine dienen nun als christliche Gedenksteine mit – darin den Runensteinen durchaus vergleichbar – Symbolen des neuen Glaubens wie dem Kreuz und Knotenornamenten.

Vier piktische Symbolsteine stehen in der Umgebung von Aberlemino bei Forfar: Sie zeigen typische Z-Rod-, Spiegel und Schlangen-Symbole – und eindeutig christliche Motive. (Fotos: Andreas Trottmann)

Doch nur die ersten schwedischen Steine waren heidnisch. Anders als die Gotländischen Bildsteine, die keine erläuternden Texte aufweisen und nordische religiöse Motive zeigen, bekannte sich die Mehrzahl der Errichter von Runensteinen zum Christentum. Hier wirkten die Steine von Jelling belebend auf die gesamte Tradition, sie inspirierten wohl die Aufstellung zahlloser Steine in

Die Sigurdsage auf dem Felsen von Ramsund. (Foto: Berig, wikimedia.org)

Schweden. Ab dem 11. Jahrhundert werden dort viele Kumbl, so der Eigenname der Runensteine, errichtet – Arnulf Krause spricht gar von einer »Mode«.

Olaf Skötkonung, der Mann, der als König Schweden eint, ist – wie Harald Blauzahn in Dänemark – bereits Christ. Allerdings wird das Heidentum im

Zur Verdeutlichung die Umzeichnung nach Montelius 1877.
(Foto: Berig, wikimedia.org)

Tu Gutes und rede darüber. Der Text auf dem Runenstein von Hansta lautet: »Gaerthar und Jorund lassen diese Steine errichten für ihre Neffen Aernmund und Ingimund«. (Foto: Berig, wikimedia.org)

Lande toleriert, es gibt – ganz anders, als das rechtsextreme und auch filmische Klischee suggeriert – eine lange und friedliche Zeit der Koexistenz der Bekenntnisse.

Und doch sind die Runensteinetilgen zuvorderst ein christliches Kunsterzeugnis. Im schwedischen Uppsala, dem Zentrum des germanischen Heidentums, findet sich nach Krause kein einziger Runenstein mit einem heidnischen Text, wohl aber eine »immense Anzahl« rein christlicher Steine.

Der Runenstein der Wikingerzeit ist also nicht mehr heidnisch und auch kaum volkstümlich. Es handelt sich vielmehr um Prestigeobjekte der Reichen. Die Inschriften folgen, wie in den anderen skandinavischen Ländern und in den bereits aufgezählten Exemplaren, festen Formeln: Man liest den Namen des Runenmeisters bzw. dessen, für den der Stein geritzt wurde, es folgt eine Anbetungsformel, die Gott, Christus, die Jungfrau Maria oder den Erzengel Michael anruft, der Text steht in einem kunstvollen Schlangenband, das oft ein Kreuz formt oder ein Kreuz umrankt.

Wie bei den Schmuckkästchen von Auzon trifft man häufig auf die Vermischung heidnischer und christlicher Bildwelten. Die Felsplatte Ramsundfelsen in der Nähe des Mälarsees, 4,60 Meter breit und 1,90 Meter hoch, stellt die Siegfriedsage und den Drachenkampf dar. Diese Illustration eines nordgermanischen Mythos wird kombiniert mit einer christlichen Inschrift, die – wie bereits gehabt – an einen Brückenbau als Tat der Nächstenliebe für die Seele eines Verstorbenen erinnert: »Sigriþr, Alrikrs Mutter, Ormrs Tochter, machte diese Brücke für die Seele des Holmgeirr, Vater der Sigruþr, ihren Ehemann.« Der so urgermanische Sigfried als Drachentöter versinnbildlicht nun Jesus, der den Tod überwindet. Der Runenstein gedenkt eines Verstorbenen und preist gleichzeitig die Errichter für ihr soziales Engagement. Solche »christlichen Runensteine«, erklärt Arnulf Krause, »dienten [...] nicht nur dem Seelenheil, sie sollten auch ein frommes Werk bekunden«. Sie stehen oft neben Brücken – das Bauen von Straßen und Brücken galt als gute Tat, auch weil es Handel und Christianisierung erleichterte.

Viele der schwedischen Steine erzählen von einer Taufe und bilden den Täufling im weißen Gewand ab. In der Provinz Uppland zeigen 64 % aller Runensteine das Zeichen des Kreuzes. Der nördlichste Runenstein Schwedens bei Frösö meldet den Auftrag der Missionierung, wie Erik Gustaf Geijer, Fredrik Ferdinand Carlson und Ludvig Vilhelm Albert Stavenow 1832 erzählen: »Jemtland hat beinahe gar keine Stammhügel (nur im Kirchspiel Matmar werden zwei von Hülphers erwähnt) und einen einzigen Runenstein auf der Jnsel Frösö, zum Gedichtniß von Östmader, dem Sohne Gudfasts, der (wie man erzählt) ins Jontaland (Jemtland) das Christenthum eingeführt.«

Über 350 Mal wird auf den Steinen für Geist und/oder Seele des Verstorbenen gebetet, 49 Mal wird die Jungfrau und Gottesmutter Maria als Fürsprecherin angerufen. Gott, Jesus und der Erzengel Michael sind ohnehin regelmäßiger Bestandteil der Inschrift. Ein Runenmeister, der im 11. Jahrhundert im Ausland zum Christentum bekehrt wurde, setzte zum Gedenken daran einen Stein in Ulv.

Arnulf Krause nannte den Jellingstein eine Hauptinspiration für die schwedischen Steine. Aber: »So wie dessen christlicher Hintergrund der Geburtshelfer der uppländischen Runensteine wurde, bereitete er ihnen auch ihr Ende. Denn zunehmend verbreitete sich in Schweden der Brauch, mächtige Verstorbene im Umfeld der Kirchen oder sogar darin zu bestatten. Ihre Gräber zierten nun Grabplatten mit den entsprechenden lateinischen Inschriften. Runensteine als Prestigeträger waren damit überflüssig geworden.«

Bevor wir uns der großen Gruppe von Runeninschriften zuwenden, die an Raubzüge erinnern, sollen noch kurz einige Besonderheiten der schwedischen Steine zur Rede kommen. Sie sind natürlich im jüngeren Futhark verfasst, allerdings oft in Sonderformen. Langzweig- und Kurzzweigrunen kombiniert der Stein von Sparlösa, der geheimnisvolle Stein von Rök testet mehrere Arten Geheimrunen (siehe Kasten). Bilderrunen, stablose Runen, Variationen und Varianten charakterisieren die Schrift.

Der geheimnisvolle Runenstein von Rök

Die Ostseite des Runensteins von Rök, die Inschrift beginnt links unten. (Foto: wikimedia.org)

Die Westseite des Steins. (Foto: Bengt Olof Åradsson, wikimedia.org)

Der geheimnisvollste aller Runensteine ist sicher der von Rök, er ist auch der einzige, dessen »Entzifferung« immer wieder Schlagzeilen macht. Besonders auffällig – die einzelnen Entzifferungen und Deutungen widersprechen sich energisch.

Um 800 wurde der Stein von Rök in der Gemeinde Ödeshög in der mittelschwedischen Provinz Östergötland aufgestellt, dann in einer Wand vermauert, 1624 vom Forscher Johannes Bureus beschrieben und später erneut als Monolith bei der Kirche aufgestellt. Er ist 3,82 Meter hoch, die Runeninschrift ist in Altnordisch abgefasst und mit rund 750 Zeichen in 28 Zeilen die längste überhaupt bekannte Runenschrift. Neben Runen im jüngeren Futhark werden auch Stab- und Rätselrunen eingesetzt. Trotz dieser gern als geheimnisvoll weitergeraunten »Codierung« lässt sich die Inschrift problemlos lesen:

»Zum Gedenken an Vämod stehen diese Runen. Aber Varin schrieb sie, der Vater, zum Gedenken an den todgeweihten Sohn. Ich sage diese Volkssage, welche die zwei Kriegsbeuten waren, die zwölf mal als Kriegsbeute genommen wurden, beide auf einmal, von Mann zu Mann. Ich sage als das zweite, wer vor neun Generationen sein Leben bei den Reidgoten verlor, und er starb bei ihnen als Folge seiner Schuld. Tjodrik [Theoderich der Große?] der Kühne, Häuptling der Seekrieger, herrschte über den Strand des Reidmeeres. Nun sitzt er gerüstet auf seinem gotischen Pferd mit dem Schild am Gürtel, der Höchste der Märinger. Dies sage ich als das zwölfte, wo Gunns Pferd Futter sieht auf dem Schlachtfeld, dort wo zwanzig Könige liegen. Dies sage ich als das dreizehnte, welche Könige auf Sjælland saßen während vier Wintern, mit vier Namen, Söhne von vier Brüdern. Fünf Valke, Rådulfs Söhne, fünf Reidulv, Rugulvs Söhne, fünf Haisl, Hords Söhne, fünf Gunnmund, Björns Söhne. Ich sage diese Volkssage, wer von der Ingvalds-Sippe durch das Opfer einer Ehefrau gesühnt wurde. Sibbe aus Vi zeugte neunzigjährig. Ich sage eine Volkssage, wem ein Verwandter geboren wurde, einem jungen Krieger. Vilen ist es. Er konnte einen Riesen erschlagen. Vilen ist es. Nit. Ich sage eine Volkssage: Thor.«

Der Stein von Rök ist also – das Datum 800 deutet bereits darauf hin – einer der heidnischen Runensteine. Der Text bleibt, obwohl leicht übersetzbar, kryptisch. Eine Aufzählung wird begonnen, aber nicht fortgesetzt. Deshalb sind auch schon unterschiedliche Lesereihenfolgen für die Inschrift vorgeschlagen worden. Und dann die »Geheimrunen« – wollte der Runenritzer damit den seltsamen Text noch weiter verschlüsseln? Davon hält Kurt Braunmüller wenig: »Vielleicht wollte der Runenmeister des Röksteins einfach nur zeigen, daß er noch weit mehr als das übliche Alphabet beherrscht. Diese These gewinnt, neben der auffallenden Parallele zu irländischen Schreibpraktiken an Gewicht, wenn man das weitere geographische Umfeld des Röksteins mit einbezieht, wo ebenfalls andere solcher ‚Geheimrunen‘ gefunden worden sind.«

Was aber will uns der Text sagen? Mehrere Dutzend Deutungen sind bereits versucht worden. Für Sophus Bugge, der den Stein im 19. Jahrhundert beschrieb, handelt der Text von kriegerischen Heldentaten. Otto von Friesens von der Universität Uppsala vermutete in den 1920er-Jahren einen Lehrtext, der die Jugend erziehen und ermahnen sollte: »Ein alter Mann namens Varin beschreibt in der Inschrift, wie sein Sohn ermordet wird und beklagt die Tatsache, dass er zu alt sei, um Rache zu üben, wie es das ungeschriebene

Gesetz verlange. Er hat allerdings noch einen Sohn, einen Knaben, auf den er die heilige Pflicht zur Rache überträgt.«

Elias Wessén stellt die Rätsel, die der Text gibt, in den Vordergrund – der Stein solle vor allem diese stellen. Lars Lönnroth wiederum hat mittels einer Analyse der Struktur des Textes eine dreifache Gliederung bemerkt. »Vorderseite, Geheimrunen und Rückseite enthalten jeweils ein erstes und ein zweites Rätsel, dem eine Antwort in strophischer Form folgt«, fasst Klaus Düwel zusammen. »Es liegen drei nur unvollständig rekonstruierbare Heldensagen zugrunde: ‚Theoderich und seine Beute', ‚Die zwanzig Könige' und ‚Die Heldentaten Vilins'. Die Erinnerung an Heldenkampf und heroischen Tod hat bewahrende und didaktische, möglicherweise auch magische Funktion und stellt ein angemessenes Thema für eine Inschrift zu Ehren eines gefallenen Kriegers dar.«

2016 erklärte »Die Welt« das Rätsel der 1200-jährigen Runen für gelöst. Der Runologe und Linguist Per Holmberg von der Universität Göteborg veröffentlichte damals in der Fachzeitschrift »Futhark. International Journal for Runic Studies« seine Theorie, der Runenstein von Rök sei eine »Ewigkeitsmaschine« eines Vaters für seinen toten Sohn. Holmberg weist alle Versuche, Theoderich in die Runen zu lesen, als völkische Verwirrung ab. Seine Deutung, so die Zeitung, »beruht auf einer neuen Zählweise der Inschriftenbestandteile. Statt die jeweiligen Seiten des Runensteins als ‚Vorderseite' und ‚Rückseite' wie in einem Buch zu entziffern, liest er sie so wie jemand, der rund um den Felsen herumgeht.« Das würde das Problem der unzusammenhängenden Aufzählung (nicht aber der vielen Zahlen im Text) lösen: »Einer der dunklen Sätze beginnt mit ‚Ich sage als Zweites …', dann scheint Varin die Zahlen drei bis zwölf zu überspringen. Wenn man es so wie Holmberg liest, kommen nach ‚Ich sage als Zweites' exakt neun Sätze, sodass ‚Ich sage als Zwölftes' tatsächlich der zwölfte Teil der Liste wäre. Die Wikinger liebten solche Zahlen- und Namensspielchen, sie sind typisch für Runeninschriften.«

Demnach wäre der Stein, wie schon zuvor vermutet, ein ordentlich durchnummeriertes Rätsel, an dem sich alle Vorbeigehenden versuchen durften. Holmberg nennt als Beispiel das Wort Ingvald. »Was Forscher bisher als den Namen eines mythischen Helden lasen, könnte auch mit ‚Sonnenuntergang' übersetzt werden.« Eine Ewigkeitsmaschine sei der Stein insofern gewesen, dass »Varin den Betrachter dazu bringe, um den Stein herumzugehen und die Rätsel zu lesen«. Damit »zwinge er ihn, seines toten Sohnes zu gedenken«.

Erst jüngst machte der Stein erneut von sich reden. Passend zur Klimadebatte, die unsere Zeit prägt, las man nun eine Klimakatastrophe in den Text hinein. Man weiß, dass es im 6. Jahrhundert weltweit zu einem Temperaturabfall und Missernten kam, die durchaus den Lauf der Geschichte veränderten. Der Stein, hieß es nun, spreche vom »Tod der Sonne vor neun Generationen«, und der historisch nachweisbare Rückgang der Temperatur ab 536, der wohl durch einen Vulkanausbruch ausgelöst wurde, dessen Aschewolken die Sonne verdunkelten, schlage sich in dieser Formulierung (die allerdings in der hier benutzten Übersetzung gar nicht vorkommt) nieder. Der Stein trage Inschriften in mehreren Sprachen (gemeint waren wohl Schriftarten), die diverse Siege mehrerer Fürsten der Wikinger auflisteten. »Bevor der Stein errichtet wurde, kam es zu einigen Ereignissen, die ziemlich bedrohlich gewirkt haben müssen«, meinte der Archäologe Bo Gräslund. »Ein starker Sonnensturm färbte den Himmel dramatisch rot, die Ernte litt unter einem extrem kalten Sommer, und später gab es eine Sonnenfinsternis direkt nach Sonnenaufgang.« Nun liegen durchaus bis zu 260 Jahren zwischen dem 6. und dem 9. Jahrhundert – also neun Generationen. Andere Medienberichte wollten wissen, dass der Stein daher vor einer Katastrophe warne. Der Autor der Inschrift versuche, den Tod seines Sohnes innerhalb eines größeren Kontextes zu begreifen. »Der Text beschäftigt sich mit der Furcht, die der Tod des Sohnes ausgelöst hat, und die Angst vor einer weiteren Klimakrise wie der von 536 n. Chr.«

Federführend bei dieser Neuanalyse war erneut Per Holmberg, Professor für schwedische Sprache an der Universität Göteborg. »Wir denken, dass der Stein von kosmischer Balance erzählt«, sagte Holmberg nach »Die Welt«. »Möglicherweise haben wir uns zu sehr auf die Relevanz militärischer Macht konzentriert. Aber vielleicht war die religiöse Macht, den Kosmos zusammenzuhalten, wichtiger.«

»Die mächtige Elite des Wikingerzeitalters sah sich selbst als Garant für gute Ernten«, fügte Olof Sundqvist, Professor für Religionsgeschichte an der Universität Stockholm, an. »Sie waren die Anführer des Kults, der die zerbrechliche Balance zwischen Licht und Dunkelheit hielt.«

Die schwedischen Runensteine gleichen inhaltlich den dänischen und norwegischen: Viele von ihnen erinnern an eine Person, und oft genug bieten sie Informationen über die Raub- und Handelsfahrer, derer der Stein gedenkt. Spätere Runensteine bezeugen allerdings auch den friedlichen Handel und nicht mehr

Plünderfahrten. Man zählt in Schweden rund 130 solcher Steine, die von Fahrten erzählen, die Forscher teilen sie in sieben Gruppen ein:

1) Englandsteine (30 Exemplare),

2) Griechenlandsteine (30 Exemplare),

3) Hakon-Jarl-Steine, nach dem Anführer einer Raubfahrt (3 Exemplare),

4) Ingvar-Steine, nach dem Anführer einer Fahrt zum Kaspischen Meer (26 Exemplare),

5) Italiensteine (4 Exemplare),

6) Ostseesteine, die von Fahrten ins Baltikum und nach Finnland berichten (14 Steine), und

7) Waräger-Runensteine, die von Fahrten in die Wikingergebiete im heutigen Russland und in die Ukraine berichten (circa 30 Steine).

Der Runenstein von Bro, der zur Gruppe der Hakon-Jarl-Runensteine gehört, ist einer der wenigen, die belegen, dass sich die Wikinger selbst *uikika,* Wikinger, nannten (von Vik, Meeresbucht).

Die Texte sind kaum länger als jene, die einen Verstorbenen ehren oder eines Brückenbaus gedenken. Über eine Englandfahrt steht auf dem Stein von Spanga: »Er stand mannhaft / im Steven des Schiffes. / Er liegt westwärts / begraben / er, der starb.« Zu den autobiografischen Inschriften gehört eine vom Stein von Yttergärde: »Ulf hat in England dreimal Tributgeld erhalten. Das erste war mit Toste, das zweite mit Thorkel und das dritte mit Knut dem Großen.«

Fahrten nach Grkkland, Griechenland, und Byzanz, also Ostrom, werden in den Sagas, etwa der Orkney-Saga, ausführlich geschildert. Ein Stein von Hansta schreibt: »Diese Denkmäler sind hergestellt zur Erinnerung an Ingas Söhne. Sie [Inga] trat das Erbe nach ihnen an, aber die Brüder, Gaerthar und sein Bruder, traten ihr [Ingas] Erbe an [nach Ingas Tod]. Sie [Aernmund und Ingimund] starben in Griechenland.« Der Runenstein ist vom Runenmeister Visäte signiert.

Der Stein von Eds, vom Runenmeister Øpir signiert, von dem alleine 46 Steine stammen, erzählt kunstvoll in ein sich schlängelndes Band geschrieben: »Þorsteinn setzte das Denkmal zur Erinnerung an Sveinn, seinen Va-

Der Stein von Bro.
(Foto: Zejo, wikimedia.org)

Der Stein von Eds.
(Foto: Conung, wikimedia.org)

Der Runenstein von Högby mit seiner langen Inschrift, die von einer Griechenlandfahrt berichtet.
(Foto: Berig, wikimedia.org)

ter, und zur Erinnerung an Þórir, seinen Bruder. Sie waren auswärts in Griechenland. Und zur Erinnerung an Ingiþóra, seine Mutter. Œpir ritzte.«

Der Runenstein von Högby, der in die Ostwand der Sakristei der Kirche von Högby eingemauert war, wo ihn ein Gelehrter 1687 entdeckte, misst 3,45 Meter in der Höhe und 60 cm in der Breite. Stilistisch lässt er sich in die Jahre zwischen 1010 und 1050 datieren, der Text im Schlangenband lautet: »Thorgärd errichtete diesen Stein nach Assur, seinem Onkel. Er starb im Osten in Griechenland.« Ein Hinterbliebener setzte den Stein demnach für ihren Onkel – die Inschrift ist Fahrtenbericht einerseits, ein legales Dokument, das das Erbe bestätigen sollte, andererseits. Der Stein vermerkt: »Torkel schnitzte die Runen.« Eine dritte Inschrift trägt der Stein noch, in formal vollendeten Versen: »Der gute Mann Gulli / hatte fünf Söhne. / Mutig und wacker der Mann Asmund, / er fiel in Fœri; / Assur traf sein Ende / im Osten Griechenlands, / Halfdan wurde getötet

Die A-Seite des Blocks von Ed.
(Foto: Berig, wikimedia.org)

Und die B-Seite.
(Foto: Berig, wikimedia.org)

/ in Holmr (Bornholm?), / Kåre wurde getötet in Oddr[?], / und tot ist auch Boe.« Wikinger lebten keine zimperlichen Leben!

Wikinger dienten auch, nun als Gegner der Raubfahrer, als Söldner für Byzanz. Davon berichtet der Runenblock von Ed in Uppland. Er stammt aus dem 11. Jahrhundert und ist auf zwei Seiten beschriftet – Seite A lautet: »Ragnvald ließ diese Runen schnitzen nach Fastvi seiner Mutter, Onams Tochter, die in Ed starb, Gott helfe ihrer Seele.« Seite B liest sich: »Die Runen ließ Ragnvald schnitzen. Er war in Griechenland Chef der Garde.« Ragnvald hatte also in Byzanz militärisch Karriere gemacht.

In diesem Zusammenhang sind sicherlich auch die Pilgerfahrten nach Jerusalem zu sehen, von denen einige Inschriften berichten – und Graffiti in Athen und in der Hagia Sophia in Istanbul. Die magischen, Zauber abwehrenden Labyrinthe am Meeresufer in Skandinavien werden »Jerusalem« genannt, ganz sicher eine Reminiszenz an die altehrwürdige große Stadt, die selbst den abgebrühtesten Wikinger in Erstaunen versetzt haben muss.

Die Gruppe der Hakon-Jarl-Runensteine sind nach einer Erwähnung eines Hakon Jarl benannt, nach einem Grafen (englisch: *earl*) Hakon. Einer der drei Steine der Gruppe befindet sich im Upplandischen Bro, im Band um das Kreuz steht: »Ginnlaug, Holmgaeirs Tochter, Schwester Sygroths und Gauts, sie ließ diese Brücke machen und diesen Stein errichten für Assur, ihren Mann, den

Sohn des Jarls Håkon. Er war Wart gegen die Wikinger [zusammen] mit Gaeitir. Gott helfe nun seinem Geist und seiner Seele.« Offenbar waren diese Schweden, sesshaft und gläubig, Opfer eines Überfalls geworden.

Die Ingvarsteine umfassen viele Exemplare – insgesamt 26 Mal berichten Inschriften von einer Ostfahrt mit Ingvar, oft in recht dürren Worten. »Fuhr ostwärts von hier / mit Ingvar, / in Aerklad liegt / der Sohn Öjvinds« liest man etwa auf dem Runenstein von Stora Lundby. Dieser Ingvar Vittfarne, der »Weitgefahrene«, unternahm von 1036 bis 1041 eine kriegerische Expedition nach Serkland, dem muslimischen Kalifat, insbesondere in die Region am Kaspischen Meer, das gar nicht so weit entfernt war von den Wikingersiedlungen im heutigen Russland.

Der granitene Runenstein von Lifsinge, ganze zwei Meter hoch, berichtet in einem Schlangenband um ein Tatzenkreuz: »Bergvid und Helga errichteten diesen Stein für Ulf, ihren Sohn. Er starb mit Ingvar. Gott helfe Ulv Seele.« Und ein Stein bei Lundby schreibt: »Spjóti [und?] Halfdan, sie errichteten diesen Stein für Skarði, ihren Bruder. Er fuhr nach Osten von hier mit Ingvar, in Serkland liegt der Sohn von Eyvinðr.« Und ein Stein auf dem Grunde des Schlosses Gripsholm lautet: »Sie fuhren mannhaft / fern nach Gold, / gaben im Osten / dem Adler, / sie starben südwärts / in Serkland.« Es kann, bei dieser hohen Zahl von Totengedenksteinen, kein sehr erfolgreicher Kriegszug gewesen sein.

KORANVERSE AUF RUNENSTEINEN?

Der mit einem christlichen Kreuz versehene Runenstein von Skarpåker, Nyköping, Sörmland, Schweden, überliefert einen apokalyptischen Stabreim: »Die Erde wird zerreißen / und der Himmel darüber.«

Das erinnert an mehrere Verse im Koran, die dasselbe aussagen, etwa in Sure 86: »Beim Himmel, der wiederkehrenden Regen spendet. Und bei der Erde, die sich

Der Runenstein von Skarpåker vom Anfang des 11. Jahrhunderts. (Foto: Jssfrk, wikimedia.org)

spaltet.« Sinngemäß kehrt die Metapher mehrmals wieder im heiligen Buch des Islam, so noch in Sure 84 (»Wenn der Himmel zerreißt und nach der Pflicht seinem Herrn gehorcht; und wenn sich die Erde streckt und herauswirft«), in Sure 77 (»und wenn der Himmel sich spaltet und wenn die Berge zerstäuben«) und in Sure 69 (»und spalten wird sich der Himmel, denn an jenem Tag wird er zerreißen«).

Mögliche Erklärungen wären beispielsweise der Besuch des muslimischen Gelehrten Ibn Fadlan 921 und 922 zu den Rus und Warägern, also den im heutigen Russland ansässigen Wikingern, oder einer der Überfälle der Wikinger in Serkland, dem Abbasiden-Kalifat, bei dem sie einige der Verse vernommen haben könnten.

Die Italiensteine erinnern nicht an Raubzüge, sondern an den Söldnerdienst der Wikinger für Ostrom. Das heuerte Skandinavier und Waräger an, um seine Besitztümer in Italien vor den germanischen Langobarden zu beschützen. Solche Einheiten gab es seit dem 10. Jahrhundert, die Eroberung Baris durch die Langobarden am 15. April 1071 beendete Ostroms Herrschaft und damit auch die germanischen Söldnerdienste in dem Land. Italiensteine finden sich in den Provinzen Uppland und Södermanland, der nordische Name Italiens lautet Langbarðaland.

Es gibt nur wenig Ostseesteine, allerdings steht ein Runenstein am Ladogasee.

Die Fahrten nach garðar, also nach Osten zum Reich der Kiewer Rus, gingen in ein Gebiet, das Teile der modernen Staaten Russland, Ukraine und Weißrussland (Belarus) umfasste. Ein Runenstein steht sogar in Beresan in der Ukraine. Alle restlichen Steine befinden sich in Schweden, wo wir auf dem Runenblock von Sjusta in Uppland lesen: »Diese Rune wurde gemacht zur

Zu den Italiensteinen gehört der Runenstein von Djulefors. (Foto: Berig, wikimedia.org)

Die Felsplatte von Hillersjö.
(Foto: Berig, wikimedia.org)

Erinnerung an Spjallboði [...], er starb in Holmgard [Nowgorod] in der Olavskirche.« Lakonisch meldet der Runenstein von Fredriksdal in Södermanland unter einem Kreuzzeichen: »Er endete im Osten«, andere Steine aus derselben Region meinen: »Sie endeten auf dem Ostweg« oder »Er fiel in Garðar«.

In Västmanland liest man auf einem Runenstein: »Guðleifr setzte das Stück und diesen Stein für Slagvi, seinen Sohn, dieser endete im Osten in Choresmien« oder, wieder sehr knapp: »Der Sohn von Viðfastr fuhr in den Osten«. Fast ein düsteres Schicksal deutet eine Inschrift aus Öland, zwischen 1020 und 1050 geritzt, an: »Herþrúðr ritzte diesen Stein für ihren Sohn Smiðr, einen guten Mann. Halfborinn, sein Bruder, sitzt in Garðar.« Ein Gefangener, ein Aussteiger, ein Verschollener?

Glaubensbekenntnisse, Brückenerrichtungen und Totengedenken sind nicht die einzigen Inhalte von Runensteinen in Schweden. Ein Stein von Sigtuna aus der zweiten Hälfte des 11. Jahrhunderts deutet auf friedlichen Überseehandel hin: »Der Friesen Gildebrüder ließen diese Runen ritzen nach Albod, dem Handelspartner Slodes. Der heilige Christus helfe seiner Seele. Torbjörn ritzte.«

Als steingewordene Aktenberge quasi überliefern viele Inschriften juristische Dokumente. Der Stein von Oklunda ist bereits erwähnt worden, andere Arten von Rechtstexten sind die ebenfalls schon erwähnten Erbfolgenennungen auf Gedenksteinen. Eine lange Runeninschrift auf einer Felsplatte bei Hillersjö im Mälarsee schildert die Erbfolge um eine Frau: »Deute dies! Geirmundr nahm Geirlaug in ihrer Jungfräulichkeit [zur Frau]. Sie hatten einen Sohn, noch bevor er [Geirmundr] ertrank. Und dann starb der Sohn. Dann hatte sie Guðríkr. Er [unleserliche Lücke] dies. Dann hatten sie Kinder. Und ein Mädchen lebte, sie hieß Inga. Regnfast aus Snutastaðir nahm sie [zur Frau]. Dann starb er, und nach ihm der Sohn. Und die Mutter erbte vom Sohn. Dann hatte Eiríkr. Dann starb sie. Dann erbte Geirlaug von Inga, ihrer Tochter. Þorbjörn Skald ritzte die Runen.« Die karge, aber harte Lebensgeschichte wurde sicherlich nicht zum Amüsement der Leser als früher Pilcher-Roman in Runen geritzt, die Felsplatte sollte für alle sichtbar dokumentieren, dass Geirlaug ihr Vermögen zu Recht besaß.

Übrigens waren viele Auftraggeber von Gedenksteinen Frauen, weil besonders in der Ferne gefallene Männer geehrt wurden (und die Frauen wohl auch eher für die Seelen der Verstorbenen beteten). Wie stark Frauen in der Wikingergesellschaft waren, beweist unter anderem die Vinland-Saga, die von der Besiedlung Neufundlands erzählt und in der Frauen wie Männer agieren – und morden.

Dennoch mussten sie wohl ihr Erbe öfters rechtfertigen als ein Mann. »Inga ließ die Runen meißeln nach Regnfast, ihrem Mann. Er allein besaß diesen Hof nach Sigfast, seinem Vater. Gott helfe ihren Seelen«, liest man auf dem Runenstein von Snottsta über die auch in Hillersjö erwähnte Inga. Eine Familienurkunde stellt auch der in stablosen Runen beschriftete Stein von Malsta dar, überhaupt, so Klaus Düwel, enthalten viele Steine die Genealogien schwedischer Familien, die wohl auch Besitzfragen klären konnten.

Andere Steine dokumentieren die Gründung eines Thingplatzes, etwa der von Bällsta, und zu diesen Taten für die Allgemeinheit gehört natürlich der Bau von Wegen und Brücken. Die Inschriften dort dokumentieren den Einsatz für die Gemeinschaft und das Land allgemein, setzen aber auch dem Errichter selbst ein Denkmal. Auf dem Stein von Sälna ist zu lesen: »Immer wird liegen, / solange ein Mensch lebt, / die festgefügte Brücke, / breit, nach dem trefflichen Mann. / Junge Männer machten sie / nach ihrem Vater. / Nie wird ein Breitweg-Denkmal / besser sein.«

Und schließlich enthalten manche Steine auch selbstüberzeugte Porträts ihrer Errichter oder Ritzer, wie der von Agersta: »Vidhugse ließ diesen Stein errichten nach Särev, seinem angesehenen Vater, er lebte in Agersta. / Hier wird stehen / ein Stein zwischen Höfen. / Es rate der Mann, / der runenkundig ist, / die Runen, / die Balli schrieb.«

Verlassen wir nun Dänemark, Norwegen und Schweden und betrachten Runensteine ***außerhalb Skandinaviens.*** Sie finden sich im gesamten Nordatlantik immer dort, wo Skandinavier siedelten und Land eroberten (mit Ausnahme der Normandie). Alleine in *Grönland* wurden 100 Runentexte gefunden, allerdings auch auf Gegenständen, Stäben und Grabkreuzen aus Holz. Auf Kingittorsuaq Island im grönländischen Nordwesten, auf fast 73° N gelegen, entdeckten Archäologen drei eingestürzte Steinhaufen und in einem davon den um 1330 geritzten Runenstein dreier Normannen mit sechs zusätzlichen magischen Geheimrunen. Die drei Zeilen, rechtsläufig, lauten: »Erling Sigvatsson, Bjarne Tordsson und Eindride Oddson errichteten am Samstag vor dem Prozessionstag diese Steinmale und runten sie gut.« Da der Prozessions- oder Bitttag auf den

25. April fällt, wissen wir, dass die Männer so weit nördlich überwinterten, weil sie nicht im Frühjahr über das zugeeiste Meer gefahren sein können.

In *Island* gehören zu den 100 Runentexten vor allem mittelalterliche Grabsteine aus der Periode 1300–1500 und 40 Texte aus der Zeit vom 17. bis zum 19. Jahrhundert.

Auf den *Färöer* kennt man 10 Texte, aber nur drei Runensteine. Hier dauerte die Tradition noch bis nach der Reformation. Der Fámjinsstein nahe der Kirche des gleichnamigen Ortes enthält nur wenige Zeichen, stammt aber aus dem 16. Jahrhundert und ist somit der einzige nachkatholische Runenstein der alten Tradition.

Der Kirkjubøstein aus dem 11. Jahrhundert, 1832 nahe dem Dom in Kirkjubøur entdeckt, trägt 19 nur schwer lesbare Runen – nur die letzten zwölf sind mit Sicherheit zu bestimmen. »i : uikuf : uni : ruo« – »[dem] Vígúlvur gewährter Frieden«. Der Sandavágsstein aus dem 12. Jahrhundert meldet Besitzrechte an: »Torkil Onundarson, Ostmann aus Rogaland, bewohnte diese Stätte zuerst.«

In *Großbritannien* finden sich sieben Runensteine auf den *Shetlands*, 52 Inschriften auf den *Orkneys* (darunter die Graffiti von Maes Howe), auf dem *schottischen Festland* vier Steine, wobei Zeitungen Funde berichten, die moderne Texte nicht mehr erfassen, wie den von Iving bei der Withorn Priory in Dumfries and Galloway, von dem ein Pressebericht 1906 sagt, er sei »der schönste Runenstein der gesamten Region« (und der doch wohl nur Ornamente trug). Die *Hebriden* liefern 11 Texte, unter anderem eine Inschrift in einer Höhlenwand.

In Großbritannien nutzten die Wikinger auch das angelsächsische Futhorc, wie ein Fund aus dem Jahr 2014 zeigt. Ein Schatzhort, in der Grafschaft Galloway von einem Hobbyforscher mit Metalldetektor aufgespürt, nannte auf einem silbernen Armring als Besitzer im Futhorc Ecgbeorht, unseren Egbert. Auch andere Ringe trugen Futhorc-Runen. »Wir kennen nicht mehr als den Namen Egbert«, erklärt Dr. Adrian Maldonado von den National Museums Scotland, »aber es ist sehr faszinierend, diesen Hort mit einem Personennamen verbinden zu können. Egbert ist ein weit verbreiteter angelsächsischer Vorname. [...] Die Inschriften bezeugen, wie komplex sich Identität in der Vergangenheit – wie ja auch heute – definierte. Als der Hort vergraben wurde, prägte man im Südwesten Schottlands Münzen mit britischen [walisischen], gälischen, nordischen und altenglischen Inschriften. Das Meer war die Straße, die es den Menschen möglich machte, über alle Sprachschranken hinweg miteinander zu sprechen, Ideen und Handelsgüter auszutauschen.« Verblüffend seien vor allem die angelsächsischen Buchstaben auf fünf von Wikingern stammenden Ringen: »Solche

Der Runenstein von St. Paul's in London. (Foto: David Beard, wikimedia.org)

Armringe finden sich am häufigsten im Kontext von Wikingerfunden rings um das Irische Meer«, erklärt der Runenexperte Dr. David Parsons von der University of Wales, »aber es handelt sich hier nicht um die vertrauten skandinavischen Runen, die auf der nahen Isle of Man verwendet wurden, sondern eindeutig um Runen des angelsächsischen Typus.« Runen raunen nicht von germanischer Reinheit, sondern von Völkervermischung und kultureller Vielfalt.

Von den Runensteinen *Englands* (es gibt nur zehn im jüngeren Futhark, und diese als Hinterlassenschaften der Wikinger) ist der bekannteste das Exemplar in der Londoner St Paul's Cathedral. 1852 auf dem Friedhof des Doms gefunden, kann er stilistisch auf die Zeit um 980 bis 1070 datiert werden. Er zeigt das »große Tier« nach dem Jelling-Vorbild mit dem Text: »Kona [Ginna] setzte diesen Stein und auch Toki.« Der Stein bezeichnet das Grab eines der Nachfolger des dänischen Königs Knut (reg. 1016 bis 1035).

Auf der *Isle of Man*, mitten im Irischen Meer gelegen, wurden 33 Texte vor allem aus dem 10. Jahrhundert gefunden, darunter zwei Steine sowohl mit Runen- als auch mit Ogham-Inschrift. In *Irland* kennt man 16 Inschriften, davon zwölf aus der näheren Umgebung der Wikingerkapitale Dublin.

2. Runensteine in Deutschland – Vielfalt statt Monotonie

Runensteine im älteren Futhark finden sich im deutschen Sprachgebiet nicht, auch wenn von hier die ältesten Runenfunde stammen. Klaus Düwel betont in seiner »Runenkunde« die »Tatsache, daß [...] keine südgerm. Inschriften in Stein vorhanden sind«. Dem haben Laienforscher und völkisch Gesinnte zwar schon immer abzuhelfen gewusst, doch fehlt bisher ein eindeutig nachgewiesener Runenstein in Deutschland.

Nachbildung des großen Sigtrygg-steins in der Nähe des Fundorts. (Foto: PaulSch, wikimedia.org)

Mit fünf Ausnahmen, die alle aus dem Umkreis von Haithabu bei Schleswig in *Schleswig-Holstein* stammen. Das Gebiet war lange Zeit dänisch, auch die Runensteine von Schleswig haben Skandinavier aufgestellt – es sind also keine »deutschen« Altertümer!

Vier Runensteine der alten dänischen Handelsstadt Haithabu (Haddeby) teilt man – nach dem Inhalt ihrer Texte – in die beiden Sigtryggsteine und die beiden Svensteine ein. Sie stehen als Repliken am ursprünglichen Fundort, die Originale kann man im Wikinger-Museum bestaunen.

Die Sigtryggsteine stammen von Asfrid, der Mutter des namengebenden Sigtrygg. Sie ist die letzte Überlebende dreier Generationen schwedischer Adliger, die in Haithabu herrschten und deren Geschichte wir von zeitgenössischen Geschichtsschreibern wie Adam von Bremen kennen. Nach ihm kam Olaf, ein schwedischer Edelmann, Anfang des 10. Jahrhunderts als Eroberer nach Dänemark und gründete um Schleswig ein Königreich. Ihm folgten seine Söhne Chnob (Knuba) und Gyrd und sein Enkel Sigtrygg, der den Thron an Hardegon verlor. Von den Schweden in Dänemark kündet auch ein Runenstein von Sædinge auf der Insel Lolland, und der Historiker Widukind von Corvey erwähnt König Chnuba, der 934 vom deutschen König Heinrich I. tributpflichtig gemacht wurde. Knuba wurde Christ, seine Gattin Asfrid überlebte ihn und seinen Sohn Sigtrygg. Ihrem Gedenken setzte sie zwei Steine.

Der sogenannte große Sigtryggstein wurde 1797 in Stücken an der Furt zwischen dem Haddebyer und dem Selker Noor aufgefunden. Der Text ist im jüngeren Futhark verfasst, in der schwedischen Variante, und lautet: »Asfrid machte dieses Denkmal nach [also zum Gedenken an] Sigtrygg, ihren und Knubas Sohn.«

Das Wappen der Gemeinde Busdorf.

Der Skarthestein im Museum Haithabu. (Foto: André Kramer)

Der sogenannte kleine Sigtryggstein war im Fundament des Schlosses Gottorf vermauert und wurde dort 1887 entdeckt. Die Runen, dänische Variante, lauten: »Asfrid, die Tochter Odinkars, machte diese Denkmäler nach König Sigtrygg, ihren und Knubas Sohn. Gorm ritzte die Runen.«

Die beiden Svensteine datieren später. Den Skarthestein entdeckte man bereits 1857 südlich von Busdorf, das – vielleicht einzigartig unter den deutschen Gemeinden – deshalb einen Runenstein im Wappen führt. Der Ort lag neben einer alten Straße und zwischen zwei Grabhügeln – sicherlich einem besonderen »Kraftort« für die Errichter.

Die Grabhügel stammten aus der Wikingerzeit, einer enthielt einen Holzsarg, Skelettreste und Spuren von Eisen- und Lederteilen. Der Skarthestein könnte zu diesem Grab gehören. Die Runen schreiben einen Text in Altdänisch, die Inschrift ist wohl jünger als die der berühmten Jellingsteine und lautet: »König Sven setzte diesen Stein nach Skarthe, seinem Gefolgsmann, der nach Westen [England] gefahren war, aber nun fiel bei Haithabu.«

Demnach könnte ein Christ noch in einem Hügelgrab bestattet worden sein. Das war zur Zeit des dänischen Königs Sven Gabelbart noch üblich, kaum noch aber unter Sven Estridsen. Auch diese Deutungen ist allerdings problematisch, denn damals gehörte Haithabu längst zum dänischen Staatsgebiet – in welchem Kampf also fiel Skarthe?

Der Erikstein wurde 1796 bei zwei Grabhügeln unweit des Dorfes Wedelspang entdeckt, in unmittelbarer Nähe des Erdwalls, der Haithabu umgibt. Die Inschrift darauf lautet:

thurlf risthi stin thnsi himthigi suins eftiR
erik filaga sin ias uarth tauthr th trekiaR
satu um haitha bu ian: han: uas: sturi:
matr: tregR hartha: kuthr

Auf Deutsch: »Thorolf, der Gefolgsmann Svens, errichtete diesen Stein nach seinem Genossen Erik, der den Tod fand, als die Krieger Haithabu belagerten, und er war Steuermann, ein wohl geborener Krieger.« Die Worte »ian han uas sturi matr tregR« stehen auf der Rückseite des Steins und sind in gebundenen Runen geschrieben, die auf senkrecht zur Leserichtung stehenden Stäben hän-

Nachbildung des Eriksteins in der Nähe des Fundorts. (Foto: Fonzie, wikimedia.org)

gen. Der Erikstein ist einer von nur dreien, die gebundene Runen auf Stein verwenden, die anderen Beispiele sind der Stein von Roe aus dem 8. Jahrhundert und der Stein von Sønder Kirkeby.

Der Erikstein erwähnt also ebenfalls einen König Sven, der Typus seiner Runen und die Sprache ist zeitgleich mit denen des Skarthesteins. Sven Gabelbart starb 1014 und fuhr 1003 zum ersten Mal gegen England – die Steine sollten sich in die Zeit dazwischen datieren lassen. Offenbar hat Sven damals Haithabu verlustreich belagert.

Zu diesen vier Runensteinen von Haithabu gesellt sich ein fünfter, der 1897 im Mauerwerk des Schleswiger Doms entdeckt wurde. Auch er scheint einen schwedischen Hintergrund zu haben. Der Stein erinnert an einen Krieger, der in Skia in England starb: »... hat den Stein gesetzt zur Erinnerung an ... tot ... und Guðmundr schnitzten die Runen. [Er] ruht in Skia in England. Christ.« Dieses Skia könnte das moderne Shoebury in Essex oder Skidby in Yorkshire gewesen sein.

Neben diesen fünf wikingerzeitlichen gibt es viele weitere »Runensteine« im deutschsprachigen Gebiet. Es handelt sich um völkische Fälschungen, Fehldeutungen, um moderne Gedenksteine und Spielereien – kurz, diese Steine illustrieren den modernen Ge- und Missbrauch, das gesamte Spektrum der naiven Entdeckerfreude, der Faszination, die nach wie vor von der Runenschrift ausgeht. Gleichzeitig erzählen diese »falschen« Runensteine von Identitätssuche und -fälschung der Deutschen und erlauben eine Reise durch die Runenforschungsgeschichte und die volkstümlichen Vorstellungen über Runen.

Wenige Kilometer südlich von Haithabu sind mehrere Steine aktenkundig. Über das Exemplar von *Rönne*, einem südlichen Stadtteil von Kiel, lässt sich nicht viel finden – aber die Runenschrift (*Rfu tel þsa*) wirkt ungelenk (das auslautende R am Wortanfang!) und ist zweifelsohne modern. »Es war ein Scherz!«, teilte mir der Runenritzer auf Anfrage mit.

Komplizierter verhält es sich mit dem Stein von *Rathjensdorf*. Am 12. Oktober 2008 berichteten die »Kieler Nachrichten« vom Fund des Steins. Zunächst gruben Forscher des Archäologischen Landesamts Teile eines Eimerhenkels mit Drachenkopf aus, eine nordische Produktion von der Mitte des 11. Jahrhunderts. Dann erfuhren sie von einem Runenstein in der Nähe. »In den Granit sind mindestens 13 Wikinger-Schriftzeichen eingeritzt. Dr. Willi Kramer vom Archäologischen Landesamt hat den Stein in Augenschein genommen. Sein Urteil: Im Falle einer Wette würde er darauf tippen, dass er echt sei.« Allerdings sollten das Fachleute beurteilen. »Der Rathjensdofer Stein liegt in

Der Thingplatz von Stoltebüll weist einen modernen Runenstein auf. (Foto: Aerial video capture, wikimedia.org)

einem Garten unmittelbar an der Ausgrabungsstelle. Hermann Rohleder hat ihn vor vier Jahren vom Ufer des 900 Meter entfernten Trammer Sees auf sein Grundstück geschafft. An seinem alten Standort wollten Unbekannte das gute Stück wegschleppen, begründete der 61-Jährige die Rettungsaktion. Seit 1971 sei ihm der Stein bekannt gewesen. Ein Tagelöhner habe ihm damals berichtet, wie der gut 150 Kilo schwere Koloss beim Pflügen eines Ackers gefunden und an das Seeufer gerollt wurde. Für Rohleder steht fest, dass sein Stein einst von Wikingerhand mit Schriftzeichen verziert wurde. ‚Niemand hätte sich sonst so viel Arbeit gemacht.‘«

Der Heimatforscher Karl-Friedrich Ullrich weiß, was danach geschah: »Die Prüfung ergab, dass der vermeintliche Wikinger plattdeutsch sprach und wohl sein Haustier begraben hatte. Allenfalls konnte es auch ein Erinnerungsstein für sein frühverstorbenes Kind sein. Die Inschrift lautet: Min lüttje Buttje.

Hinfort wurde nicht mehr von dem Fund geredet. […] Ich würde den Stein allerdings nicht als Fälschung bezeichnen. Es gab keine Absicht, jemand zu täuschen. […] Ich tippe z.B. auf einen runenkundigen Dorfschullehrer in Rathjensdorf während der Nazizeit.«

Der Runenstein von Wedel wurde um das Jahr 2000 aufgestellt. (Foto: Bullenwächter, wikipedia.org)

Ganz im Norden des Bundeslandes liegt der Guly-Thing, der Thingplatz von *Stoltebüll* im Kreis Schleswig-Flensburg. 2003 von der Gemeinde rekonstruiert, trägt die Rückseite der Replik des heute in einer Scheune vermauerten bronzezeitlichen Schalensteins 389 eine Inschrift in Runen des älteren Futharks, die sich f n t u R liest.

Auch der Stein vor der Lutherischen Kirche von *Wedel* ist modern. Nach der Pastorin Susanne Huchzermeier-Bock wurde er anlässlich der Jahrtausendwende dort aufgestellt. »Hintergrund war, dass die damalige Initiatorin eines stimmungsvollen Kunsthandwerkermarkts rund um das Rolanddenkmal und die Kirche – Doris Ong – durch Kontakte zu dänischen Runenkünstlern die Idee hatte, ein Symbol für die erfolgreiche Arbeit dieses jährlichen Kunsthandwerkermarktes in der Wedeler Altstadt (Ende August) zu finden. Sie selbst hatte in der Altstadt ein kleines Geschäft und ein Töpferstudio. Nach Rücksprache mit der Stadt und uns als Kirchengemeinde wurde grünes Licht für die Aktion gegeben. Inhaltlich stellen die Runen folgende Botschaft dar: ‚Handwerk ist der Boden, Kunst(handwerk) ihre Frucht.' Das ist auf der Rückseite auch auf einer kleinen Plakette vermerkt.« Den Handwerkermarkt gibt es allerdings seit Jahren nicht mehr, der Stein störe vor der Kirche, zu der er keinen Bezug habe: »Die farbliche Gestaltung hat gelegentlich schon zu Irritationen bei Besuchenden auf dem Gelände geführt. Vermutet wurde ein Relikt nationalsozialistischer Begeisterung aus den dreißiger Jahren des 20. Jahrhunderts.« Eine Umgestaltung des Kirchengeländes stehe an, in das der Stein wohl nicht einbezogen werde. Ob und wo der Stein dann hinzieht, wird sich zeigen.

In *Mecklenburg-Vorpommern* ist die Lage komplexer – hier gibt es echte Bild-, aber keine Runensteine, moderne Gedenksteine und umstrittene »slawische« Runensteine. Nicht immer war es möglich, mehr als die Erwähnung eines angeblichen Steins aufzufinden – so im Falle des »Bildsteins mit Schiffsdarstellung von der *Südküste des Greifswalder Boddens*«, über den Jörg Ansorge 2003 in den »Archäologischen Berichten aus Mecklenburg-Vorpommern« berichtete.

Der Schwanenstein von Lohme. (Foto: Lapplaender, wikimedia.org)

Einen weiteren Greifswalder Stein schildert Lutz Mohr 1999 in den »Beiträgen zur Runensteinforschung«: Er wurde Anno 2000 anlässlich des 850-jährigen Stadtjubiläums von *Kräpelin-Wusterhusen* aufgestellt. Die Inschrift lautet, im jüngeren Futhark, »woztrosa (Wusterhusen) – MCMXCVIII (1998)«. Der Granitbrocken war recht groß, maß 1,25 m in der Höhe, 1,25 m in der Breite und war bis zu 85 cm tief, verschwand aber 2003 spurlos.

Auf Rügen gibt es zwei Runensteine, von denen der erste einfach nur ein Felsblock ist. Beim Badeort *Lohme* westlich des Nationalparks Jasmund auf Rügen liegt »etwa 60 – 80 m vom Ufer entfernt, [...] ein grosser erratischer Block, der ungefähr 5 m breit und etwa 6 m hoch ist«, wie die »Festschrift zum 25-jährigen Bestehen der Geographischen Gesellschaft zu Greifswald« 1909 meldet. »Wie weit er aus dem Wasser hervorsieht, richtet sich je nach dem Wasserstande; bei gewöhnlichem Wasserstande ragt er ca. 5 m hoch aus dem Wasser hervor und steht dann also 1 m tief unter Wasser. Die Oberfläche des Steines ist ziemlich glatt, jedoch nach NO. zu abgeflacht. Ein Riss geht beinahe durch den ganzen Stein. Auf Ansichtspostkarten habe ich den Felsblock vielfach als ‚Runenstein' bezeichnet gefunden; dieser Name ist aber nicht volkstümlich, sondern entweder freie Erfindung des Verlegers der Postkarten oder vielleicht scherzhafte Bezeichnung von seiten der Badegäste. Im Volksmunde heisst der Stein vielmehr der ‚Schwanenstein', und mit dieser Bezeichnung ist er schon auf der von Hagenowschen Spezial-Charte von der Insel Rügen (1830) angeführt.«

Die Festschrift erwähnt zusätzlich den »Runenstein in der Goor bei *Putbus*«, möglicherweise ein ähnlicher Fels, dem nur die Lust, aus Findlingen Sehenswürdigkeiten zu machen, den Namen verliehen hat.

Ein weiterer Rügen-Runenstein ist der von *Altenkirchen-Drewoldke*, das »Produkt eines Fälschers aus dem 18. Jahrhundert«, wie Günter Krieg und Lutz Mohr in den »Beiträgen zur Runensteinforschung« 1999 erklären. Der pommersche Geistliche Gottlieb Samuel Pristaff, der eigentlich aus der Lausitz stammte, hatte das gute Stück entdeckt. Es belege seiner Ansicht nach die Anwesenheit von Wikingern in seiner Wahlheimat. Greifswalder Gelehrte hielten den Stein, wohl auch aus Regionalstolz, für echt. 1732 sandte er eine Zeichnung des Steins nach Schweden. Der schwedische Archäologe Oskar Almgren veröffentlichte 1925 diese Illustration, die im jüngeren Futhark die Aufschrift »Grima und Asa errichteten dieses Denkmal über Ulf« trägt. Almgren, ein bekannter Runengelehrter, erkannte diese Worte wieder – sie schmückten auch einen Runenstein von Tullstorp (zwischen Trelleborg und Ystad in der Provinz Skane) in Schonen. Er hielt den Stein deshalb für echt, weil es zur Wikingerzeit üblich war, zwei ähnliche Steine am Todesort in der Fremde und am Heimatort des Kriegers in Schweden zu errichten. Allerdings: Der Finder Pristaff, obwohl Geistlicher, wurde zahlloser Urkundenfälschungen, gerade mittelalterlicher Dokumente, überführt. Es kann keinen Zweifel daran geben, dass auch der von ihm gefundene Runenstein eines seiner Werke war.

Rätselhaft waren zunächst auch die *Runen von Strelitz*. Immer wieder wurden Artefakte entdeckt, deren symmetrische Muster im 19. Jahrhundert als Runenschrift – und zwar wendischen Ursprungs – gelesen wurden. Dabei war offenbar mehr Fantasie als Genauigkeit im Spiel, dennoch debattierten die Gelehrten seitenlang über Runenformen und Schreibweisen – nur lesen konnten die Inschriften niemand. Zu diesen Runeninschriften auf Schmuckstücken gesellten sich Runensteine aus derselben Umgebung.

Friedrich von Hagenow verfasste 1826 eine »Beschreibung der auf der Großh. Bibliothek zu Neustrelitz befindlichen Runensteine«, Gustav Thormod Legis fasste 1829 dessen Erkenntnisse in »Die Runen und ihre Denkmäler« zusammen. »Aus einer kleinen Schrift von F. v. Hagenow [...] erfahren wir, dass ausser den Götzenbildern von Erz in dem Museum zu Strelitz auch eine Anzahl slavischer Runensteine bewahrt wird. Es sind 14 Steine, sämmtlich von geringem Umfange. Der grösste wiegt nur 20 Pfund, der kleinste ½ Pfund. Schon dadurch

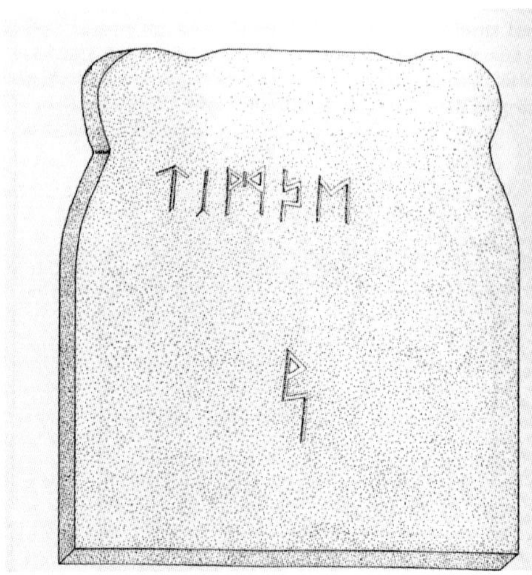

Der Runenstein von Strelitz und die Prillwitzer Runenplatte – Darstellungen von 1842.

unterscheiden sie sich gar sehr von den nordischen, schwer zu bewegenden Runensteinen, und konnten desshalb bis auf ein Paar, in natürlicher Grösse abgebildet werden. Sie haben keine regelmässige Gestalt, noch sind sie vorher gleichförmig zugerichtet; doch ist Fig. 4 länglichrund, Fig. 9 ganz eyförmig. Dass man in teutschen Gräbern mehrmals eyförmige Steine gefunden, ist bekannt. Ausser den Runen enthält fast jeder Stein noch eine Figur, sei es eine menschliche Gestalt oder ein Kopf, ein Thier, allezeit aber von äusserst roher Arbeit. – Die Inschriften enthalten wenige, manchmal ganz einzelne Runen; es ist dasselbe Alphabet, wie auf den Erzbildern, nur, wie sich von selbst versteht, sind die Zeichen roher und plumper eingehauen. Indessen liesst man Nr. 1. RAD …, ohne Zweifel Radegast, und Fig. 10. SIEBA, und erkennt bei aller Ungeschlachtheit die Figuren beider Gottheiten, den Fig. 1 und 15 bei Masch entsprechend. Von dem Fundorte und dem Finder dieser Runensteine hat man gar keine Spur. Man weiss zu Strelitz durchaus nicht mehr, als was ein beiliegender (von einem Unbekannten geschriebener) Zettel aussagt, wonach man die Steine aus geöffneten Grabhügeln genommen, wo sie meist ganz oben als Schlussteine gelegen. Die Richtigkeit der Angaben dieses Zettels müsste sich aber erst durch weitere, in jenen Gegenden, vorzüglich auf dem Prilwitzer, Neuenkircher und Stargardter Felde vorgenommene, Ausgrabungen bewähren.«

Der Inschriftenstein von Rogäsen. (Foto: Gregor Rom, wikimedia.org)

1842 beschrieb der »Jahresbericht des Vereins für meklenburgische Geschichte und Alterthumskunde« die kleineren Inschriften, merkte aber an, dass dort »[b]ei dem Mangel eines unzweifelhaft sichern wendischen Runenalphabets [...] die Deutung der Rune waglich« sei, dass sich jedoch auf dem »bisher als ächt anerkannten strelitzischen Runensteine« neben einem Drachenbild das Wort »Radegast« entziffern ließe, der Name einer slawischen Gottheit also.

1859 verteidigte Johann Erasmus Wocel in »Ueber die Runen der köbelicher Urne« in den »Jahrbüchern des Vereins für Mecklenburgische Geschichte und Altertumskunde« erneut die Echtheit der kleinen Funde, insbesondere von Tonidolen und einer Urne mit Runeninschriften. Die Inschrift auf der Urne wirkt erneut wie Wunschdenken, über die Runensteine lesen wir nun: »Ehe ich meine Meinung über die Bedeutung dieser Runenzüge ausspreche, muß ich daran erinnern, daß diese Urne auf dem für die slavische Alterthumsforschung höchst wichtigen Gebiete der alten Rhedarier gefunden wurde, auf welchem Sponholz die viel besprochenen Idole von Rhetra (Prilwitz), wie auch die Runensteine, die das Museum zu Strelitz bewahrt, gefunden haben soll. [...] Jene Runensteine im Museum zu Strelitz soll Sponholz theils auf dem Prilwitzer, theils auf dem Neukirchner und Stargarder Felde, also immer in der Nähe des alten Rhetra gefunden haben; auch stimmen diese Runen, mit welchen diese Steine bezeichnet sind, mit den Runenzeichen der Prilwitzer Idole überein. W. Grimm hat in seiner Abhandlung: ‚zur Literatur der Runen' [...] seine Meinung über diesen Gegenstand in folgendem Schlußsatze zusammengefaßt: ‚Hat Sponholz in einem bestimmten Umkreise allein 14 Runensteine entdeckt, so wäre es ein höchst unwahrscheinlicher Zufall, wenn gerade nur diese in Grabhügeln vorhanden und überhaupt die einzigen sollen gewesen sein. Es kommt also auf weitere Nachgrabungen vorzüglich in jenen Gegenden an, die von doppelter Wichtigkeit sein werden. Finden sich abermals ähnliche Runen (in jener Gegend), so werden die Einwendungen gegen die Aechtheit sämmtlicher slavischen Denkmäler zu Strelitz wegfallen'.«

Zu den Steinen von Strelitz kam die »massive Bronzeplatte« von Prillwitz – fast 160 Jahren nach den ersten Funden. Pastor Schmidt aus Prillwitz barg sie »um 1980 bei einem seiner täglichen Spaziergänge am Fuße des Schloßberges von Prillwitz«, wie der Archäologe Volker Schmidt in »Die Prillwitzer Idole. Rethra und die Anfänge der Forschung im Lande Stargard« berichtet. »Interessanterweise trägt die Rückseite eine Runeninschrift und läßt unmittelbare Parallelen zu den Prillwitzer Idolen erkennen. So stellt sich die Frage: Hat die Geschichte um diese Prillwitzer Idole immer noch kein Ende, oder war das Gideons letzte Rache?«

Gideon war Gideon Sponholz, der gemeinsam mit seinem Bruder Jacob und den Goldschmieden Uttermann, Neumann und Völcker die Idole und Schmuckgegenstände von Strelitz angefertigt hatte. Und wohl auch die Runensteine – vielleicht auch die erst viel später entdeckte Metallplatte. Es wäre zu schön gewesen, wenn die wilden Wenden Runen geritzt hätten – dann hätten die guten alten Germanen Kulturbringer sein dürfen.

Brandenburg hat einen Runenstein, der aus *Rogäsen* stammt, Gemeinde Rosenau. In Rogäsen brannte am 21. August 1851 die Schule ab, und bei den Wiederaufbauarbeiten stieß man auf einen Felsbrocken, den man als Fundament nutzen wollte. Als man den großen Klotz sprengte, entdeckte man auf der flachen Bodenseite seltsame Schriftzeichen in zwei bogenförmigen Zeilen. Sie ähneln stablosen Runen, enthalten aber auch Symbole, die eindeutig nicht runisch sind. Der 1,14 m hohe und 86 cm breite Stein steht heute geschützt im Kreismuseum

Der Gebetsstein von Steinbeck. (Foto: Bispingen-Touristik e.V.)

Jerichower Land in Genthin (Sachsen-Anhalt). Er ist rätselhaft, doch Runen sind die Schriftzeichen sehr wahrscheinlich nicht.

Der erste Runenstein *Niedersachsens* ist zwar mit Zeichen bedecket, doch ähnelt das »Doppelkreuz«, das er aufweist, keinem bekannten Runenzeichen. Der »Runenstein« steht auf dem ehemaligen Gelände des Klosters Domus St. Mariae, das nur (und wohl als Holzbau) zehn Jahre nach 1243 bestand, bevor es nach Scharnebeck bei Lüneburg umsiedelte. Der Volksmund hat viele Findlinge in der Lüneburger Heide romantisch benannt, und in *Bispingen-Steinbeck* heißt der Felsblock der Opferstein, Gebetsstein oder Runenstein, weil Zisterziensermönche einen heidnischen Altar zum Ort des Gebetes gemacht haben sollen. Auf seiner Südseite prangt die »Rune«, ein liegendes Doppelkreuz, wohl als Grenzzeichen.

»Der geheimnisvolle Runenstein zu *Jesteburg*« machte 1899 in der damals populären Zeitschrift »Die Gartenlaube« Schlagzeilen. Aber man kennt ihn bereits länger. Ein Korrespondent schreibt 1828 im »Neuen vaterländischen Archiv, oder Beiträge zur allseitigen Kenntniss des Königreichs Hannover wie es war und ist«, dass er sich »von der Anwesenheit und Aufbewahrung des

Der Runenstein von Jesteburg. (Illustration: Ulrich Magin)

denkwürdigen Steins auf dem Pfarrhofe zu Jesteburg in diesen Tagen persönlich überzeugt habe, da Herr Pastor Brügmann ihn in der Rücklehne seines auf den Pfarrhofe befindlichen Ruhesitzes hat befestigen – lassen. Er hat mir wiederholt versichert, daß er dieses wirklich unschätzbare Denkmal unserer alten nordischen Vorweser conserviren, und in dem Hannoverschen Magazin das Behufige darüber mittheilen wolle.

Der Stein hat eine runde abgeflachte Seite, wie eine Platte, und auf solcher befinden sich eine Menge Signaturen eingegraben, die ganz unzweifelhaft zur vormaligen Runenschrift gehören, weil mehrere der in jener Schrift vor kommenden Buchstaben mit den hiesigen Zeichen deutlich übereinkommen. In der Mitte des Rondels ist die Schrift sehr verwischt, und man kann noch nicht beurtheilen, ob dieses, ursprünglich vom Steinschreiber, vielleicht verbundene Buchstaben oder Wortfügungen sind, oder ob ein Verwittern der Masse durch den langen Säcularwechsel der Zeit statt gefunden hat. Einer der, auf Vermessung hier befindlichen Conducteure hat eine vorläufige Abzeichnung davon gemacht, die jedoch nicht ganz entsprechend ausgefallen ist, und auch nicht ausfallen konnte.

Unter den Forschern und Kennern eine vollkommene richtige Anschauung des Ganzen zu geben, würde ein Gypsabguß nöthig seyn.‘

Das Daseyn eines Runensteins in unserm Vaterlande würde eine so interessante und merkwürdige Thatsache abgeben, daß gewiß jeder Alterthumsforscher dringend wünschen muß, daß Hr. Pastor Brügmann mit der Bekanntmachung jenes Steins eilen, und sei gegebenes Versprechen auf das baldigste leisten möchte!«

Ein Besucher beschrieb den Stein 1895 in dem Monatsheft »Niedersachsen« wie folgt: »In diesen Stein, welcher in einem Grabhügel bei dem Dorfe Seppensen aufgefunden worden, waren nach jener Beschreibung 70 bis 80 eigentümliche Zeichen eingegraben, von denen einige etwa folgende Form hatten: V X T <. Ich hoffte, von dem Pfarrer zu Jesteburg etwas näheres über diesen ‚Runenstein‘ zu erfahren.

Im Pfarrgarten traf ich eine junge Dame, die [ich] nach dem Runenstein frug. [...] Ein solcher Stein sei nicht da, noch niemals habe Jemand darnach gefragt, sagte sie und beteurte mit eifrigen Worten ihre Unschuld an dem Verschwinden des Steins. Da ich keine Ursache hatte, an der Glaubwürdigkeit dieser Worte zu zweifeln, so schickte ich mich an, mich zu verabschieden. In diesem Augenblick erschien glücklicherweise der Herr Pastor, der von seinem Sonntagnachmittagsspaziergange zurückgekehrt war. Er führte mich in seine Studirstube und machte mir mit freundlicher Bereitwilligkeit die Mitteilung, daß der betreffende Stein noch vorhanden sei, sich jedoch in Stade in der Sammlung des dortigen Altertumsvereins befinde.«

Der Heimatverein Jesteburg zeigt den 60 x 40 cm großen Stein auf seiner Homepage, es ist eindeutig kein Runenstein, obwohl seine Oberfläche von tiefen Furchen durchzogen ist. Der Jesteburger Pastor Johann Gottlieb Runge habe sein Leben lang erfolglos versucht, die Inschrift zu entziffern. »Heute gilt es als wissenschaftlich erwiesen, dass die vermeintlichen Runen lediglich Auswaschungen von Material weicherer Substanz sind, die den Stein wie Adern durchzogen hatten.«

In *Sachsen-Anhalt* soll eine Steinkiste, also ein aus Felsplatten errichtetes Grab, eine Runeninschrift getragen haben. Wilhelm Carl Grimm zitiert über den »unweit der Saale zwischen den Dörfern Golitzsch und Daspig« ausgegrabenen Stein die Beschreibung des Forschers Hoffmann: »Besonders merkwürdig sind nun noch die auf den inwendigen Seiten der Steine ringsherum befindlichen Figuren, welche eingeätzt und meistens mit einer rothen, zum Theil auch mit einer schwarzen oder auch graulichen Farbe kenntbar gemacht sind. Soviel sich von

Diese Balkeninschrift in einem Fachwerkbau von 1750 in Werfen bei Herchen im Siegtal erinnert beim Z und durch die drei Trennpunkte zwischen den Worten an die skandinavischen Runensteine, sicherlich aber nur aus Zufall. (Foto: Ulrich Magin)

solchen Figuren noch entdecken lassen, so sehet man auf der einen Seite gegen Mitternacht [Nord] einen rothen Köcher mit Pfeilen, einen rothen Bogen mit einer schwarzen Saite, nahe dabei eine Figur, wie eine Hacke, graulich. Auf der andern Seite gegen Mittag [Süd] erscheint ein eingeätzter, schwarzer Hammer oder Aextchen mit einem rothen Stiele. Ferner zeigen sich auf allen Seiten lange rothe Linien, wiederum allerhand an lange Linien gegatterte, auch sonst eckige, rothe Züge, wie auch ovalsrunde und übers Kreuz gehende rothe Figuren. Zu oberst aber um den Rand herum ist eine besonders artige Einfassung in Gestalt eines zwei, auch dreifach in einander gesetzten lateinischen V.«

Grimm hält das Grab nicht für slawisch, sondern für germanisch – und deutet an, bei den »eingegrabenen rothen Zeichen: eckige, runde und ins Kreuz gehende Züge, an lange Linien gegattert« könnte es sich um stablose Runen handeln. Das wiederum ist aus heutiger Sicht doch eher unwahrscheinlich.

Manche modernen »Runensteine« sind auch purer Vandalismus, wenn beispielsweise auf die Steine des Megalithgrabes Visbeker Braut bei Wildeshausen drei Runen (darunter ein o) und Wirths Sinnbilder (ein Kreis mit Kreuz) eingeritzt werden, und das noch im Sommer 2020. Folgten hier rechte Geschichtsverdreher den Fantasien einer germanischen Großsteingrabzeit oder handelten

Symbole, aber ebenfalls keine Runen – geheimnisvoll wirkende Inschrift auf einer Grabplatte in St. Nicolai in Kalkar am Niederrhein. (Foto: Ulrich Magin)

Runenmagier und Esoteriker unverantwortlich, weil sie eine heilige Linie mit Kraft aufladen wollten? »In meinen 13 Dienstjahren habe ich so etwas noch nicht erlebt«, zeigte sich Dr. Jana Fries vom Landesamt für Denkmalpflege in Oldenburg entsetzt.

Je tiefer es in Deutschland nach Süden geht, desto unwahrscheinlicher wird ein authentischer, mittelalterlicher Runenstein, dennoch reißen die Funde nicht ab. Schon Wilhelm Carl Grimm bezweifelte Anfang des 19. Jahrhunderts den *Ostastein* aus *Nordrhein-Westfalen*, ein »angeblich altdeutsches Denkmal, auf dem sich Runenschrift befindet«. Er sei »zu mißtrauisch, als daß ich es für irgend einen Beweis könnte gelten lassen«.

Jüngst an den *Externsteinen* entdeckte Runeninschriften sind auf jeden Fall eine moderne Fälschung, offenbar von Neonazis, denn die verwendeten Buchstaben sind Guido von Lists Alphabet. Die Externsteine, eine christliche Kultstätte bei Detmold, gelten seit der nationalsozialistischen Zeit als altgermanische Sternwarte – eine Geschichtsfälschung, die sich auch im Kraftort-Tourismus etabliert hat.

Anfang der 1970er-Jahre wurde ein Runenstein beim *Dormagener Stadtteil Stürzelberg* entdeckt. Er war mit 18 cm Höhe und einem Gewicht von rund 7 Kilo eher klein, das Material stammte aus dem Kylltal in der Eifel. Zwischen Furchen, die der Pflug geritzt hatte, wies der Stein »deutlich erkennbare Zeichen in zwei untereinander liegenden Reihen« auf, wie die Forscher Peter Pieper, Britta Schlüter und Jost Auler 2010 in der Zeitschrift »Der Niederrhein« feststellten. Sie vermochten aber die Lettern nicht zu entziffern: »Abschließend ergibt sich also derzeit weder über die Transkription in das lateinische und/oder griechische Alphabet, noch auch über eine Auffassung als ‚Begriffsrunen' eine

Der Teufelsstein von Bad Dürkheim. (Foto: Peter Kauert)

sinnvolle Lesung, geschweige denn Deutung dieser Inschrift. Zwar spricht die Wiederholung bestimmter Zeichen sicher eher für die Intention einer Inschrift als für Auflistung eines – wie auch immer gearteten – einheitlichen Buchstabensystems, doch ergeben sich hierbei keine sinnvollen Wort- oder gar Satzzusammenhänge und somit auch keine Ansätze für eine Interpretation.« Dazu kommt – nur manche der Lettern waren Runen, andere lateinische oder griechische Buchstaben. Die Forscher vermuteten, es handele sich um ein modernes Relikt, böte aber »auch Gelegenheit für einen forschungsgeschichtlichen Rückblick in eine Vergangenheit irregeleiteter, da okkultistisch-esoterisch und ideologisch überprägter deutscher Runologie«.

Der Teufelsstein von *Leverkusen-Lützenkirchen* ist ein Naturdenkmal im Stadtwald Bürgerbusch. Der Name verrät schon, dass sich Sagen um den Felsklotz aus Braunkohlenquarzit ranken, die Heimatforscherin Helga Kruse-Klemusch zählt einige davon auf: Elfen tanzen bei Vollmond um ihn, es soll sich um einen Meteoriten handeln oder um ein Relikt der alten Germanen. »Manche Leute bezeichnen den Findling als Runenstein«, obwohl weder Inschriften noch sonstige Bearbeitungsspuren auf ihm zu finden seien. »Wahrscheinlich wollte man mit der Bezeichnung auf eine heidnische Kultstätte hinweisen.«

Einfache Felsklötze mit mittelalterlichen und neuzeitlichen Ritzungen – vielleicht als Grenzmarkierungen – sind die angeblichen Runensteine von *Nideggen* in der Eifel, die Heimatforscher nach dem Werk des UFO-Forschers und Däniken-Anhängers Willy Schillings in Massen beschrieben haben. Schillings spricht auch von einem »alten Runenstein«, den Arbeiter 1934 bei Rodungsarbeiten östlich des Rurstausees bei Obermaubach entdeckten. Es handelte sich um einen von Menschen bearbeiteten Stein mit Schälchen. Diese Schälchen, Ergebnis von Schleifarbeiten auf Steinoberflächen, sind seit der Jungsteinzeit bekannt, Schälchen finden sich allerdings auch an mittelalterlichen Kirchen. Die Schalen und Ringe seien von einem Fachmann auf die Zeit um 2000 v. Chr. datiert worden, der Stein habe jahrelang vor Ort gelegen, sei dann in den Park vor dem Leopold-Hoesch-Museum in *Düren* gebracht worden, heute befinde er sich im Museum. Auch wenn hier von einem Runenstein die Rede ist, zielt das Wort Rune erneut nur auf unverständliche Zeichen ab.

Einen in *Hessen* 1811 von Rittmeister von Schwertzell in alten Grabhügeln bei *Willingshausen* im nordhessischen Schwalm-Eder-Kreis aufgefundenen »Runenstein« beschreibt Wilhelm Carl Grimm als einen »kleinern fest gekeilten Stein, welcher eingehauene Zeichen zu enthalten schien«. [...] Er wurde herausgenommen und bei erregter Aufmerksamkeit unter den übrigen schon herausgeworfenen Steinen weiter nachgesucht, wo sich dann noch vier kleinere mit ähnlichen Zeichen fanden. Wo diese in dem Mauerwerk gestanden, ist also ungewiß. Sie wurden sämmtlich aufbewahrt und ich kann sie aus eigener Ansicht beschreiben. Alle fünfe bestehen gleich den übrigen in dem Hügel aus gewöhnlichem Sandstein und sind Bruchstücke. [...] Daher fallen die Zeichen mit natürlichen Rissen und Unebenheiten zusammen und sind manchmal schwer zu unterscheiden. Was nun diese selbst betrifft, so machen sie obenhin betrachtet den rohen Eindruck, als sey mit einem Werkzeug von Eisen auf dem Stein willkürlich hin und her gehauen und eingegraben, oder, wäre es weiche Masse gewesen, als habe sich etwa die Spur von Vögeln eingedrückt. Es sind lauter neben und auf einander gelegte, bald flacher bald tiefer gehauene Spitzen und Keile, wobei doch auch krumme und halbrunde Züge vorkommen. Dies alles spricht gegen eine Bedeutung und für eine blos zufällige Entstehung derselben. [...] Wie es häufig bei einmal angeregter Aufmerksamkeit zu geschehen pflegt, so traf es sich, daß im Anfange des Jahrs 1819 Hr. Forstmeister von Schwertzell in dem Walde bei *Spangenberg*, welches wenigstens fünf Meilen von Willingshausen entfernt ist, einen Stein fand, dessen Oberfläche ähnliche Zeichen enthielt. Wie er dahin gekommen, ob er vielleicht aus einem alten, aufgewühlten Grabhügel stammt, deren man doch keinen in der Nahe wahrnimmt, ist unbekannt. Er ist viel größer als die Willingshauser Steine, sonst eine rohe Sandsteinplatte, gleichfalls von einer blos natürlichen nicht behauenen Oberflache, zu beiden Seiten auch wohl abgebrochen. Die Zeichen haben im Ganzen mit jenen Aehnlichkeit, nur gestehe ich, daß mir der Verdacht eines blos natürlichen oder zufälligen Ursprungs hier noch viel leichter wird.« In der modernen Runenliteratur kommen diese hessischen Steine nicht mehr vor.

Ein Runenstein in der »Ardenbach«, 500 Meter östlich des Limeshofs bei *Pohlheim,* trägt eindeutig Futhark-Buchstaben, der »Stein« ist aber aus Holz. Es handelt sich um eine moderne Replik eines nordischen Runensteins, der am Limeswanderweg den Gegensatz Römisches Reich und unbesetztes Germanien illustrieren soll – wozu allerdings ein mittelalterlicher Runenstein aus christlicher Zeit eher ungeeignet erscheint. Die Inschrift jedenfalls, ochsenwendig eingeschnitzt, lautet: »im gedenken an die freien / staemme des unbesiegten / germaniens aufgestellt durch die / barbaren der limes ag pohlheim.«

Rheinland-Pfalz weist gleich mehrere Runensteine auf, von denen manche einfach nur Felsbrocken mit Gravierungen sind, die im 19. Jahrhundert, als jede seltsame Ritzung zumindest von unseren germanischen Vorfahren zu künden hatte, zu Runensteinen umgedichtet wurden. Andere Male mögen simple Wortähnlichkeiten den Namen diktiert haben – etwa beim Menhir von *Rhaunen* im Landkreis Birkenfeld, einem spitz zulaufenden, 1,70 m hohen, 90 cm breiten, wohl bronzezeitlichen Kultstein. Er wird auch Königstein, Heidenstein oder Runenstein genannt, und dieses »Runen« mag kaum mehr sein als eine Verballhornung von Rhaunen.

Auch ein »kreisrundes Artefakt von etwa 4 m Durchmesser«, das am Südhang des Wißbergs in der Ortsgemeinde *St. Johann* im rheinland-pfälzischen Landkreis Mainz-Bingen gefunden worden sei und das »mit keltischen Runen verziert ist«, scheint eher eine enthusiastische Deutung eines Fundes als ein echtes Relikt zu sein. Auf dem Wißberg haben Archäologen jungsteinzeitliche und frühkeltische Siedlungsspuren aus der Zeit um 800 v. Chr. nachgewiesen, als die Kelten noch keine Schrift kannten, von »keltischen Runen« ganz zu schweigen, die der Forschung ebenfalls unbekannt sind.

Der 2,50 m hohe, 4 m breite, wirklich beeindruckende *Teufelsstein* oberhalb des keltischen Ringwalls Heidenmauer über Bad Dürkheim zeige, so der Wikipedia-Eintrag, oben eine Opferschale und eine Blutrinne, die neben den in den Felsblock eingehauenen Stufen nach unten verlaufe. »Zudem trägt der Fels zahlreiche eingehauene Symbole, die aus verschiedenen Zeiträumen stammen: Neben Sonnen-

Der Nibelungenfels bei Elmstein im Pfälzerwald.
(Foto: AK-Bino, wikipedia.org)

rädern, Runen und römischen Ziffern lassen sich einige Markierungen feststellen, die an Steinmetzzeichen des 12. und 13. Jahrhunderts erinnern.« Es handelt sich aber nicht um erkennbare Runen, sondern eben mittelalterliche oder modernere Zeichen – der Stein ist ein beliebter Ausflugsort, und gerade im 19. Jahrhundert meißelte man gerne auch elaborierte Initialen in solche Felsen.

Auch die Runen, die den Nibelungenfels bei Elmstein zieren sollen, sind keine. Im Sommer 1929 hieb ein Student der Kunstakademie, der Westfale Heinrich (Heinz) Hawick, in einen Sandsteinfelsen ein völkisch inspiriertes Relief des Recken Hagen mit einem Spruch zur – schon damals unsinnigen – Nibelungentreue des Mannes, der sein ganzes Volk in den sinnlosen Endkampf führte. Hawick campierte mehrere Wochen im Schuppen eines Forsthauses, hieb den bereits im Stil des Dritten Reiches gezeichneten Helden und »die Runeninschrift«: »Nimmer vernarbt Nibelungen Not.« Es sind allerdings keine Runen, sondern lateinische Buchstaben in kantiger Form. Der Bildhauer fiel im Zweiten Weltkrieg.

Der 1991 errichtete Runenstein von Mußbach und der Text im Detail. (Foto: Ulrich Magin)

Naiver Entdeckerfreude verdanken wir den nächsten Runenstein, ebenfalls in der Nähe von Bad Dürkheim am *Drachenfels* gefunden, einem großen Felsblock mit Höhlen. Jedenfalls fand der Heimatforscher Dr. Christian Mehlis in der Umgebung des Buntsandsteinfelsens, an dem die Legende Siegfrieds Drachentötung lokalisierte, mehrere Reliefs und Runensteine – das waren keine völkischen Erfindungen, denn Mehlis vermutete, sie überlieferten Raubzüge der Wikinger entlang des Rheins. Mehlis fand eine »Vikinger-Skulptur« am Weisenberg nur einen Kilometer östlich des Felsens, dazu 1896 »einen Runenstein mit der Inschrift: ‚Ithufrith rit Jesus', d. h. ‚Ithufrid ritzte Jesus ein'«, wie er in einem langen Artikel der Zeitschrift »Pollichia« 1900 ausführte. Im Juni 1899 entdeckte er eine Felszeichnung an der Nordostseite des Weisenbergs. »Sie ist auf der Oberseite eines als Thorgewände verwendeten Sandsteinblockes von 1,75 m Länge, 0,80 m Breite und gleicher Dicke ziemlich deutlich eingezeichnet. [...] Auf dieser Platte ist nun eine Fläche von 0,60 m Länge und 0,45 m Höhe mit folgender Zeichnung bedeckt: Zur Linken und Rechten sind hohe blumenartige Gewinde angebracht, welche das Ganze einnehmen. Den Mittelpunkt nimmt

Eine Runeninschrift bei Neustadt an der Weinstraße. (Foto: Peter Kauert)

ein 20 cm langes, 12 cm hohes Vikingerschiff ein, kenntlich an dem Drachen mit langer Zunge, der den Hintersteven ziert. [...] Vorn hängt an der Kette ein breiter Anker herab. Zwischen Mast und Hintersteven scheint eine männliche Figur zu sitzen, von der der konische Helm, die Beine und das nach rückwärts eingestemmte Schwert noch zu erkennen sind. Über dem Schiffe steht ein Kreuz, dicht daneben sind Fische (?) oder Wellen eines Stromes eingehauen. Die lange Linie links davon soll wohl das Ufer eines Stromes (Rhein?) andeuten. Zur linken Seite unten sind im irischen Buchstabenstyle zwei Buchstaben ‚A J' angebracht, welche sich auch am Altar in der Drachenhöhle des nahen Drachenfels wiederfinden. [...] Die Zeichen rechts vom Schiffe bedeuten Wasserpflanzen, wie sie am sumpfigen rechten Rheinufer bei Worms (Rosengarten) jetzt noch wachsen. Die Figur vom Schiffe wird wohl den Seekönig personifizieren, der den Ueberfall von Worms geleitet hat.«

Mehlis brachte seinen Fund in das Museum der Stadt, heute ist er verschollen. Jedenfalls konnte ihn Frank Wieland dort im September 2015 nicht mehr auf-

Der Runenstein von Münchzell. (Foto: Erich Rück)

treiben. Es ist ohnehin zu vermuten, dass dem Gelehrten damals die Fantasie durchging …

Noch zu sehen ist ein weiterer Pfälzer Runenstein, der im Süden von *Neustadt-Mußbach* steht. Der übermannsgroße Brocken wurde 1991 anlässlich der Flurbereinigung in einem Steinkreis aufgestellt, der Heimatforscher Ernst Ost versah ihn mit einer 7-zeiligen Runeninschrift. Der Bildhauer verwendete »ostgotische«, rechtsläufige Buchstaben, die Zeilen jedoch verlaufen in die Gegenrichtung und enthalten ein paar Schreibfehler. Über der Inschrift liest man die Jahreszahl 1991, darunter hat sich der Ritzer der Runen verewigt. Der Text selbst ist ein Satz aus der in der Frühzeit der grünen Bewegung geschätzten »Rede des Indianerhäuptlings Seattle«, die 1855 aufgezeichnet wurde. Die Rede, die die Zerstörung der Umwelt beklagt, ist ziemlich subversiv auf einem Stein, der einen massiven Eingriff in die traditionellen Verhältnisse feiern soll!

Zwei weitere Runensteine finden sich im näheren Umkreis. Zum einen in Fels gehauene Buchstaben (das Wort liest sich RALTO) und ein Thorshammer mit der lateinischen Beischrift THOR, das Zeichen der neuen Heiden, die der Ludwigshafener Fotograf Peter Kauert am Rande des Wegs vom Sportplatz in *Neustadt an der Weinstraße* zur Wolfsburg fand. Handelt es sich um ein neuheidnisches Ritual oder um rechte Umtriebe?

Bei *Trippstadt* pflegt der Künstler Hans Hukwa Wagner einen Runenstein. »Jedes Mal wenn ich zu diesem Stein wandere, ritze ich eine neue Rune hinein«, notierte er am 27. Dezember 2011, verrät aber nicht, wo im Wald das Monument verborgen liegt.

In *Bayern* befindet sich vielleicht der einzige »Runenstein« außerhalb von Haithabu. Allerdings – die Inschrift, »runologisch nicht zu beanstanden«, wie Klaus Düwel schreibt, befindet sich auf einer Felswand in der Höhle Kleines Schulerloch bei *Kehlheim*, gemeinsam mit einem altsteinzeitlichen Ritzbild eines Steinbocks, der in einer deutschen Höhle ebenfalls eine Seltenheit ist. Das Ensemble wurde 1937 von dem Justizinspektor Alexander Oberneder aus Kelheim und dem Präparator Oskar Rieger entdeckt, und seither tobt die sehr detaillierte Echtheitsdebatte – sind die Runen Fälschungen, die mittels eines in einem Buch abgebildeten Futharks angefertigt wurden? Der Text lautet »Birg [ist] lieb dem Selbrad«, also offenbar ein Liebesgeständnis. Die Sinterschicht, in der die Buchstaben (die übrigens Vorbilder in damals bereits publizierten Inschriften, inklusive eines Druckfehlers, hatten) eingeritzt sind, verwittert gemeinhin innerhalb weniger Jahre, damit ist eine Annahme in altgermanischer Zeit eher fraglich. Von einer »fälschungsverdächtigen« Runeninschrift spricht Düwel, von einer »germanischen Inschrift« aus dem Jahre 800 n. Chr. (also zur Zeit Karls des Großen) sprechen die

Der Runenstein aus dem Fichtelgebirge. (Foto: Dietmar Herrmann)

Lokalzeitzungen. Das letzte Wort ist noch nicht gesprochen, aber unter Fachleuten tendiert man zu der Auffassung, dass es sich um eine völkische Spielerei aus dem Jahre 1935 handeln könnte, als in der Höhle Ausgrabungsarbeiten stattfanden.

Zum Zeitvertreib und aus nationalem Überschwang wurde auch der Runenstein von *Münchzell* in Mittelfranken geschaffen, ein Denkmal aus aufeinandergeschichteten Großsteinen, das heute in einer Waldlichtung steht. Seitlich ist in die Steine graviert: »Einem tapfern Wigand / Aus unserm Zennenland / Ward dieses Ehrenmal / Von Steinen ohne Zahl / Erhöhet im heiligen Hain / Um seiner eingedenk zu sein.« Darüber steht eine Schrift in Runen, die der Altertumsforscher und Theologiestudent Friedrich Wilhelm Huscher aus Ansbach 1830 für echt hielt und die er so übersetzte: »Dieses ist der Stein des Augiona Varlag, Wigands Teutschmann aus Zannua – Den Grabhügel hat errichtet Alfruner u.s.d.« So eindrucksvoll dieses Hünengrab wirkt, so modern ist es: Der preußische Regierungsrat Wilhelm Reynitzsch ließ es 1804 bei echten Hügelgräbern aufstellen, die er – der Überschwang der Zeit lässt grüßen – für germanische Heldengräber hielt. Das steht eindeutig fest: »Der Maurermeister Roth zu Bürgeln erklärte aber vor dem Stadtgerichte Heilsbronn: ‚Die auf der Platte des Steines befindliche Runenschrift, wie Reinitzsch sie nannte, habe ich selbst, nach seiner Anweisung, eingegraben,‘« wie das »Handbuch der vorzüglichsten, in Deutschland entdeckten Alterthümer aus heidnischer Zeit« 1842 erklärt.

Aus den 1920er-Jahren stammt der Runenstein bei *Selb-Häusellohe* im Fichtelgebirge unweit der Grenze zu Tschechien. Im dortigen Schausteinbruch steht ein Runenstein. Dietmar Herrmann vom Fichtelgebirgsverein erklärt seine Herkunft: »Der Stein (375 cm hoch, 185 cm breit, 85 cm tief) sollte in den 40er Jahren bei Sirmitz (tschechisch Žírovice, jetzt Stadtteil von Franzensbad/Františkovy Lázně aufgestellt werden. Es handelt sich dort um ein bronzezeitliches Urnenfeld. Das Steinmaterial stammt aus dem Filialsteinbruch Lindau (Lipná) der Firma Pauker, Auftraggeber war der Egerer Professor Hiersche. Zur Aufstellung des Steines kam es nicht, 1944 wurde die Produktion eingestellt und der Stein nach Selb transportiert und in der Nähe des Steinbruchs abgelegt, dann 1982 im Steinbruchgelände aufgestellt.

Die unvollständige Inschrift lautet:

‚Botschaft bringe ich von alter Zeit: Es wohnten hier östlich beim See tüchtige Menschen mit edler Gesinnung‘. Folgende Fortsetzung war geplant: ‚Sie zimmerten Häuser mit Werkzeugen, waren klug, mit Waffen gewandt, nicht war dem Volk bekannt noch das Eisen, doch ihr Erz war gleich wie Gold‘.«

Dieser romantische Text, der ohne rechte völkische Begeisterung daherkommt, beendet die Parade deutscher Runensteine. Zieht man die Exemplare ab, die Skandinavier bei Schleswig aufstellten, kommt man auf Steine mit mittelalterlichen Zeichen, die man mangels eines besseren Namens Runen nannte, auf natürliche Einkerbungen, einfach nur geheimnisvolle Felsbrocken, dann auf aus romantischen, völkischen und spielerischen Gründen geritzte, moderne Exemplare. Und doch hat fast jedes Bundesland (die Aufstellung in diesem Kapitel ist sicherlich nicht vollständig) ein oder mehrere Runensteine, die eben auch, unter dem richtigen Blickwinkel betrachtet, Auskunft geben über das Geschichtsverständnis, wenn nicht der Germanen, so doch der Menschen, die sie aufstellen ließen.

Ganz ohne nationalistischen Anspruch, sondern nur der Vollständigkeit halber sollen kurz noch Steine aus Österreich, der Schweiz und früheren deutschen Gebieten angesprochen sein, die sich nahtlos in das Spektrum einfügen, das bereits skizziert wurde – romantisch, völkisch, nationalsozialistisch.

Für einige der genannten Denkmäler ist wenig mehr zu finden als ein kurzer Eintrag im Internet. Der »Runenstein« von *Hallstatt*, einem der Zentren keltischer Kultur, ist ein Felsbrocken im Echerntal. »Der grosse Dachsteinforscher Friedrich Simony (1813–1896)«, so die Seite hallstatt.net, »prägte den Namen ‚Runenstein' wegen der charakteristischen runenähnlichen Verwitterungsspuren. In der Umgebung gibt es auch viele künstlich hergestellte ‚Runen', Felsritzbilder und geheimnisvolle Zeichen, deren Alter oft mehrere Jahrhunderte zurückreicht.«

Einen »keltischen Runenstein« soll es nach Internetwerbung am Seminarort *Maria Waldrast* in Tirol geben, problematischer ist der – vielleicht wirklich alte – handtellergroße Stein von *Rubring*, der 1943 oder 1946 von zwei Schülern in einem Bombentrichter am Ufer der Enns entdeckt worden sein soll. Sie gaben ihn ihrer Lehrerin Elisabeth Schmalbaug, später erwarb das Niederösterreichische Landesmuseum den Fund. Seit 1993 ist er in der Dauerausstellung des Geschichtlichen Museums St. Valentin zu sehen.

Das Kalksteinobjekt trägt eine Inschrift in drei Zeilen: »kindoe / iring / wth.« Das deutete der Archäologe Walter Steinhauser 1968, mit viel Interpretation, als »der Blitz soll Iring verschwinden lassen! Weihe, Donar!« Der Runenforscher Robert Nedoma wies 2003 darauf hin, dass diese Lesung »missglückt« sei, bei vielen Identifizierungen von Buchstaben war eher der Wunsch, ein lesbares Wort zustande zu bringen, Vater der Übersetzung. Wird jeder Buchstabe als das gelesen, als das er sich herausstellt, ist eine »nur einigermaßen zufriedenstellende Deutung dieser Sequenzen« nicht mehr möglich. Dazu kommt, so Nedoma, dass weder die Finder noch der Fundort noch das Fundjahr mit Sicherheit zu ermitteln sind, dass ein in Flussschotter gelagertes Objekt nicht so gut erhalten sein dürfte und letztlich die Formen der Runen ungewöhnlich sind. Es spricht alles für eine Fälschung, und doch: »[N]ach dem Stand der Dinge läßt sich die Frage, ob die Inschrift auf dem Stein von Rubring aus der südgermanisch-voralthochdeutschen ‚Runenzeit' oder erst aus dem 20. Jahrhundert stammt, nicht mit Sicherheit beantworten.«

Über die drei Runensteine mit Inschriften im jüngeren Futhark von *Schloss Rosenau* (Waldviertel) weiß man mehr. Georg Ritter von Schönerer (1842–1921) ließ sie aufstellen, um gleichzeitig seine pangermanische, großdeutsche Überzeugung auszudrücken. Als großer Verehrer des deutschen Reichskanzlers Otto von Bismarck veranlasste er im Schlosspark die Errichtung mehrerer Bismarck-Denkmäler: den Bismarckturm, die Bismarckeiche und die Runensteine. Nach eigenen Entwürfen des Schlossherrn grub ein Steinmetz in die Felsbrocken die Worte »Heil Bismarck!« ein – wobei Heil mit a geschrieben und das c in Bismarck neu erfunden werden musste! Einer der Runensteine befindet sich im Neuwald, die beiden übrigen an der Straße von Niederneustift nach Groß Gerungs.

In den deutschsprachigen Regionen der ***Schweiz*** sind mehrere Runensteine aktenkundig, oft aber handelt es sich bloß um Felsbrocken, die so bezeichnet werden, oder um mittelalterliche Grenzsteine. Nach dem »Inventar der Kulturgütergruppe Steindenkmäler der Schweiz« findet man einen »Runenstein« auf dem Tänneli bei *Brienz* (Bern), einen »Inschriftenstein mit Schriftzeichen, Initialen und Zeichen«, einen weiteren »Runenstein« 500 m von der Burg von *Rothenburg* (Luzern), der allerdings erst »in den 90er Jahren des 20. Jahrhunderts« graviert wurde und bereits jetzt schon verwittert ist, bei *Sarnen* (Obwalden) ist es ein »Stein mit auffallenden runenartigen Einschnitten«, in der St. Verena-Schlucht bei *Rüttenen* (Solothurn) ein »Runenstein oder Runnenstein«, offenbar ohne Inschrift, sondern nur mit einer Aushöhlung als Feuerstelle. Ein Stein, allerdings im rätischen Gebiet, der Stein von *Soazza* (Graubünden), soll mit »etruskischen (?) Runen und der ‚Schlinge' (Wirth) in eckiger Form« graviert sein – ein echter Fund oder erneut der lange Arm des völkischen Urgeschichtsfantasten?

Südtirol kennt einen Runenstein am Eingang zur ‚Hölle' im Pflerschtal mit vier Kreuzen, davon eines im Kreis – mittelalterliche Grenzzeichen also und keine germanische Schrift.

Schließlich ist unter den »deutschen« Steinen noch ein Fund aus Schlesien zu nennen, das heute zu ***Polen*** gehört. Grimm führt den »Stein von *Prausnitz*«

an: »Zu Prausnitz, im Fürstenthum Jauer in Schlesien, ist 1768 bei einem alten Stollen ein Stein, angeblich mit Runen bezeichnet, gefunden worden. Er kam 1769 nach Berlin, wo ihn die Academie der Wissenschaften erhielt, scheint aber gegenwärtig verloren zu seyn.«

3. Runensteine in Amerika

Runensteine in Amerika verdienen ein eigenes Kapitel – weil es so viele davon gibt. Der berühmteste aber und der, der als Erster entdeckt wurde, ist der Runenstein von Kensington in Minnesota, westlich des Oberen Sees, also mitten im großen nordamerikanischen Kontinent.

Der Runenstein von Kensington auf einem Foto von 1910. (Foto: Archiv Magin)

Heute ist er im Museum der Handelskammer von Alexandria in Minnesota ausgestellt. (Foto: Mauricio Valle, wikimedia.org)

Olaf Ohman, ein schwedischer Auswanderer, rodete dort im August 1898 eine Espe auf seinem Grundstück, als er auf etwas Hartes stieß. Es handelte sich um einen flachen Stein, der offenbar Inschriften trug. Ohman grub den Stein aus und brachte ihn zur Bank von Kensington, die ihn ausstellte. Der Stein wurde an der Northwestern University in Chicago untersucht und als »plumpe Fälschung« erkannt, zurückgesandt und stand seit August 1907 wieder auf Ohmans Farm. Dort sah ihn Hjalmar Rued Holand, ein Hobbyforscher, den der »einzige amerikanische Runenstein« so in seinen Bann zog, dass er es sich zur Lebensaufgabe machte, seine Echtheit und die Anwesenheit von Wikingern tief im amerikanischen Kontinent nachzuweisen. Holand entdeckte viele faszinierende Fakten, die für die Echtheit der Inschrift sprachen und die tatsächlich viele Fachleute überzeugten. Zum Beispiel hatte es 1355–1364 eine schwedisch-norwegische Expedition unter Leitung von Poul und Knudson nach Vinland gegeben – sie könnte den Stein hinterlassen haben.

Der Stein enthält, wie bei einem Buch in schönen Zeilen untereinandergeschrieben, folgenden Text: »8 Goten und 22 Norweger auf einer Entdeckungsreise von Vinland West. Wir lagerten bei zwei Schären, einige Tagereisen nördlich von diesem Stein. Wir fischten einen Tag. Als wir heimkamen, fanden wir 10 Männer rot von Blut und tot. A. V. M. [Ave Virgo Maria] rette uns von … haben … Männer am Meer, um auf unsere Schiffe aufzupassen, 14 Tagesreisen von dieser Insel, Jahr 1362.«

Der Runenstein fand schnell prominente Befürworter. In Deutschland waren das vor allem der Geograf Richard Hennig, der in mehreren Büchern immer wieder auf der Echtheit der Inschrift beharrte, und der Sachbuchautor Paul Herrmann in seinem Bestseller »Sieben vorbei und acht verweht«. Sie erweckten den Eindruck, als spräche alles für die Echtheit des Fundes. Und doch war der Stein nie unumstritten. Gern hätte der Nationalsozialismus ebenfalls so getan, und die »Zeitschrift für Rassenkunde« stellte 1937 fest, die Runen seien »stets aufs neue als unweigerlich echt befunden worden«, doch das ebenso germanophile »Germanien« schrieb im gleichen Jahr: »Die soeben gebotene Auswahl von unmöglichen Sprachformern zeigt wohl zur Genüge, daß die Kensington-Inschrift keinesfalls echt, d. h. im Jahr 1362 verfaßt sein kann.« Denn der Text ist weder in altem Norwegisch noch altem Schwedisch verfasst, sondern in einer alt tuenden Version der modernen Sprachen, und in Kensington gab es ein Buch mit Erklärung der Runenschrift, die genau den auf dem Stein verwendeten Runen entsprach. Vermutlich wollte ein Einwohner – es muss nicht der Finder gewesen sein – seinen Stolz auf seine skandinavische Herkunft durch solch einen Runenstein belegen.

Heute aber weiß man, dass weder der Stil der Buchstaben noch die Sprache, in der die Inschrift verfasst isst, authentisch mittelalterlich sein können. Seit der Archäologe Helge Ingstad einen Wikingerhof auf Neufundland ausgrub, ist er als Beweis für die skandinavische Entdeckung Amerikas auch nicht mehr nötig. Der Stein entspricht auch weder im Entwurf (kein Kreuz und Schlangenband) noch von den Formulierungen den authentischen wikingerzeitlichen Steinen Skandinaviens.

Der Fund von Kensington ist längst nicht der einzige vorgebliche Runenstein in den Vereinigten Staaten. Es soll gleich vorausgeschickt werden: Bislang hat sich kein einziger Runenfund auf dem amerikanischen Festland (im Gegensatz zu Grönland) als authentisch wikingerzeitlich erwiesen. Aber die zahlreichen Funde von Runensteinen (die nun von Ost nach West, von Nord nach Süd aufgeführt werden) zeigen, wie sehr die europäischen Siedler ihre eigene »Vorgeschichte« nach Amerika mitnehmen wollten – das ging so weit, dass echte indigene Felsbilder mit einem Handstreich zu Runensteinen umgedeutet wurden.

Betrachten wir zunächst die Steine von Spirit Pond in Phippsburg, Maine, die 1971 von dem Zimmermann Walter J. Elliott, Jr., entdeckt wurden. Einer zeigt eine präzise Karte der Umgebung mit runischer Legende, ein zweiter weist insgesamt 15 Textzeilen auf zwei Seiten auf. Ein Professor der Harvard University, Einar Haugen, transkribierte die Runen 1974 und stellte fest, dass die Runen mit den in der Wikingerzeit gebräuchlichen wenig gemeinsam hatten (die meisten sind Abwandlungen bekannter Runen des jüngeren Futhark) und dass die Texte, die man lesen konnte, aus »ein paar Worten Altnorwegisch und viel Unsinn« bestanden. Die Zahlen sind die des Kensington-Steins. Er vermutete ein Entstehungsdatum nach 1932. Alternative Archäologen, etwa Suzanne Carlson von der Hobbyarchäologengruppe NEARA (New England Antiquities Research Association), las: »die schäumenden Arme Ägirs, wütender Gott des Meeres«. Auch das passt nicht zu einem wikingerzeitlichen Runenstein, der jedenfalls im angenommenen Entstehungsjahr um 1400 längst christlich geprägt sein müsste.

Südlich von Maine, in Massachusetts, gibt es eine ganze Reihe Runensteine – was sicherlich damit zusammenhängt, dass frühere Gelehrte das Vinland, den Teil Nordamerikas, den die Wikinger kurzzeitig besiedelten, dort vermuteten. Heute weiß man, dass Vinland im viel weiter nördlichen Nord-Neufundland lag, wo es schließlich auch ausgegraben wurde.

Der Inschriftenstein von Dighton, ein historisches Foto von 1893. (Foto: Frank S. Davis, wikimedia.org)

Gerhard Böhm, ein österreichischer Afrikanologe, erwähnt den Runenstein vom Aptucxet Trading Post, einen Granitklotz mit Schriftzeichen, den er als falsch einstuft: Es »gibt weder eine Algiz-Rune noch einen ‚Donnerbesen'; das betreffende Zeichen hat nur zwei Zweige; der vermeintliche dritte Zweig ist anscheinend eine natürliche Kerbe im Stein. Auch was eine Haglan-Rune [Hagal] sein soll, sieht dieser in Wahrheit wenig ähnlich«. Der Stein ist auch als »Bourne Stone« bekannt und wurde nicht nur als Wikinger-, sondern auch als Phönizier-Relikt angesehen, so von Barry Fell, einem Mann, der beweisen wollte, dass Phönizier, Iberer und Iren bereits in der Bronzezeit Amerika besuchten (er präsentiert hauptsächlich Ogham-Inschriften, die Archäologen für Pflugspuren halten). Die offizielle amerikanische Forschung betrachtet die »Schriftzeichen« auf dem Stein als Petroglyphen der amerikanischen Ureinwohner. Der Archäologe Craig Chartier vom Plymouth Archaeological Rediscovery Project vermutet, man könne die Bilder als europäische Schuhe und europäisches Segelschiff deuten und vermutet, ein indigener Häuptling habe auf dem Stein eine Erinnerung an den ersten Kontakt mit englischen Seefahrern festgehalten.

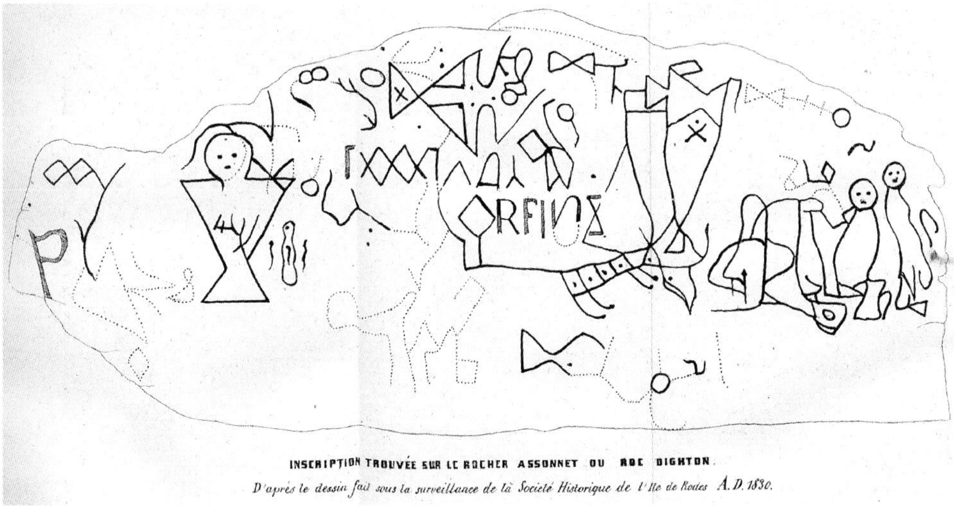

Umzeichnung 1830 durch die Historical Commission of Providence, Rhode Island. (Foto: wikimedia.org)

Auf dem Dighton Rock, auf dem Grunde des Taunton River bei Berkley gefunden, fielen schon früh Inschriften auf – es handelt sich also nicht um eine moderne Fälschung. Allerdings: Ganz sicher handelt es sich auch nicht um Runen, wie ein schneller Blick zeigt. Man hat die Felszeichnungen den Wikingern zugeschrieben, Phöniziern, Portugiesen – stammen dürften sie jedoch von den Menschen, die am längsten hier gelebt haben: den Indianern.

Um 1860 entdeckte man in Yarmouth einen weiteren Runenstein, den Henry Phillips aus Philadelphia 1914 endlich entziffern konnte. »Harkussen Men Varu«, las er, »Harkas Sohn hielt eine Ansprache an die Männer.« Er nahm an, der Text beziehe sich auf eine Forschungsreise, die Harki aus Grönland 1007 unternommen habe. Der Stein hat also einen für Runensteine ganz unüblichen Text, auch fällt auf, dass alle diese amerikanischen Runensteine weder Kreuz noch Schlangenband tragen.

Auf Martha's Vinyard, einer Insel vor der Atlantikküste, wurden gleich mehrere Runensteine entdeckt, als man dort noch stolz verkündete, hier habe einst Leif Erikson gewohnt, der Entdecker Amerikas. Ein Pressebericht von 1931 berichtete über eine dieser Entdeckungen: Im Herbst 1920 fand Joshua Crane, der Besitzer des Landhauses No Man's Land, die Inschrift auf einem halb im Meer verborgenen Felsbrocken. Und wie lautete sie? »Leif Erikson MI« (also 1001 in römischen Zahlen). Heutige Archäologen bezweifeln die Echtheit …

Auch südlich von Massachusetts, im US-Bundesstaat Rhode Island, soll es bei Narragansett einen Runenstein geben, der früher nur bei Ebbe sichtbar war. Er wurde geborgen, gestohlen, 2015 wiedergefunden und steht heute in Wickford. 1986 übersetzte Paul Chapman von der NEARA die Inschrift als: »Achtung! Schreckliche Bären hier!« 2014 meldet sich dann Everett Brown aus Providence und erklärte, er haben die Runen – deren junge Entstehung leicht zu erkennen ist – im Sommer 1964 gemeinsam mit seinem Bruder Warren in den Fels von Quidnessett geritzt.

Bei Arrow Head, Virginia, drei Kilometer vom Wasserfall des Potomac entfernt, soll am Flussufer das Grab der Frau eines norwegischen Häuptlings mit einer Runeninschrift entdeckt worden sein. Sie lautete übersetzt: »Hier ruht Syasi, die Blonde aus dem Westen Islands, Koldrs Witwe, Thorgrs Schwester, von ihrem Vater, 25 Jahre alt. Gott habe Gnade mit ihr.« Das ist die erste amerikanische Runeninschrift, die wie eine echte skandinavische klingt. In dem Grab sollen sich, nach Presseberichten 1869 und 1892, verschiedene Pflegeutensilien aus Bronze, zwei Glieder einer Kette und zwei oströmische Münzen befunden haben. Die Entdecker mutmaßten, die Begrabene habe in einem Verhältnis zu einem Söldner von Byzanz gestanden. Der Stein wird in keinem modernen Runenbuch mehr erwähnt.

In Minnesota, der Heimat des Runensteins von Kensington, wurden vier weitere Steine entdeckt, die allesamt das »Original« imitieren – der »AVM-Runenstein«, der nah am Fundort des ersten Steins gefunden worden sein soll, der Runenstein von Elbow Lake und die Vérendrye-Runensteine, die angeblich schon 1730 gefunden wurden.

Ein dreister Schwindel oder ein herrlicher Scherz – wie man es nimmt – kam 1869 aus St. Louis in Missouri. Dort wurde an der Brücke gearbeitet, die den gewaltigen Mississippi überqueren sollte. Bei einer Sprengung »ergab sich ein seltsames Phänomen«. Rauch stieg auf, und als man nachschaute, fand man, dass eine riesige Höhle entdeckt worden war. Man stieg hinab, watete durch den Schlamm am Boden und fand einen sechs Meter hohen Tunnel, der sich unter dem Fluss bis nach Illinois zog. Immer wieder zweigten Gänge seitwärts ab.

»In der Hauptpassage sahen wir keine Werkzeugspuren, aber als wir einen der seitlichen Gänge betraten, kamen wir bald in eine große Kammer, die von schiefen Säulen aus massivem Gestein getragen wurde. Die Kammer wurde ausgegraben. An den Wänden befanden sich Nischen mit eng eingefügten Steinplatten. Jede Platte war mit Inschriften in Runen bedeckt, die eine erstaunliche Ähnlichkeit mit denen auf der Platte [...] hatten, die aus den Minen von Ninive

Die Inschrift auf einem der Runensteine aus Heavener.
(Foto: Technogypsy, wikimedia.org)

stammt. Zwischen den Nischen ragten mit abessinischen oder ägyptischen Köpfen drapierte Pilaster hervor, das ergab eine beeindruckende Wirkung, wenn sie vom Fackellicht erhellt wurden. Diese süßen, traurigen Gesichter blickten altersgrau auf uns herab, wie die Seelen Verstorbener.« So geht es noch eine Weile, dann wird die Vermutung ausgesprochen, die Skulpturen hätten etwas mit Cahokia zu tun, der riesigen vorkolumbianischen Stadt in der Nähe. Runen wurden in Assyrien natürlich nie geschrieben, solche geschwindelten archäologischen Sensationen (»Ägyptische Königsgräber im Grand Canyon entdeckt!«) waren damals gang und gäbe. Ob sie je jemand ernst genommen hat, wer weiß … Jedenfalls schließt der Bericht: »Wir wollen nicht spekulieren, sondern warten in schier atemloser Spannung auf zukünftige Entwicklungen.« Immerhin: Ein Mitglied der Expedition sei ein berühmter Sanskrit-Experte gewesen, der die Runen zu übersetzen vermochte und feststellte, dass sie die Krönung der biblischen Königin Esther, der Frau des Perserkönigs Ahasveros, beschrieben. Mehr multikulti geht eigentlich nicht.

In Oklahoma kennt man eine Handvoll Runensteine. Der aus Heavener ist 3,60 m hoch, die Runen lauten »Gaomedat«. Ändert man einige der Buchstaben, ergibt das Glomedal, Gloms Tal. Vielleicht wollte der Ritzer – so eine These – auch Gnomedal schreiben, das Tal der Zwerge. Es darf bezweifelt werden, ob, wie eine Website schreibt, »die Lehrmeinung ist dass es sich um einen Grenzstein aus der Zeit zwischen 600 und 900 handelt« – denn damals gab es ja das jüngere Futhark noch nicht, und auch Wikinger waren noch nicht nach Amerika gelangt. Ein zweiter Runenstein, 75 x 35 cm groß, bietet das R und

Der Shawnee-Runenstein. (Foto: Heironymous Rowe, wikimedia.org)

eine unspezifizierte Binderune. Ein dritter Runenstein zeigt Truthahnfährten, ein X und die Runenbuchstaben g, r und t. Weitere Steine mit Runentexten sollen in der Gegend bekannt gewesen sein, sie seien aber von Schatzsuchern in den 1930er- und 1940er-Jahren zertrümmert worden bevor jemand die Inschrift dokumentieren konnte.

1967 fanden Schuljungen einen Runenstein nahe Poteau, Oklahoma. Es ist 38 cm lang und trägt sieben Buchstaben, die denen des ersten Steins von Heavener zu entsprechen scheinen. Poteau liegt 10 Meilen südöstlich von Heavener, die Fundorte aller Steine bilden eine gerade Linie.

Der 1969 entdeckte Runenstein von Shawnee trägt die Inschrift »medok« im älteren Futhark – das soll sich auf den walisischen Prinzen Madoc beziehen, der der Sage nach um das Jahr 1170 nach Amerika fuhr – als niemand mehr das ältere Futhark benutzte … und ein Waliser wohl erst recht nicht, der schrieb längst Latein. Der Hobbyforscher Alf Monge »fand heraus«, dass es sich um eine verschlüsselte Botschaft handelte und eigentlich das Datum 24. November 1024 darstellte.

Selbst an der amerikanischen Pazifikküste sollen Runensteine entdeckt worden sein – eine weite Reise selbst für den abgebrühtesten Wikinger! Ein Professor Opsj will im 19. Jahrhundert eine Runeninschrift im Tillamook County, Oregon, entziffert haben (der schwedische Name verblüfft nicht!), und der Runenstein von Spokane im Bundesstaat Washington machte 1926 sogar weltweit Schlagzeilen. Professor Olaf Opsjon fand dort einen Lavabrocken mit nordischen Runen, die ein spannendes Abenteuer beschrieben, dass die Wikinger anno 1010 mit Indianern hatten – wie auf dem Kensington-Stein, möchte man anfügen.

»Nach Professor Opsjon berichtet die Inschrift, dass eine Gruppe von Wikingern, die aus vierundzwanzig Männern, sieben Frauen und einem Säugling bestand, einem alten Pfad von West nach Ost folgte und an der nahen Quelle hielt, um zu lagern. Eine Gruppe Indianer, die später auftauchte, fand den Brunnen leer und griff die Wikinger sofort an. Diese legten ihre Frauen und den Säugling auf die Felsen und kämpften zu dessen Fuße. Sechs der Frauen wurden gefangen genommen, die Frau mit dem Baby aber vom Felsen herabgeschleudert, zwölf der Männer getötet, der Rest entkam. Sechs von ihnen kehrten später zurück und begruben ihre Toten, die von den Indianern ihres Besitzes beraubt worden waren, und ritzten die Runen ein. Professor Opsjon berichtet, dass der Grabhügel noch sichtbar sei, lehnt aber ab, die Totenruhe zu stören.« Man kann sich die Reaktion der Fachwelt leicht vorstellen: »Die Ankündigung wurde von Anthropologen in den östlichen Staaten skeptisch aufgenommen.« Dr. Hough, Chefkurator für Anthropologie im United States National Museum, hielt den Bericht für »unglaublich«, Dr. Spinden, Kurator des Peabody Museums an der Harvard University, verlangte mehr Beweise für die »in sich unwahrscheinliche Behauptung«. Die kamen nicht, konnten nicht kommen. Bis heute hat man nichts mehr vom Runenstein aus Spokane gehört, aber 1926 berichteten nicht nur Zeitungen aus Neuseeland über den sensationellen Fund, sondern auch das US-Nachrichtenmagazin »TIME« und (am 8. Juli) die spanischen Tageszeitungen »ABC« und »La Vanguardia«!

Übrigens wurden in den Vereinigten Staaten nicht nur Runensteine entdeckt. Kaus Düwel erwähnt ein 1954 in Waukegan in Illinois gefundenes, mit Runen beschriftetes Horn, dessen Gestaltung auf einen 1927 gestorbenen Künstler Hjálmar Lárusson zurückverfolgt werden konnte: Es handelte sich also nicht um eine Fälschung, aber auch nicht um ein Wikingerhorn, sondern um ein Kunstwerk.

Der Vinland-Runenstein
Erzählt ein norwegischer Runenstein von einer Vinland-Fahrt der Wikinger? 1902 veröffentlichte der Professor Sophus Bugge aus Kristiana (heute Oslo) einen Bericht über einen Runenstein, der 1918 in Hönen in der Nähe von Ringerike in Mittelnorwegen gefunden wurde. Ein Altertumsforscher hatte die Inschrift 1823 kopiert, der Stein selbst war 1838 verschwunden. Der Stein, so Bugge, stamme aus dem 10. Jahrhundert, beschreibe detailliert die Lage von Vinland und sei zum Gedächtnis von Nordmännern errichtet worden, die ihren Tod im ewigen Eise fanden. Magnus Bernhard Olsen, Professor für Altnorwegisch an der Universität Kristiana, seinerseits bestätigte zwar die Westfahrt der Wikinger, die wohl um 1050 in Grönland gestorben waren, zeigte aber, dass »Vinland« ein Lesefehler war.

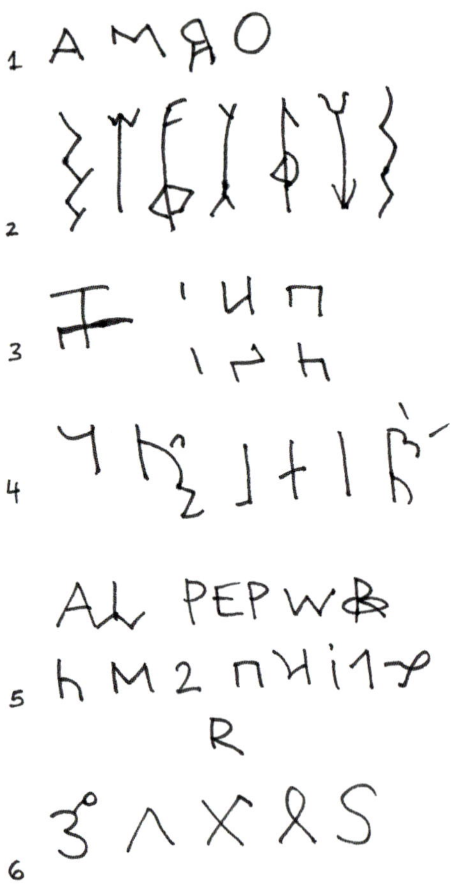

Auch in Südamerika sollen Runensteine gefunden worden sein, hier stammen praktisch alle Meldungen von einer Gruppe, die sich um Jacques de Mahieu geschart hat. De Mahieu hat zahllose Runeninschriften in sämtlichen südamerikanischen Staaten entdeckt, die – so sagt er – belegen, dass alle Hochkulturen in Mittel- und Südamerika ihre Entstehung entweder den normannischen Tempelrittern oder den Wikingern verdanken, die aus Vinland bis nach Bolivien segelten, oder – noch früher – von den germanischen Atlantern, die den Kontinent erreichten, als ihre Urheimat Helgoland in der Nordsee versank. Anders gesagt: Jede altamerikanische Hochkultur ist im Grunde germanisch, eigene kulturelle Leistungen erbrachten die Indianer nicht.

Runeninschriften vom brasilianischen Amazonas nach Jacque de Mahieu, »Des Sonnengottes heilige Steine«.

Es wundert kaum, dass Jacques de Mahieu Mitherausgeber der rechtsextremen Zeitschrift »Elemente« war, ein ehemaliger SS-Mann und Rassentheoretiker. Ins Deutsche übersetzt wurden seine Bücher von Wilfried von Oven, dem früheren Pressereferent von Goebbels. Jedenfalls führt de Mahieu in seinem mehr als ein Dutzend Bücher über Tempelritter, Wikinger und Atlanter Runensteine in Südamerika an. Die Bücher tragen malerische Titel wie: »Wer entdeckte Amerika?«, »Templer in Amerika: oder das Silber der Kathedralen« oder »Des Sonnengottes heilige Steine«. In Paraguay enthielt das runische »Alphabet« Schriftzeichen des angelsächsischen Futhark, in Amazonien und am Titicacasee fand er weitere Exemplare, in Kolumbien entdeckte er Runen an einem Megalithbauwerk in San Augustin, in Nazca auf einer Graburne. De Mahieus Funde spielen in vielen alternativen Archäologiebüchern über die Entdeckung Amerikas eine Rolle. Und doch ist die ideologische Absicht hinter diesen Entdeckungen leicht durchschaubar: »Im Blick auf die Vergangenheit einzelner Entdecker«, stellt Klaus Düwel karg fest, »muß man mit Fälschungen rechnen.« Und an seiner Gesinnung lässt de Mahieu keinen Zweifel: »Volk – Nation – Rasse: Grundlagen der Biopolitik« heißt einer seiner Titel von 2003. Aber nicht nur die Gesinnung ist die falsche, auch die Runen stimmen nicht: Letztendlich weisen die meisten »Runensteine«, die de Mahieu zeigt und transkribiert, kaum mehr als parallele Striche auf Stein auf – sodass er mehr als einmal zu der Erklärung von »Protorunen« greifen muss oder zu Geheimrunen, damit er die Striche so lange variieren kann, bis etwas Lesbares herauskommt.

V. Runen bis heute

1. Irrungen und Fälschungen

Aus den unterschiedlichsten Gründen – vor allem aus Nationalstolz oder Geltungssucht – kommt es bei Neufunden von Runensteinen oder mit Runen verzierten Schmuckstücken immer wieder zu Betrügereien. Manche Forscher waren früher so enthusiastisch, dass sie schnell einer Selbsttäuschung aufsaßen. Und manche in privatem Rahmen geritzten Runen werden nur wenige Jahre später entdeckt und zu echten Zeugnissen aus altersgrauer Zeit erklärt. In diesem Abschnitt soll es um Irrungen und Fälschungen rund um die Futhark-Buchstaben gehen.

Der bedeutendste und am längsten währende aller Irrtümer spielte sich in Schweden ab. Auf den Felsen einer Waldlichtung bei Runamo nahe Blekinge wollten Gelehrte die umfangreichste je entdeckte Runeninschrift aufgespürt haben.

Von der Inschrift berichtete bereits der dänische Geschichtsschreiber Saxo Grammaticus (um 1160 bis nach 1208): »In der Provinz Blekinge ist ein Felsgrat mit einem Pfad, der dort entlangführt. Und auf dem ganzen Pfad sind eigentümliche Schriftzeichen. Man sieht sie den ganzen Weg bis hin zum Meer in der Wildnis von Varend, und zwei Zeilen ziehen sich lange daran entlang, je eine an beiden Seiten des Weges. Der Zwischenraum zwischen den Zeilen ist schmal, und auf der Oberfläche sind Runenbuchstaben. Auch wenn sich der Weg über Berg und Tal hinzieht, findet man Spuren der Runeninschrift auf der gesamten Länge des Weges.«

Der isländische Runenexperte Professor Finnur Magnusson untersuchte den Felsen für die Königliche Gesellschaft von Dänemark. Den ganzen Sommer 1833 wurden die Runen kopiert, dann veröffentlichte Magnusson nach Jahren intensiver Arbeit, in denen er zunächst den Code der Geheimrunen zu knacken hatte, seine Übersetzung in den Jahrbüchern der Gesellschaft. Die Runen, von rechts nach links gelesen, stellten sich als fünf Gedichte in strengstem Metrum heraus, die in altnordischen Versen den Sieg Harald Hildekinds über König Sigurd Ring im Jahre 395 feierten.

»Hildekind eroberte das Königreich
Gardar ritzte die Runen
Ola sprach den Eid
[...]
Möge Odin den Zauber heiligen
Möge König Ring
In den Staub fallen
(Inschrift unleserlich)
Elfen, Götter der Liebe
(sollen in Ruhe lassen) Ola
Odin und Freya
Und das Geschlecht der Asen
Musst vernichten, vernichten
Unsere Feinde
Verleihet Harald
Großen Sieg«

Das war so lange eine Sensation, bis sich herausstellte, dass die »Runen« einen ganz natürlichen Ursprung hatten. Wenige Jahre später nämlich fand der schwedische Geologe Berzelius heraus, dass es sich bei den vermeintlichen Runen nur um Risse und Spalten in einer Steinader im Felsen gehandelt hatte. Viele frühe Runenbücher des 19. Jahrhunderts betrachten dennoch die Runamo-Runen als echt und leiten eigene Konstrukte von den von Magnusson gefundenen Formen und Binderunen ab. Denn um die Haarrisse als Buchstaben lesen zu können, musste der Gelehrte so manche Binde- und Geheimrune voraussetzen.

Über die Runamo-Inschrift herrscht heute Übereinstimmung unter den Forschern, bei manchen Funden ist aber unklar, ob es sich um Fälschungen handelt oder nicht. Wie bei manchen frühen Runen, man denke an die Fibel von Meldorf, sind sich die Experten uneins. Ein Walbeinkästchen aus der Stiftskirche in Bad Gandersheim in Niedersachsen mit einer Futhorc-Beschriftung im Stile des 8. oder 9. Jahrhunderts ist für Klaus Düwel von zweifelhafter Echtheit, es gilt generell aber als authentisches Relikt des frühen Mittelalters. »Ich segne dich im Zeichen des Kreuzes«, lauten die Runen auf der Innenseite des Deckels nach Tineke Looijenga und Theo Vennemann, »[mit] Krankenöl im Namen Christi.« Dabei steht eine Sternrune teilweise als Laut-, teilweise als Begriffsrune.

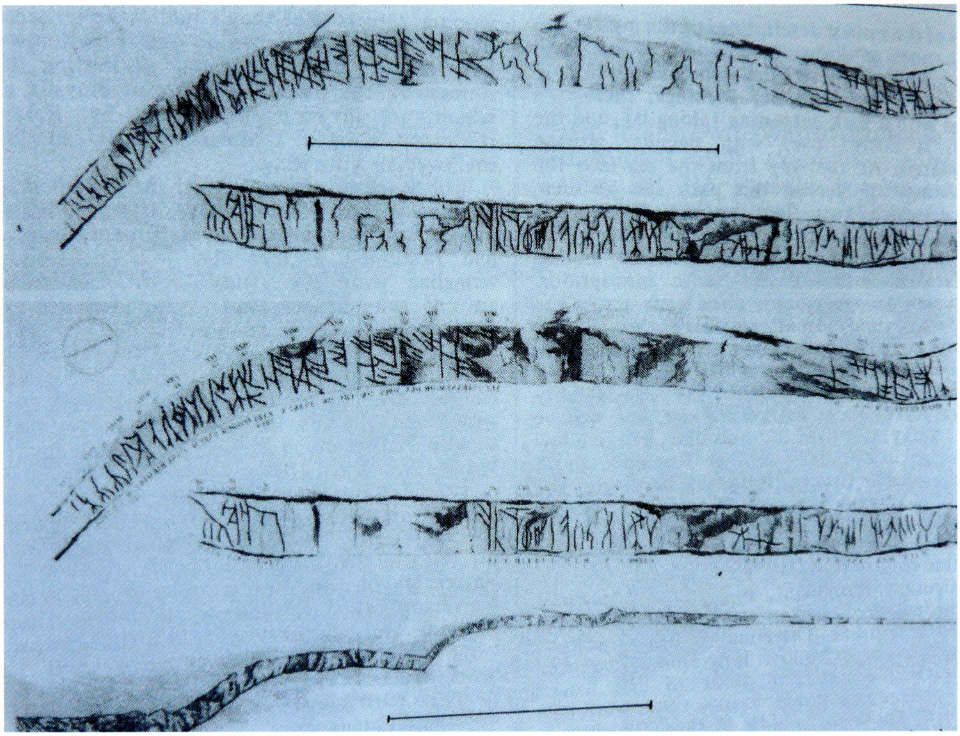

Zwei Lesarten der Inschrift von Runamo, nach Finnur Magnusson.

Ein kurioses Stück war sicherlich ein bilingual Hebräisch und Nordisch beschrifteter Stein. Dr. Mielziner aus Kopenhagen berichtete 1863 über ein »in Schweden gefundenes Epitaphium des Aschkenas ben Gomer«. Aschkenasen sind die Juden aus dem mitteleuropäischen Raum, der Verstorbene war also jüdischen Glaubens. Dass sie in Skandinavien im Mittelalter, wie ihre Landsleute, etwas in Runen eingeritzt haben könnten, ist zunächst einmal gar nicht so unwahrscheinlich. Nach Dr. Mielziner »wurde [die Grabinschrift] im Jahr 1830 ganz zufällig auf dem sogenannten Giesseberg in der Nähe von Falköping einige Fuß unter der Erdoberfläche gefunden und besteht aus einem 4 ½ Fuß [1,35 m] hohen Kalksteine, der mit Inschriften und Figuren bedeckt ist. Oben ist ein Schiff mit Mast, Segel und Rudern zu sehen. Darunter steht eine in zwei Reihen geordnete hebräische Inschrift, deren Buchstaben groß und theilweise leserlich sind. [...]

Unter dieser Inskription sieht man neben einander einen Vogel mit getrenntem Schnabel und ausgebreiteten Flügeln nebst einem vierfüßigen Thiere, das einen

Die Runen von Runamo, nach Erik Dahlberg, Suecia Antiqua.

Wolf oder einen Bären vorstellen soll. Ganz unten befindet sich eine schlangenförmige Runenschrift. Diese wurde seiner Zeit von den runenkundigen Brüdern Jonas und Eric Mellin, welche dem in ihrer Nachbarschaft aufgefundenen Steine besondere Aufmerksamkeit schenkten, dahin gedeutet: ‚Für den weit berühmten Aschkenas, seinen Stammvater, für Riphat und Thorgarma errichtete König Gylfe diesen Stein.' Sowohl die hebräische Inschrift, als die Runenschrift sprechen somit von Aschkenas. Die erste scheint sagen zu wollen, daß der genannte Aschkenas an der Stelle gestorben, wo der Stein errichtet worden.«

Das bedeutete: Ein schwedischer König betrachtete einen Juden als seinen Vorfahren und adelte so seine Sippe. »Daß Jemand mit diesem Runensteine ein *falsum* begangen haben sollte, war ein Gedanke, den sie mit aller Kraft von sich wiesen. Und doch ist es augenscheinlich, daß hier ein wissenschaftlicher Betrug vorliegt. Abgesehen von allen andern Unwahrscheinlichkeiten ist es genug, daß die Runen von der allermodernsten Art sind.« Im protestantisch geprägten Schweden adelte es offensichtlich im 19. Jahrhundert, wenn man sich vom Volk Gottes ableiten konnte! Angesichts der Fälschungen, die man mit Runen später noch anstellte, um die Überlegenheit einer »germanischen Rasse« zu belegen, ist das eine sehr harmlose Geschichtsverdrehung gewesen!

In Schottland behandelte die Royal Society of Antiquaries, also die Königliche Gesellschaft für Altertumskunde, 1927 einen anderen Fall. »Ein hoher Stein«, berichtete die Presse, »der in einem Garten eines Hotels in Oykell Bridge, Ross-shire, gefunden wurde, trug eine Inschrift mit Runenlettern, die die Gelehrten lange Zeit verwirrte. Es stellte sich dann heraus, dass vor etwa 50 Jahren ein englischer Angler, als das Wasser niedrig und es um das Fischen schlecht stand, einen Stein aus dem Flussbett schleppte und wenig später vier Forscher auf einer Urlaubsreise sich damit amüsierten, indem sie ihre Namen und Initialen in Runenbuchstaben auf den Stein schnitten.« Wie bei so manchem deutschen Runenstein wurde auch hier ein Freizeitspaß zur »wissenschaftlichen Entdeckung«, bis er aufgeklärt werden konnte.

Eine weitere Art von Fälschung ist der bewusste Betrug, um rassistische Vorstellungen zu untermauern. Ein gutes Beispiel dafür sind die sogenannten Deventer-Knochen.

1946 bot C. A. Viester aus Deventer dem Rijksmuseum in Leiden zwei Knochen zum Kauf an, in die kombiniert bronzezeitliche Motive und Runen geritzt waren. Ein Rinderrippenfragment wies Muster auf, wie man sie aus der vorkeltischen Zeit kannte, der Unterkiefer eines Rindes Wagen- und Menschendarstellungen vom bronzezeitlichen Typus, dazu die Runen (älteres und jüngeres Futhark gemischt) z/R, h, k und g.

Die Knochen wiesen Patina auf, die allerdings von den Runen und Illustrationen durchschnitten war, bis der noch unverwitterte Knochen freilag: »Sämtliche Gravuren […] widersprechen diesem Verwitterungsstatus.«

Die Forscher vermuteten eine Fälschung, und zwar zur Nazi-Zeit, und sie konnten das belegen. Datierungen ergaben, dass die Knochen hochmittelalterlich waren, jünger als Bronze- und Germanenzeit. Sämtliche Illustrationen hatten Vorbilder in Ausgaben der Zeitschrift »Hamer«, dem Organ der Volksche

Werkgemeenschap, dem niederländischer Ableger des deutschen Ahnenerbes, die zwischen Mai 1941 und Februar 1943 erschienen waren. Belegt werden sollte wohl vor allem der bronzezeitliche Ursprung des Runenalphabets – allerdings, wie die Forscher Peter Pieper, Thijs J. Maarleveld und A. J. Timothy Jull amüsiert feststellten, von einem »runenunkundigen« Fälscher, denn die Inschrift ist durch und durch sinnlos.

Auch ein Knochenpfriem aus Maria Saal in Österreich, 1924 entdeckt, war zwar aus Spaß von einem Soldaten des Alpenjägerregiments geritzt worden, galt aber nach seiner zufälligen Auffindung völkischen Theoretikern als Beleg für den Ursprung der Runen im Alpenraum im 1. vorchristlichen Jahrhundert!

Klaus Düwel listet als wahrscheinliche Runenfälschungen aus Deutschland die Fibel von Kärlich bei Koblenz auf, die Felsritzung aus der Höhle Kleines Schulerloch bei Kehlheim an der Donau, die Steine von Coburg, Rubring und Rügen, ein Serpetinobjekt aus Trier und einen Goldring von Illertissen mit einer Inschrift im älteren Futhark (in diesem Falle sei die Täuschung wissenschaftlich bewiesen). Manchen dieser Funde sind wir bereits begegnet.

Die merowingerzeitliche Fibel von Kärlich trug die Aufschrift »wodani hailag« – dem Wotan heilig – und scheint von einer Buchvorlage falsch abgeschrieben zu sein. Unsicherheit besteht noch über den Fund von Trier – er »fällt in die Rubrik der Zweifelsfälle«, erklärt Arnulf Krause. Das 3 cm lange und 2,3 cm breite Objekt aus Serpentin, das von Gelb bis Schwarz schimmert, weist die Worte wilisa und wairwai auf und wurde im Februar 1978 in Trier an der Ecke Windmühlenstraße/Böhmerstraße gefunden. Nur weitere Untersuchungen können seine Authentizität belegen.

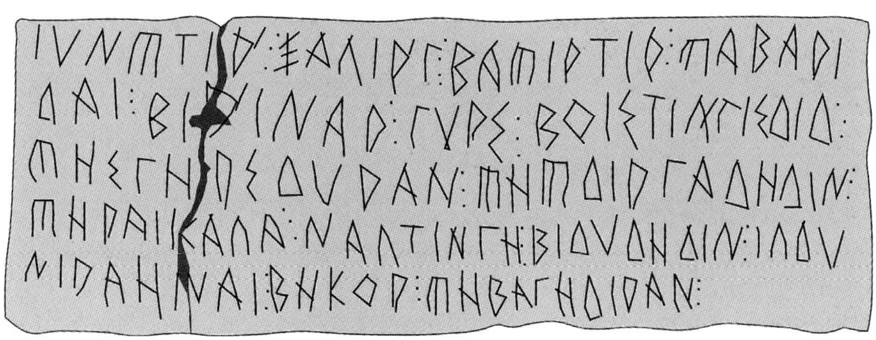

Bleiblech von La Serreta (Alcoi) mit gräko-iberischen Buchstaben. (Foto: I. Tautintanes, wikimedia.org)

Runen wurden aber nicht nur im deutschsprachigen Raum gefälscht oder falsch gedeutet. In Gallavesa am Garlatesee, dem östlichsten Ausläufer des Comer Sees, wurde die gefälschte Inschrift »Sergius ritzte den Stein nach Rusenkl, dein Gott helfe der Seele« entdeckt, in Frankreich beim entsprechend benannten Ort Runes östlich von Florac (Département Lozère) fand sich eine Inschrift, bei der es sich um das Imitat eines echten Runensteins handelte. Selbst aus Finnland, dem einzigen Staat Skandinaviens ohne Runensteine, half man diesem Mangel in der Gemeinde Vöra im Westen des Landes nach!

Einen Runenstein soll es sogar in Spanien geben – doch auch hier wird das Wort Rune, wie in vielen Ländern, analog etwa zum Wort Hieroglyphe, ganz einfach im Sinne »unlesbare«, »unverständliche« Schrift gebraucht. Spanische Zeitungen berichteten regelmäßig über Entdeckungen von Runensteinen, meinten aber stets nur, dass diese Steine den Lesern unverständliche Zeichen trugen. Es handelt sich nicht um Fälschungen, sondern – wie bei Runamo – um einen Irrtum. Die Tageszeitung »La Vanguardia« aus Barcelona meldete zum Beispiel am 21. Juli 1923 (auf S. 7), bei Tarragona habe man Zeugnisse der fortgeschrittenen gräko-iberischen Kultur entdeckt, darunter »Runensteine in Jérica«. Sie trugen wohl eher Inschriften in den rechtsläufigen iberischen Buchstaben des 5. bis 4. vorchristlichen Jahrhunderts, die mit ihren eckigen Formen an Runen erinnern.

Zum Abschluss stehe folgender durch und durch fantastische Bericht aus der »La Vanguardia« vom 31. Dezember 1881 (S. 3): »Die Gazetta de Tortosa berichtet über die folgende Tatsache, offenbar eine Parodie auf das Abenteuer in der Cueva de Montesinos [Anspielung auf eine Episode in »Don Quijote«]: ‚Eine Person aus dieser Stadt wurde gestern, am 28. Dezember, dem Tag der unschuldigen Kinder, Opfer eines einzigartigen Streiches. Folgendes wird berichtet: Er erhielt einen Brief, der von mehreren Freunden, die sich auf der Jagd befanden, unterzeichnet war und der wie folgt lautete: ‚Wir gruben am Hang eines Hügels bei Regues ein Loch, um einen Jagdansitz anzulegen, und stießen dabei auf einen tiefen Hohlraum, den wir bald erkunden wollten. Nachdem wir alle Hindernisse beiseite geschafft hatten, befanden wir uns in einem Gang, der bearbeitet schien und voller unverständlicher, weil verwitterter Runeninschriften war. Der Gang führte zu einem geräumigen Raum von bemerkenswert erhaltener arabischer Bauweise, in dessen Mitte zwei prächtige Gräber mit einzigartigem und unbeschreiblichem Reichtum standen. Neugierig öffnete wir mit Leichtigkeit eine Art von Deckel, der diese Gräber bedeckte, und wir fanden – was nicht verwunderlich war – zwei Mumien, eine in jedem Grab, auf einer Art Sockel, wohl aus Silber und filigran gearbeitet. Die Mumie aus dem rechten

Grab ist die einer jungen Frau, die andere die eines Mannes, beide von enormer Statur. Er trägt ein schönes Stirnband, das echt und von unschätzbarem Wert ist; eine große Perlenkette schmückt seinen Hals; seine Finger sind mit Ringen bedeckt und in jedem Ohr steckt ein Karfunkel unbekannter Größe. Er trägt eine kostbare Kaiserkrone und ein großes Zepter in der rechten Hand. Von einer solch unerwarteten Entdeckung noch ganz gefangen, bitten wir Sie, persönlich vorbeizukommen, um die Wunder dieser wichtigsten Entdeckung zu bezeugen.' Der Brief endete hier. Aus Neugier reiste besagte Person gestern Morgen ab und wurde von seinen Freunden empfangen, die laut lachten.«

2. Esoterik

Eine moderne Art, mit den Runen umzugehen, ist ihr Gebrauch als Orakel in der breiten Strömung der neuheidnischen Esoterik. Weder das ältere noch das jüngere Futhark wurde je zu Orakelzwecken gebraucht, auch würde ein altgermanischer Seher und ein noch heidnischer Magier, der das jüngere Futhark einsetzte, wohl über die Gleichsetzung der Runenreihe mit den Karten des Tarot oder den Sephirot des Lebensbaums der Kabbala staunen, aber die Qualität einer spirituellen Praxis ermisst sich nicht an ihrem Alter. Ein Runenorakel ist also weder echt noch falsch, es ist allenfalls modern. Und wo – wie in manchem Kreise – behauptet wird, das Runenorakel gehe auf urgermanische Zeiten zurück, da wird Etikettenschwindel betrieben.

Dass Runen magisch eingesetzt wurden, um anderen den eigenen Willen aufzuzwingen, um zu heilen, um Liebeszauber zu wirken, um zu verhexen – all das steht außer Frage. Aber Runenorakel gehen davon aus, dass »Runensteine« – mit den Buchstaben markierte Kiesel oder Holzplättchen – geworfen und aus ihrem Fall Zukunftsdeutung betrieben wurde. Von enormer Bedeutung sind dafür die Runennamen, die – wir sahen es bereits – beim älteren Futhark rekonstruiert, beim jüngeren nur in Klosterschriften überliefert sind. Und nur bei wenigen Inschriften, wenn eine Rune vielleicht als Begriffsrune eingesetzt wurde, haben wir überhaupt Hinweise, dass die Namen von Bedeutung waren.

»Aus der vorchristlichen Gebrauchszeit der Runen [also zur Zeit des älteren Futhark]«, erklärt Arnulf Krause, »sind nur wenige Indizien erhalten geblieben, die für die Existenz und Anwendung von Runennamen sprechen.«

Und Klaus Düwel stellt fest, dass die magische Benutzung der Runen früher vielleicht etwas übertrieben konzipiert war: »Im Gegensatz zur gängigen magischen Interpretation zahlreicher urnordischer Inschriften wird in einigen neueren Arbeiten ihr profaner Charakter und ihre Verwendung als Mitteilungsinstrument betont. Auch einzeln stehende Runen versucht man in diesem Sinne als Besitzer- bzw. als Markenzeichen zu deuten.«

Es wurde also einerseits Zauber betrieben, wie mehrere angeführte Beispiele und mittelalterliche Texte belegen, und Tacitus weist andererseits darauf hin, dass mit Stäbchen und eingeritzten Zeichen (sicherlich noch keinen Runen, wie wir sie kennen) geweissagt wurde. Aber das ist viel zu wenig, um ein originales germanisches, heidnische Wahrsagesystem zu rekonstruieren.

Das Runenorakel geht auf drei völkische Theoretiker zurück, deren Werk keiner wissenschaftlichen Überprüfung standhält, Guido von List, Friedrich Fischbach und Wiligut. Bei ihnen paart sich völkisches Denken, rassistisches Gedankengut und die Verzweiflung an der modernen Welt in seltsamster Weise.

Guido von List, der Begründer der ariosophischen, also arierfreundlichen Philosophie von der Vergangenheit, wurde am 5. Oktober 1848 als Sohn eines mittelständischen Kaufmanns geborgen. Als 14-Jähriger hatte er 1862 im Wiener Stephansdom ein Bekehrungserlebnis: Er befand sich in der Krypta der Kirche, als er eine Stimme hörte, die ihm auftrug, dem heidnischen Gott Wotan einen Tempel zu errichten, sobald er erwachsen geworden sei. Als Erwachsener führte List dann zahlreiche Ausflüge nach Niederösterreich und ins benachbarte Mähren durch, um in der freien Natur den Geist der Landschaft zu spüren. Hier empfing er Visionen vom alten Germanentum, die wie reale Bilder vor seinen Augen auftauchten. Seine Inspirationen hatte der Mystiker bevorzugt an alten heiligen Stätten in den Wäldern und Ebenen seiner Heimat. Die Sonnenwenden verbrachte er alleine in alten Ringwällen oder in römischen Ruinen. In den Resten der antiken Stadt Carnunthium hatte er die Eingebung, die Kultur der Germanen sei derjenigen der Römer philosophisch und moralisch weit überlegen gewesen.

List selbst vermutete, seine Naturliebe und Germanenverehrung sei eine Flucht aus der Metropole Wien, fort von dem von ihm verabscheuten »Rassengemisch«, weg vom modernen, technisierten und industrialisierten Leben. So weit sind denn auch die Schriften dieser Aussteigernatur, die eine »List-Gesellschaft« herausgab, ein eigentümliches Gemisch aus Neuheidentum, Verachtung für die moderne, unübersichtliche Welt und simplem, dumpfem Rassismus. List starb am 17. Mai 1919.

Eines seiner Bücher wird immer wieder neu aufgelegt, jüngst 2003: »Das Geheimnis der Runen: was die Runen wirklich bedeuten!« Das Werk, ursprünglich 1908 erschienen, baut auf den Thesen des Professors Friedrich Fischbach

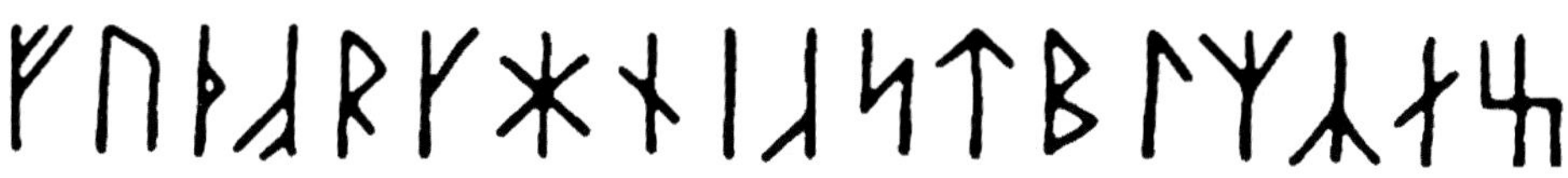

Die 18 Zeichen der Armanen-Runen nach Guido von List. (Abbildung: Archiv Magin)

auf, eigentlich eines Experten für Gewebe, allerdings vor allem germanophilen Schwarmgeists, dem wir bereits begegnet sind. Er hatte bereits für eine Sensation gesorgt, als er Atlantis rechtsrheinisch »zwischen Wupper und Sieg« lokalisierte, den Garten Eden zu Füßen des Siebengebirges und das mesopotamische Königreich Akkad entlang der Agger fand, wo auch die Odyssee Homers sich abgespielt hatte.

Fischbach erfand (er meinte: wiederentdeckte) im Jahre 1900 den »Ursprung der Buchstaben Gutenbergs« (so auch der Titel seines schmalen Buchs mit 24 Seiten) – nämlich ein 18 Runen umfassendes Futhork. Er verwendete 16 Zeichen aus dem jüngeren Futhark und ergänzte sie mit zwei Sinnzeichen. Der Grund dafür war, dass er 18 Zeichen brauchte, um für jedes Lied der älteren Edda eine eigene Rune zu haben – und dann zu behaupten, die Edda sei eine Versinnbildlichung dieser Reihe, das beweise ihre altersgraue Herkunft.

Guido von List übernahm diese Runenreihe von Fischbach, benannte sie »Armanen-Runen« und machte sie zur Grundlage seines Buchs. Die Runen haben folgende Werte: f u th o r k h n i a s t b l m yr eh ge, wobei die letzten zwei Werte Neuerfindungen sind. Dieses Armanen-Alphabet sei durch Karl den Großen, dessen Mönche sonst fleißig Runenreihen und -namen überlieferten und in den Klöstern bewahrten, verboten und danach von einem streng geheimen reinrassig-germanischen Armanen-Orden weitergegeben worden.

Einen zusätzlichen Beitrag lieferte Karl Maria Wiligut, der sich später Weisthor nannte. Am 10. Dezember 1866 in Wien geboren, kam er um 1908 mit völkischen und ariosophischen Kreisen in Berührung und entwickelte dort erste esoterische Germanenvorstellungen. 1924 bis 1927 verbrachte er in der Salzburger Nervenklinik, um seine Psychose mit Größenwahn zu behandeln. In der Klinik erkannte Wiligut, dass er der letzte Nachkomme einer Reihe von germanischen Sehern war, die Wiedergeburt es einzigen Überlebenden des Untergangs von Atlantis. 1832 ging er nach Bogenhausen bei München und mischte sich dort unter runenokkulte Kreise. 1933 lernte er auf einer esoterischen Konferenz Heinrich Himmler kennen, den er zutiefst beeindruckte. Himmler vertraute auf Weisthors, wie er sich nun nannte, Rassengedächtnis, und Wiligut identifizierte für ihn germanische heilige Linien im Murgtal im Schwarzwald. Seine okkulte Verwobenheit mit den Größen und dem Rassewahn des Dritten Reich tilgen ist so intensiv und umfangreich, dass sie hier detailliert nicht dargestellt werden kann (eine längere Biografie findet sich bei Gooderick-Clarke).

Wiligut entwickelte 1934 eine eigene Runenreihe, die von Fischbach und von List beeinflusst war, folgte ihnen aber nicht in allem. Seine Reihe hatte wie das ältere Futhark 24 Lettern, bestand aber aus Zeichen, die er dem jüngeren Futhark entnahm und neu benannte (Tel, Man, Kaun, Fa, Asa, Os, Eis, Not, Tor, Tyr, Laf, Rit, Thorn, Ur, Sig, Zil, Yr, Hag-Al, H, Wend-horn, Gibor, Eh, Othil, Bar-Bjork). Man sieht, dass Futhark-Reihe nicht eingehalten ist, neu gestaltet hat er sein Tel (ein Kreuz im Kreis), Tor (unser Großbuchstabe T), Zil (ein umgedrehtes Z), Gibor (das er aus Lists Armanen-Reihe entlehnte), und Wend-horn gleicht dem R, nur mit Dreizack oben wie unten.

Die moderne Runenorakel-Literatur ist zu umfangreich, um sie hier darzustellen, auch lässt sich nicht jeder Titel automatisch dem rechten Spektrum zuordnen. Neben den schon immer eher als verwirrt wahrgenommenen Schriften von Fischbach, von List und Wiligut (der bei der Entwicklung mehrerer Nazi-Symbole eine Rolle gespielt haben soll) gab es schon in den 1930er-Jahren Bücher über Runenorakel, etwa von Siegfried Adolf Kummer.

Überaus populär ist Edred Thorsson (eigentlich Stephen Edred Flowers), der Runologie studierte, dann aber zunächst als Kopf des Armanen-Ordens und später des Temple of Set bekannt wurde. Thorsson schreibt gelehrt, verwendet aber entweder die Armanen-Runen oder das jüngere Futhark als »urgermanische Runenreihe«, steht fest zu der Tradition der Sinnbilder und der nordischen Identität der Europäer, deren Pflicht es sei, die Asen zu verehren und nicht den ihnen aufgezwungenen jüdischen Gott. Seine Anstrengungen gelten daher einer »germanischen Wiedergeburt«. Dafür nimmt er in seinem Buch »Northern Magic« sogar die Rüder Grimm in Anspruch, die sich freilich nicht mehr wehren können: »Die Grimms waren Romantiker – oder ‚Germanisten' – die belegen wollten, dass die Kultur und Geisteswelt der Germanen sich in allem mit der griechisch-römischen und jüdisch-christlichen messen konnte. Der Imperialismus vom Mittelmeer hatte nur die alte germanische Lebensweise unterdrückt. Nun war die Zeit gekommen, dass dieses Material wieder an die Oberfläche kam und die fremden Schichten abwerfen konnte, damit das Volk sich selbst wieder treu sein konnte.«

Oder: »Die organischen Traditionen der eingeborenen Europäer, seien es nun Kelten oder Germanen, wurden von dem eingebildeten Prestige der griechisch-römischen und jüdisch-christlichen Welten fortgeschwemmt. Die Last konnten erst die letzten beiden Jahrhunderte durch Forschung und magische Arbeit fortnehmen. Diese Forschungen zeigten, welche großartige natürliche, authentische magische und religiöse Tradition in unseren eigenen Kulturen gefunden werden kann.«

Das ist eine eigentümliche Mischung aus völkischem Denken, das heute wohl eher unangebracht ist, und antisemitischen Klischees (nur das runische Denken sei frei von »jüdisch-christlichem Einfluss«!). In den Vereinigten Staaten gilt er als Vordenker der »White Supremacy«.

Viele Runenbücher, selbst wenn sie frei von solchem Gedankengut sind, bleiben nebulös, weil ihre Autoren aus derlei Schriften ihr Wissen beziehen. Auf dem Umschlagtext eines einschlägigen Titels liest man, dass Runen »nicht nur gewöhnliche Schriftzeichen [waren], mit denen man Nachrichten übermitteln und Gedanken ausdrücken konnte. Sie hatten auch eine magische, rituelle und prophetische Funktion, die dazu diente, die Götter und andere hohe Mächte anzurufen – zur Beantwortung konkreter Fragen und um dem Leben im allgemeinen den Weg zu bahnen.« Eine Autorin »stellt einen engen Bezug zwischen der Edda und magischen und spirituellen Praktiken unserer Zeit her«.

Das ist zumindest zum allergrößten Zeit modernes Wunschdenken, wie jeder sehen kann, der noch einmal die Inschriften nachliest, die zaubern sollten, oder sich anschaut, was allgemein auf Runensteinen stand. Runen wurden magisch eingesetzt, hauptsächlich aber für Grabsteine, Gedenksteine oder als simples Graffiti – und die meisten Menschen, die Runen ritzten, glaubten zudem an Christus. Die urgermanischen Nebel, mit denen völkische Denker und moderne Esoteriker die germanischen Buchstaben zuwabern, sind Täuschungsmanöver. Sie verhüllen nichts Heiliges, sie vernebeln den Sinn.

Das heißt nicht, dass jedes Runenorakel rechtsextrem ist oder unbrauchbar. Manche Titel kommen ganz naiv und unbedenklich daher – das bebilderte Büchlein »Runes« von Catherine J. Duane und Orla Duane bietet kleine Anleitungen für Selbsthilfe und enthält unter anderem Kapitel wie »Heilen mit Runen«, »Numerologie und Runen« oder »Was die Runen mit der Astrologie zu tun haben«.

Dass Runenorakel eine moderne Erfindung sind, braucht niemanden zu stören. Schließlich fanden viele Menschen vor einigen Jahren Rat und Hilfe bei einem Gummibärchenorakel, das schließlich auch nicht auf eine lange Geschichte zurückblicken konnte. Mantische Praktiken, also das Befragen eines Orakels, können wertvolle Hilfen geben, um sich unbewusster Denkmuster bewusst zu werden oder Entscheidungen abnehmen zu lassen. Jede spirituelle Praxis, die

Menschen dient, ohne anderen zu schaden, ist ja nichts Schlimmes, oft sogar sehr Bereicherndes. Behauptet allerdings ein Autor, seine Arbeit mit einem 18-Zeichen-Futhark ginge auf altersgraue Zeiten zurück, belege die Überlegenheit der Germanen und biete die einzig artgerechte Spiritualität für moderne Europäer, muss man wohl Bedenken äußern.

Im Übrigen gibt es viele moderne Heiden, die germanische Gottheiten verehren und sich von rechtem Gedankengut klar distanzieren. Generalverdacht ist unangebracht, Naivität dennoch weit verbreitet.

3. Von wegen alte Steine – der moderne Gebrauch der Runen

Runen überdauerten länger, als ihr Image als altgermanische Schrift im Allgemeinen ahnen lässt. Der letzte Runenstein in alter Tradition wurde auf den heute zu Dänemark gehörenden Färöer aufgestellt, einer Inselgruppe nordöstlich von Schottland, und das noch 1538. Das war, nachdem die Reformation die Inseln erreicht und den Katholizismus beendet hatte.

Der Fámjinsstein auf den Färöern. (Foto: EileenSanda, wikimedia.org)

Der Fámjinsstein, so genannt nach der Kirche des Dorfes Fámjin, blickt als jüngster von drei Runensteinen bereits in die Neuzeit. Er ist ein einfacher Grabstein und trägt seine Inschrift sowohl in lateinischen Buchstaben wie in Runen.

Tatsächlich überdauerte der Gebrauch der Runen in Gegenden Skandinaviens sogar noch viel länger. In Westschweden schrieb man auch vor 100 Jahren, also bis ins 20. Jahrhundert, mit Runen. Die sogenannten Dalekarlischen und Dalrunen, benannt nach der Provinz Dalarna, verblüfften schon den Urvater der biologischen Klassifikation, Carl Linnaeus, als er 1734 Älvdalen in Dalarna besuchte. »Die Bauern dieser Ortschaften schreiben noch heute – neben dem Gebrauch der Runenstäbe – ihre Namen und ihre

Die Entwicklung der Dalrunen – Übersicht aus der Fachzeitschrift »Fornvännen«, 1906. (Abbildung: Lars Levander – Fornvännen, wikimedia.org)

Inschrift in Dalrunen aus dem Jahr 1635. (Foto: Skvattram, wikimedia.org)

Hauszeichen mit Runenbuchstaben. Man sieht das auf den Wänden, auf Ecksteinen, auf dem Geschirr u.s.w. Nirgendwo sonst in Schweden wird das noch so gemacht.«

Allerdings war die Schrift längst von lateinischen Buchstaben durchdrungen – immer häufiger ersetzten die vertrauteren lateinischen Formen die Runen bei bestimmten Lauten. Bestand die Schrift am Ende des 16. Jahrhunderts noch ausschließlich aus Runenzeichen, wurde immer häufiger die lateinische Form, wenn auch in runenartiger Ableitung, eingesetzt.

Was wurde in den Dalarna- oder Dalrunen geschrieben? Zunächst der Dialekt der Region, das Älvdalisch. Die älteste Inschrift in dieser Runenform ziert eine Schale und lautet »Anders machte die Schale im Jahre 1596« – und ähnlich kurz sind alle rund 200 bekannten Dalrunen-Inschriften auf Holz, Schalen, Möbeln, Zollstäben oder Küchen. Ob die Dalrunen wirklich so lange überlebten oder als Tradition im 19. Jahrhundert frisch aufgegriffen wurden, als man sich überall in Europa auf »uraltes Brauchtum« zurückbesann (und manchmal: erfand), ist in der Wissenschaft umstritten. Das letzte Zeugnis, ein Brief aus dem Jahre 1906, publizierte der Schwedische Linguist Henrik Rosenkvist von der Universität Göteborg 2015. »Die Runen aus Älvdalen sind wohl die jüngsten geschriebenen Beispiele dieser Schrift«, sagte er der wissenschaftlichen Zeitschrift »ScienceNordic.com«. »In anderen Teilen [das Landes] kamen die Runen seit dem Mittelalter außer Gebrauch, ein solch junger Gebrauch ist also außergewöhnlich.«

Aber überall, wo nationaler Überschwang und Nationalstolz auf »nordische Ahnen« herrschte, verwendet man Runen weiter – auch in Großbritannien.

1899 verliehen seine Armeefreunde dem schottischen Colonel Hector Archibald Macdonald anlässlich eines Banketts im Londoner Hotel Cecil ein Ehrenschwert für seine Verdienste. »Auf einer Seite des Hefts findet man einen Highlander, auf der anderen einen Soldaten aus dem Sudan. Die Parierstange ist reich mit runischen Ornamenten geschmückt.« Die Inschrift scheint aber in lateinischen Buchstaben ausgeführt worden zu sein.

Als Lord Frederick Cavendish starb, errichtete man 1883 zu seinem Gedenken ein Kreuz auf dem Friedhof von Bradford. Das Kreuz trug mittelalterliche »runische« Muster aus verflochtenen Bändern und – auf dem Podest – die Runeninschrift: »In liebevoller Erinnerung an / Lord Frederick Charles Cavendish, / Sohn von William, dem Siebten Herzig von Devonshire, / und von Blanche Georgina, seinem Weibe, / Geb. 30. November 1836. / Er kam als Chief Secretary [höchster Beamter] nach Irland / ‚Voll Liebe für das Land / Voll Hoffnung für seine Zukunft / und fähig, ihm die besten Dienste zu erweisen‘ / Und wurde im Phoenix Park, Dublin, ermordet / binnen 12 Stunden nach seiner Ankunft. / 6. Mai 1882 / ‚Der Herr gewähre dir was immer dein Herz begehrt / und erfülle deinen Geist.«

Die Runen proklamieren hier das germanische, angelsächsische, moderne Wesen – entgegen dem keltischen, hitzköpfigen Morddrang der Iren! Sie sind also mit Bedacht gewählt, schaffen Identität und delegieren die Iren auf die niedrigere Stufe.

Solch ein Gebrauch lässt sich nicht mit der Runensymbolik der Nationalsozialisten vergleichen, die ebenfalls Runen verwendeten, um das »Germanische« ihrer Bewegung zu bekräftigen. Das Hakenkreuz, eigentlich ein weltweit verbreitetes Glückssymbol (das sich praktisch nie im Zusammenhang mit Runen findet), die Hagal-Rune und die S-Rune, die gedoppelt das Symbol der SS bildete, sind typische Beispiele.

Der österreichische Okkultist und SS-Brigadeführer Karl Maria Wiligut entwarf für Heinrich Himmler den »Ehrenring« für SS-Mitglieder. Er trug – neben dem Hakenkreuz und der S-Rune – die Hagal-Rune und wurde »verdienten« Kämpfern verliehen. Die h-Rune Hagal stand nach Wiligut, der nach eigenen Angaben übersinnliche Einsicht ins arische Rassegedächtnis hatte, für den Hagel, den Sturm, den die SS zu entfachen hatte. Die R-Rune (algiz/Elch), nach dem Esoteriker Guido von List »das geheiligte Zeichen der Fortpflanzung des Menschengeschlechts«, prangte auf dem Wappen des »Lebensborn e.V.«, die Odal-Rune (ererbter Besitz) stand für das »Rassen- und Siedlungshauptamt« der SS.

Diese Runen hatte der Professor in Jules Vernes Buch »Reise zum Mittelpunkt der Erde« zu entziffern.

Und natürlich werden Odal-Runen, Sig-Runen und das Hakenkreuz nach wie vor von Neonazis als rechtsextremistische Codes genutzt. Eine Suche in Google News mit dem Wort Rune ergibt zahllose Artikel über Computerspiele und Nazi-Schmierereien, kaum je eine Meldung über Funde von historischen Runen. Viele der Runen sind dementsprechend, werden sie als politische Botschaft verwendet, in Deutschland verboten. Bedenkt man, dass die von den alten und neuen Nazis genutzten Runen in ihrer Deutung zum größten Teil Erfindungen esoterischer Wirrköpfe wie Guide von List, Hermann Wirth und Wiligut und Runen historisch belegbar zum allergrößten Teil zum Schreiben christlicher Texte genutzt wurden, erweist sich der Einsatz als rechte Propaganda ohnehin als zweischneidig.

Aber als vermeintlich urgermanische Schrift bleiben sie Identifikationsfläche für Neonazis – da hantieren germanische Heiler in Karlsruhe mit Runen und rechter Gesinnung, bieten Nazis Runenseminare an, die »Nordische Zeitung – Stimme des Artglaubens« bringt eine Serie »Odins Runen – unsere Schrift« heraus und der Heilpraktiker Gerhard Heß propagiert

Ein Runenstein, den Tolkien entwarf.

Runen-Yoga als arische Meditationsübung. Dafür können natürlich die Runen nichts, dafür können die alten Germanen nichts, und dafür können auch die vielen Neuheiden nichts, die keine faschistische Gesinnung haben.

Es ist daher ein unbefangener Umgang mit den Buchstaben möglich, auch wenn die Vereinnahmung durch rechte Gesinnung wie ein Schatten auf alles drückt. So irritiert der »grüne« Runenstein von Mußbach, weil Runen zu sehr mit dem Dritten Reich in Verbindung stehen, er müsste es aber nicht (wiewohl auch das Normalisieren rechter Symbolik nicht ganz unproblematisch sein darf und sicherlich nicht in jedem Fall gerechtfertigt ist, weil es zu einer falschen Akzeptanz führen könnte).

Ganz frei von rechter Gesinnung begegnen uns Runen überall. In der isländischen Schrift hat die th-Rune þ bis heute überdauert, in Fantasy-Romanen sind die Zeichen längst rehabilitiert. In seiner »Reise zum Mittelpunkt der Erde« von Jules Verne (1864) findet der Hamburger Professor Otto Lidenbrock in einem alten isländischen Manuskript einen in Runen geschriebenen Text des (frei erfundenen) Alchemisten Arne Saknussemm, der den Weg zum Erdkern beschreibt.

In seinen Kultromanen um Mittelerde verwendet der englische Philologen und Autor J. R. R. Tolkien von ihm eng an das angelsächsische Futhorc angelehnte Runenalphabete, etwa das Tengwar und das Certar. Und das Logo des Industriestandards für die Datenübertragung zwischen Geräten über kurze Distanz per Funktechnik (WPAN), Bluetooth, besteht aus einer Binderune der Buchstaben h und b, nach Harald Blauzahn, dem dänischen König, der Namensgeber für die Technologie war.

Der Disney-Trickfilm »Frozen« (Die Eiskönigin – Völlig unverfroren) von 2013 zeigt ein magisches, »Runen für den Zauberkundigen« betiteltes Buch, das in Langzweigrunen des jüngeren Futhark verfasst ist. Auf einer aufge-

f und u im älteren Futhark auf einer der Basaltsäulen des Steinkreises von Herchen im Siegtal. (Foto: Ulrich Magin) schlagenen Seite kann man in Altnordisch lesen: »... in Stein aufgrund der Kräfte des Mondes. Die Trolle aus dem finsteren Reich der Berge haben heilende Hände. Eine Seele, kalt verwundet, die rasch zum Feld der Trolle gebracht wird, kann durch diese und all ihre Zauberkraft gerettet werden.«

Und vor dem norwegischen Pavillon im Park Epcot in Disney World in der Nähe von Orlando, Florida, steht ein Runenstein.

So verkörpern Runen nach wie vor viele unterschiedliche Dinge, von Rassedünkel bis Traumfabrik und selbst moderne Technologie. Sie haben ihre Unschuld verloren, man darf nicht unbefangen mit ihnen umgehen, und doch tragen sie ihr enormes magisches Potenzial noch in sich.

So traf ich völlig unerwartet, als ich das Manuskript zu diesem Buch fast beendet hatte, bei einer Wanderung östlich vom Igelhof bei Herchen/Sieg über der Abbruchkante eines alten Steinbruchs auf einen Kreis aus sechs Basaltsäulen mit einer Säule in der Mitte. Beschriftet waren die Säulen mit den Buchstaben des Futhark in gelber Farbe. Zweifellos stammte das ganze Arrangement aus jüngster Zeit, aber es verblüffte mich genau im richtigen Augenblick ...

Literaturverzeichnis

Einleitung

Düwel, Klaus: *Runenkunde*. Stuttgart: J. B. Metzler 2001, 2008
Krause, Arnulf: *Runen. Geschichte – Gebrauch – Bedeutung*. Wiesbaden: marix 2017
(Beide Titel sind auch wichtig in allen folgenden Kapiteln)

Vom Ursprung der Runen

Anati, Emmanuel: *Comonica Valley*. London: Jonathan Cape 1964
Beschreibung und Erläuterung zweyer in der Nähe von Schleswig aufgefundenen Runensteine. Ein Versuch, als Beytrag zur Vaterländischen Alterthumskunde, von zweyen Freunden. Friederichsstadt: Bade und Fischer 1799
Bodmer, Frederick: *Die Sprachen der Welt*. Köln: Parkland Verlag 2004
Dieterich, Udo-Waldemar: *Enträthselung des Odinischen (futhark) durch das semitische Alphabet*. Stockholm und Leipzig: Ph. Maass, 1864
Kosinna, Gustav: *Die deutsche Vorgeschichte, eine hervorragend nationale Wissenschaft*. Leipzip: Curt Kabitzsch 1933
Legis, Gustav Thormod: *Die Runen und ihre Denkmäler: nebst Beiträgen zur Kunde des Skaldenthumes*. Leipzig: Barth 1829
Menzel, Wolfgang: *Odin*. Stuttgart: P. Neff 1855
Neckel, G.: *Die Herkunft der Runen. Forschungen und Fortschritte 9*, 1933, 293-294
Rix, Helmut: *Rätisch und Etruskisch*. Innsbruck: Institut für Sprachwissenschaft der Universität Innsbruck 1998
Spanuth, Jürgen: *Die Atlanter. Volk aus dem Bernsteinland*. Grabert: Tübingen 1976
Wirth, Herman: *Aufgang der Menschheit*. Jena: Eugen Diederichs Verlag 1928

Runenforscher und Runenforschung

Arntz, Helmut: *Handbuch der Runenkunde.* (Neuausgabe: Bonn: Edition Lempertz 2012

Arntz, Helmut; Zeiss, Hans: *Die einheimischen Runendenkmäler des Festlandes.* Leipzig: O. Harrassowitz 1939

Das Kluge Alphabet. Propyläen Verlag: Berlin 1935

Gebauer, Joh. Justinus: *Geschichte der Königreiche Dänemark und Norwegen*, Band 1, Halle: Johann Justinus Gebauer 1770

Hauer, Jakob Wilhelm: *Schrift der Götter: vom Ursprung der Runen.* Martensrade: Orion-Heimreiter 2006

Kater, Michael H.: *Das „Ahnenerbe" der SS 1935–1945.* Stuttgart: Deutsche Verlags-Anstalt 1974

Magin, Ulrich: *Geheimwissenschaft Geomantie.* München: C. H. Beck 1996

Magin, Ulrich: *Otto Sigfried Reuter and Hermann Wirth: Two Founding Fathers of Nazi Archaeology.* Fortean Studies 2, London 1995

Magnus, Olaus: *Beschreibung allerley Gelegenheyte, Sitten etc. der mitnächtigen Völcker in Sueden, Ost- und Eestgothen, Norwegen und anderen gegen dem eussersten Meer daselbst hinein weiter gelegenen Landen.* Straßburg: Rihel 1567

Spanuth, Jürgen: *Die Philister.* Osnabrück: Zeller 1980

Spanuth, Jürgen: *Die Rückkehr der Herakliden: Das Erbe der Atlanter.* Tübingen: Grabert 1989

Weigel, Karl Theodor: *Runen und Sinnbilder.* Berlin: A. Metzner 1935

Wirth, Hermann: *Aufgang der Menschheit.* Jena: Eugen Diederichs Verlag 1928

Zeller, Otto: *Der Ursprung der Buchstabenschrift und das Runenalphabet.* Osnabrück: Biblio-Verlag 1977

Das ältere Futhark

Borges, Jorge Luis: Las Kenningar. Aus: *Historia de la eternidad.* Alianza Emece: Buenos Aires 1953

Binderunen und Geheimrunen

Beck, Heinrich, Ellmers, Detlev, Schier, Kurt: *Germanische Religionsgeschichte: Quellen und Quellenprobleme.* Ergänzungsbände zum Reallexikon der Germanischen Altertumskunde 5. Berlin und New York 1992

Clarke, David: *Marks of the Witch: Britain's Rural Protection Symbols*. Fortean Times 392, Mai 2020, S. 36-43

Düwel, Klaus, Nowak, Sean: *Proceedings of the Fourth International Symposium on Runes*. Berlin und New York: Walter de Gruyter 1998

Eifeler Brauchtum und Aberglaube im Mittelalter faszinierte nicht nur Goethe. Blick aktuell, 16. März 2020

Fischbach, Friedrich: *Ursprung der Buchstaben Gutenbergs. Beitrag zur Runenkunde*. Mainz: Mainzer Verlagsanstalt und Druckerei 1900

Fischer, Helmut: *Das sogenannte Runenhaus in Stadt Blankenberg*. Jahrbuch des Rhein-Sieg-Kreises 1986, S. 24-27

Großmann, G. Ulrich: *Völkische Fachwerkdeutungen zwischen 1907 und 2007 in Norddeutschland*. https://journals.ub.uni-heidelberg.de/index.php/mitt-dgamn/article/download/17133/10950/

Hupp, Otto: *Runen und Hakenkreuz: Eine archäologische Studie*. München: Max Kellerer Verlag 1921

Liljegren, Johan Gustaf: *Die nordischen Runen*, Band 3. Wien: K. Haas 1848

Röhrig, Herbert: *Heilige Linien durch Ostfriesland*. Aurich: Dunkmann 1930

Runenzauber

Cornelius Tacitus: *Die Germania des Tacitus*. Übers. Dr. Anton Baumstark. Freiburg: Herder'sche Verlagshandlung 1876

Costello, Peter: *In Search of Lake Monsters*. 2. Aufl. Charlottesville: Anomalist Books, 2015

John Spencer: *Perspectives: Radical Examination of the Abduction Phenomenon*. London: Macdonald 1990

Kaufmann, Dr. F.: *Deutsche Mythologie*. Leipzig: Sammlung Göschen 1890

Reichardt, Konstantin: *Runenkunde*. Jena: Eugen Diederichs Verlag 1936

Schröder, Franz Rolf: *Die Germanen*. Tübingen: Mohr 1929

Sonderfall »keltische«, »slawische« und sonstige Runen

Gardi, René: *Ein Bergland in Nordkamerun*. Die Alpen 1958, S. 136-141

Worauf man Runen schrieb – kleinere Funde

Ashmore, Patrick: *Maes Howe*. Edinburgh: HMSO 1993

Eggers, Prof. Dr. Hans Jürgen: *Wikinger-Runen aus Pommern. Baltische Studien.* Gesellschaft für pommersche Geschichte, Altertumskunde und Kunst. Neue Folge, Band 54 1968, S. 111

Exponat im Domherrenhaus. Kreisarchäologie kann Fund aus Achim datieren: »Diese Runen sind ein Knaller«. kreiszeitung.de, 13. November 2019

Opitz, S.: *Runenschriftliche Neufunde: Das Schwert von Eichstetten/Kaiserstuhl und der Webstuhl von Neudingen/Baar.* Arch. Nachr. Baden 27, 1981, 26-31

Ritchie, Anna und Graham: *The Ancient Monuments of Orkney.* Edinburgh: HMSO Books 1990, S. 28

Buchtexte

Becker, Julia, Licht, Tino, Weinfurter, Stefan: *Karolingische Klöster: Wissenstransfer und kulturelle Innovation.* Berlin: de Gruyter 2015

Becker, Petrus: *Die Bistümer der Kirchenprovinz Trier.* Das Erzbistum Trier. 2015

Düwel, Klaus, Nowak, Sean: *Proceedings of the Fourth International Symposium on Runes.* Berlin und New York: Walter de Gruyter 1998

Embach, Michael: *Trierer Literaturgeschichte: das Mittelalter.* Trier: Kliomedia 2007

Jungandreas, Wolfgang: *Der Schreiber der Glossenhandschrift um 900 bei Trier.* Neuphilologische Mitteilungen, Vol. 72, No. 3 (1971), S. 541-545

Lauth, Franz Joseph: *Das germanische Runen-Fudark: Aus den Quellen kritisch erschlossen und nebst einigen Denkmälern zum ersten Male erklärt. Ein sprachwissenschaftlicher Beitrag zur ältesten Culturgeschichte des europäischen Central-Volkes.* Selbstverlag 1857

Wackernagel, Wilhelm: *Wessobrunner Gebet und die Wessobrunner Glossen.* Berlin: Schmidtsche Verlagsbuchhandlung 1827

Raubfahrt und Brückenbau – die skandinavischen Runensteine

Galloway Viking-age treasure: Egbert revealed as name of one owner. BBC News, 2. Oktober 2019

Geijer, Erik Gustaf, Carlson, Fredrik Ferdinand, Stavenow, Ludvig Vilhelm Albert: *Geschichte Schwedens*, Band 1. F. Perthes, 1832

Grønvik, O.: *Der Runenstein von Tanum – Ein religionsgeschichtliches Denkmal aus urnordischer Zeit.* Scripta Instituti Donneriani Aboensis, 13, 1990, S. 273-293

Ingstad, Helge: *Die erste Entdeckung Amerikas.* Berlin: Ullstein 1966

Pater's Chats with the Boys. Otago Witness, 16. Mai 1906

Sermon in Stone. New Zealand Herald, 19. April 1930

Bildsteine

Bord Ancient Mysteries of Britain. London: Paladin 1987

Klos, Lydia: *Runensteine in Schweden: Studien zu Aufstellungsort und Funktion*. Ergänzungsbände zum Reallexikon der Germanischen Altertumskunde Band 64, 2009

Rök

AFP: *Ancient Viking Runestone Warned of ‚Extremely Ominous' Climate Crisis, Scholars Say*. https://www.sciencealert.com/famous-viking-runestone-linked-to-fears-of-climate-change-says-study, 9. Januar 2020

Braunmüller. Kurt: *Methodische Probleme in der Runologie*. Aus: Düwel, Klaus: *Runeninschriften als Quellen interdisziplinärer Forschung: Abhandlungen des Vierten Internationalen Symposiums über Runen und Runeninschriften in Göttingen vom 4.–9. August 1995 / Proceedings of the Fourth International Symposium on Runes and Runic Inscriptions in Göttingen, 4-9 August 1995*. Walter de Gruyter 2012, S. 9–10

Heine, Matthias: *Das Rätsel dieser 1200-jährigen Runen ist gelöst*. Die Welt, 12. Mai 2016

Seewald, Berthold: *Mysteriöser Runenstein soll von globaler Katastrophe zeugen*. Die Welt, 11. Januar 2020

Runensteine in Deutschland – Vielfalt statt Monotonie

Der geheimnisvolle Runenstein zu Jesteburg. Die Gartenlaube 1899, Heft 21

Festschrift zum fünfundzwanzigstejährigen bestehen der Geographischen Gesellschaft zu Greifswald, 1909 (Greifswald)

Grimm, Wilhelm Carl: *Ueber deutsche Runen*. Jena: Dieterichsche Buchhandlung 1821

Hagen im Gorillakopf. Die Rheinpfalz, 14. März 2015 (Nibelungenfels)

Handbuch der vorzüglichsten, in Deutschland entdeckten Alterthümer aus heidnischer Zeit; beschrieben und versinnlicht durch 1390 lithographirte Abbildungen. Weimar: Voigt, 1842

Herrmann, Dietmar, Fichtelgebirgsverein e.V., E-Mail, 9. Mai 2020 (Selb-Häusellohe)

Huchzermeier-Bock, Susanne, E-Mail, 4. Mai 2020 (Wedel)

Jooß, Stefanie: *Naturdenkmal Rätselhafter Teufelsstein*. Kölner Stadt-Anzeiger, 16. März 2009 (Lützelhausen)

Jörg Ansorge: *Ein Bildstein mit Schiffsdarstellung von der Südküste des Greifswalder Boddens*. Archäologische Berichte aus Mecklenburg und Vorpommern, Band 10, 2003

Karl-Brandt, Deborah: *Haartracht und Haarsymbolik bei den Germanen*. Vandenhoeck & Ruprecht 2020

Krieg, Günter, Mohr, Lutz: *Der »Runenstein« von Drewoldke auf der Insel Rügen: Das Produkt eines Fälschers aus dem 18. Jahrhundert und sein schwedisches Vorbild in Tullstorp/Provinz Skåne*. Beiträge zur Runensteinforschung, 1999, S. 39-49, Abb.

Krieg, Günter; Mohr, Lutz: *Der »Runenstein« von Drewoldke*. Heimathefte für Mecklenburg und Vorpommern, 8, 1998, Heft 4, S. 19-22

Krieg, Günther, Mohr, Lutz: *Der »Runenstein« von Drewoldke auf der Insel Rügen – Das Produkt eines Fälschers aus dem 18. Jahrhundert und sein schwedisches Vorbild in Tullstorp (Provinz Skane)*. Beiträge zur Runensteinforschung 1999, S. 39-49

Legis, Gustav Thormod: *Die Runen und ihre Denkmäler*. Barth: Leipzig 1829

Megalithgrab mit Runen geschändet. kreiszeitung.de, 6. Juli 2020

Mehlis, Christian: *Eine Vikinger-Skulptnr vom Mittelrhein*. Festschrift zur sechzigjährigen Stiftungsfeier der Pollichia. Dürkheim a. d. H.: J. Rheinberger 1900

Meyer, Barbara und Jens: *Schalensteine in Schleswig-Holstein.Schleswig*. Archäologisches Landesamt Schleswig-Holstein 2015

Mittelerde in Mußbach? Die Rheinpfalz, 27. Januar 2017

Mohr, Lutz: *Der »Runenstein« von Kräpelin-Wusterhusen in der weiteren Umgebung der Hanse- und Universitätsstadt Greifswald (Vorpommern)*. Steinkreuzforschung / 10. Beiträge zur Runensteinforschung 1999, S. 36-38

Müllert, J.H.: *Vor- und frühgeschichtliche Alterthümer der Provinz Hannover*. Hannover: Verlag von Theodor Schulze's Buchhandlung 1893, S. 160 (Jesteburg)

Neues vaterländisches Archiv, oder Beiträge zur allseitigen Kenntniss des Königreichs Hannover wie es war und ist. 1828 (Jesteburg)

Peter Pieper, Britta Schlüter und Jost Auler: *Ein »Runenstein« aus Dormagen-Stürzelberg, Rhein-Kreis Neuss – »Original« oder »Fälschung«?* Der Niederrhein. Zeitschrift des Vereins Niederrhein. Jg. 77 Heft 1, 2010, S. 12-16.

Rück, Erich, E-Mail, 9. Mai 2020 (Münchzell)

Schekahn, H.J.: *Das Archäologische Landesamt ist auf Relikte aus der Wikingerzeit gestoßen*. Kieler Nachrichten, 12. Oktober 2008 (Ratjensdorf)

Stettner, Thomas: *Runenstein bei Münchzell*. Die Frankische Alb 21, 1934, S. 13-16

Ullrich, Karl-Friedrich, E-Mail, 5. Mai 2020 (Ratjendorf)

Volker Schmidt: *Die Prillwitzer Idole. Rethra und die Anfänge der Forschung im Lande Stargard*. Aus: Matthias Hardt/Christian Lübke, Dittmar Schorkowitz (Hrsg.): *Inven-*

ting the Pasts in North Central Europe The National Perception of Early Medieval History and Archaeology. http://www.mgh-bibliothek.de/dokumente/a/a133766.pdf
von Dickelam, Günther: *Den germanischen Chatten eine Stele gesetzt.* Gießener Zeitung, 30. September 2015
Wieland, Frank, Naturkundemuseum Bad Dürkheim, E-Mail, 16. September 2015 (Drachenfels)
Wocel, Johann Erasmus: *Ueber die Runen der köbelicher Urne.* Jahrbücher des Vereins für Mecklenburgische Geschichte und Altertumskunde, Band 24, 1859, S. 16-20

Österreich

https://www.zwalk.at/die-runensteine-von-schlos-rosenau/

Schweiz

http://www.ssdi.ch/Inventar/Katalog.htm
Trottmann, Andreas: Korrespondenz im Mai und Juni 2020

Runensteine in Amerika

America Before Christopher Columbus. Inangahua Times, 8. November 1892
America's Discoverer. Auckland Star, 28. März 1931
Böhm, Gerhard: *Epigraphik.* Afro-Pub [Asociación para la Promoción y Publicación de Obras Científicas sobre Egiptología y Estudios Africanos] 1999
Carlson, Suzanne: *The Spirit Pond Inscription Stone: Rhyme and Reason.* NEARA Journal, 28:1, Summer/Fall 1993
Chartier, Craig: *New Thoughts on an Old Rock.* Plymouth Archaeological Rediscovery Project, Januar 2016, https://plymoutharch.com/wp-content/uploads/2016/01/The-Bourne-Stone.pdf
Faber, Gustav: *Piraten oder Staatengründer: Normannen vom Nordmeer bis zum Bosporus.* Gütersloh: Bertelsmann 1968
Goodrick-Clarke, Nicholas: Black Sun: *Aryan Cults, Esoteric Nazism, and the Politics of Identity.* New York: New York University Press 2001
Heller, Friedrich Paul, Maegerle, Anton: *Thule.* Stuttgart: Schmetterling Verlag 1995
Hennig, Richard: *Terrae incognitae.* Leiden: Brill 1936
Herrmann, Paul: *Sieben vorbei und acht verweht.* Hamburg: Hoffmann & Campe 1952

Hoops, Johannes Beck, Heinrich (Hrsg.): *Reallexikon der germanischen Altertumskunde*. Band 22, 2003, S. 97
Jäger, Siegfried. *Rechtsdruck*. Berlin Bonn: J. H. W. Dietz Nachf. 1988
Pre-Historic Remains Found at St. Louis. Bruce Herald, 3. November 1869
Stone of Discovery. Ashburton Guardian, 14. Juli 1914
Vikings in America. Evening Post, 28. August 1926
Vikings in South America? Science Frontiers No. 62: Mar-Apr 1989

Irrungen und Fälschungen

Das Gandersheimer Runenkästchen. Internationales Kolloquium. Braunschweig 24.-26. März 1999. Braunschweig 2000
From North of Tweed. An Antiquarian Fraud. Otago Daily Times, 12. April 1927
Maarleveld, Thijs J., Jull, A.J. Timothy: *Ideology and Forgery: The Deventer Bones*. Forensic Science International, 54. Bd., H. 1, April 1992, S. 93-101
Michell, John: *Megalithomania*. London: Thames & Hudson 1982
Mielziner, Dr.: *Ein in Schweden gefundenes Epitaphium des Aschkenas ben Gomer*. Ben Chananja. Wochenblatt für jüdische Chronologie. Band 6, 1863, Sp. 713-715
Pieper, Peter, Maarleveld, Thijs J., Jull, Timothy, A. J.: *Ideologie und Fälschung – Abschließendes zum Komplex der sog. Deventer-Knochen*. Archäologisches Korrespondenzblatt 21, 1991, S. 317-322
Pieper, Peter, Schlüter, Britta und Auler, Jost: *Ein »Runenstein« aus Dormagen-Stürzelberg, Rhein-Kreis Neuss – »Original« oder »Fälschung«?* Der Niederrhein. Zeitschrift des Vereins Niederrhein. 77. Bd., H. 1, 2010, S. 12-16
Rosen, Sven, Rickard, Bob: *The Runamo Runes*. Fortean Times 35, S. 14f.
Schneider, Karl: *Zu einem Runenfund in Trier*. Zeitschrift für deutsches Alterthum und deutsche Literatur 109. Bd., H. 3, 1980, S. 193-199

Esoterik

Wissenschaftliche Darstellungen

Goodrick-Clarke, Nicholas: *The Occult Roots of Nazism: The Ariosophists of Austria and Germany, 1890-1935*. Wellingborough: Aquarian Press 1985 (Standardwerk, danach Neuauflagen und mehrere deutsche Ausgaben)

Bücher über Runenorakel (ohne Wertung)

Caland, Magdalena: *Runen als Wegbegleiter*. Amsterdam: Iris 1998

Duane, Catherine J., Duane, Orla: *Runes*. Shaftsbury: Element 1997
Florek, Reinhard: *Das Runen-Handbuch*. Windpferd 1990
Kummer, Siegfried Adolf: *Runen-Magie*. Dresden: K. Hartmann 1933
Spiesberger, Karl: *Runenmagie: Handbuch der Runenkunde*. Berlin: Schikowski 1968
Steinfeldt, Constanze: *Das große Praxisbuch der Runen*. Saarbrücken: Neue Erde 2019
Stucken, Hans: *Das Seidhr Handbuch*. Hamburg: Verlag Daniel Junker 2006
Thorsson, Edred: *Handbuch der Runen-Magie*. Neuhausen, Schweiz: Urania 1987
Thorsson, Edred: *Runenkunde*. Neuhausen, Schweiz: Urania 1992
von Hollander, Edmund, von Hollander, Michaela: *Vatan – der Pfad des Nordens*. Saarbrücken: Neue Erde 2001
von Neményi, Géza: *Heilige Runen: Zauberzeichen des Nordens*. Berlin: Ullstein 2004
Warneck, Igor: *Ruf der Runen: Eine Einführung in die Welt der Runen*. Darmstadt: Schirner 2005

Von wegen alte Steine – der moderne Gebrauch der Runen

A Gallant Gordon. New Zealand Herald, 24. Juni 1899
Brix, Lise: *Brukte runer helt inn på 1900-tallet*. forskning.no, 8. Mai 2015
Brix, Lise: *Isolated people in Sweden only stopped using runes 100 years ago*. sciencenordic.com, 21. Mai 2015
Hundseder, Franziska: *Wotans Jünger*. München: Heyne 1998
The Late Lord Frederick Cavendish. Evening Star, 15. Juni 1883

Quellenverzeichnis

Da dieses Werk insbesondere den einführenden Werken von Arnulf Krause und Klaus Düwel viel verdankt, seien hier noch kurz die Fundstellen der im Text benutzten Zitate angeführt.

Düwel, Klaus: *Runenkunde*. Stuttgart: J. B. Metzler 2001
S. 9: S. VI; S. 23: S. 175 und 181; S. 40: S. 11 und 24; S. 41: S. 11; S. 43: S. 62; S. 95: S. 156-157; S. 104: S. 96; S. 167: S. 216

Düwel, Klaus: *Runenkunde*. Stuttgart: J. B. Metzler 1983
S. 89: S. 128; S. 92: S. 129; S. 109: S. 138; S. 119: S. 134; S. 129: S. 42; S. 175: S. 145

Krause, Arnulf: *Runen. Geschichte – Gebrauch – Bedeutung*. Wiesbaden: marix 2017
S. 8: S. 14; S. 15: S. 60; S. 23: S. 65 und 66; S. 41: S. 73; S. 42: S. 84; S. 49: S. 133; S. 116: S. 120; S. 175: S. 33

Spanuth, Jürgen: *Die Atlanter. Volk aus dem Bernsteinland*. Grabert: Tübingen 1976
S. 17: S. 116

Wolfgang Krause: *Runen*. Berlin, New York: Walter de Gruyter 2013
S. 60: S. 23

Heinrich Beck, Detlev Ellmers, Kurt Schier: *Germanische Religionsgeschichte: Quellen und Quellenprobleme*. Berlin, New York: Walter de Gruyter 1992
S. 64: S. 335

Klaus Düwel, Sean Nowak: *Proceedings of the Fourth International Symposium on Runes and Runic Inscriptions in Göttingen, 4-9 August 1995*. Berlin, New York: Walter de Gruyter 1998
S. 64: S. 9

Klaus Düwel, Sean Nowak: *Proceedings of the Fourth International Symposium on Runes and Runic Inscriptions in Göttingen, 4-9 August 1995*. Berlin, New York: Walter de Gruyter 1998
S. 96: S. 9

Michael Embach: *Die Bibliothek des Mittelalters als Wissensraum. Kanonizität und strukturelle Mobilisierung*. Aus: Julia Becker, Tino Licht, Stefan Weinfurter: *Karolingische Klöster: Wissenstransfer und kulturelle Innovation*. Berlin: de Gruyter 2015
S. 100: S. 53-70; Zitat S. 63